产品内分工、贸易利益分配与中国对外贸易失衡

张 纪 著

中国经济出版社
CHINA ECONOMIC PUBLISHING HOUSE
北京

图书在版编目(CIP)数据

产品内分工、贸易利益分配与中国对外贸易失衡 / 张纪 著.
—北京:中国经济出版社,2019.11
ISBN 978-7-5136-5862-1

Ⅰ.①产… Ⅱ.①张… Ⅲ.①贸易差额—研究—中国 Ⅳ.①F752

中国版本图书馆 CIP 数据核字(2019)第 187124 号

责任编辑 耿 园 余静宜
责任印制 巢新强
封面设计 华子图文

出版发行 中国经济出版社
印 刷 者 北京九州迅驰传媒文化有限公司
经 销 者 各地新华书店
开 本 710mm×1000mm 1/16
印 张 19.25
字 数 295 千字
版 次 2019 年 11 月第 1 版
印 次 2019 年 11 月第 1 次
定 价 78.00 元
广告经营许可证 京西工商广字第 8179 号

中国经济出版社 **网址** www.economyph.com **社址** 北京市东城区安定门外大街 58 号 **邮编** 100011

献给我的儿子张以轩

一切因你而丰富多彩

出版说明

本书是国家社会科学基金项目“产品内分工背景下我国贸易差额真实利益分析与评估研究”(13BJY134)、河南省高等学校哲学社会科学应用研究重大项目“新机遇下河南省内陆外向型经济发展路径研究”(2018-YYZD-05)、教育部人文社会科学研究规划基金项目“产品内分工、贸易利益分配与中国对外贸易失衡机制及对策研究”(12YJA790189)、河南省高校科技创新人才支持计划(2017-CXRC-003)、河南省高等学校哲学社会科学创新团队支持计划(2019-CXTD-05)的资助成果。

序

“中美经贸冲突”已引发社会各界广泛关注。其起因是进入21世纪以来，随着中国工业化进程的加速和参与全球产品内分工的深入，以中国为代表的新兴经济体和以美国为代表的发达经济体之间的贸易差额越来越大，中国等新兴经济体贸易呈现顺差状态，美国等发达经济体贸易呈现逆差状态，导致全球贸易失衡加剧。但其生成的逻辑则不仅是要素流动全球化后，领袖型跨国公司执掌国际分工格局，使处于全球价值链体系下不同国别的产业联动，导致分工地位悬殊、收益差异巨大的集中体现，还是“全球金融体系”与“全球贸易结构”冲突的必然结果。

“产品内分工”是当前国际分工的主要方式，但传统贸易利益理论却是构建在既往产业间或产业内国际分工的基础之上，无法正确分析产品内分工时代国际贸易利益的分配格局，从而使在传统统计方法中拥有巨额贸易顺差的中国在贸易争端上处于被动局面。作为一位多年从事产品内分工研究工作的学者，作者敏锐地捕捉到系统研究产品内分工背景下的贸易利益分配和国际贸易失衡机制，对化解中国贸易风险的重要意义。在他主持的国家社会科学基金项目“产品内分工背景下我国贸易差额真实利益分析与评估研究”的基础上丰富和完善而成的个人专著《产品内分工、贸易利益分配与中国对外贸易失衡》将呈现给读者一种对国际贸易利益分配机制和中国对外贸易失衡现象的独特观察和理解。

国际分工是人类社会生产力发展到一定阶段的产物，社会生产力的进一步发展也推动着国际分工形态的演变，从18世纪60年代国际分工形成至今的二百多年里，国际分工形态经历了产业间分工、产业内分工和产品内分工的演化历程。在不同的国际分工阶段中，会出现不同的贸易失衡现象，而在当今产品内分工阶段,正如作者所说,“以中国为首的发展中国家,由于承接了大量的产业转移,国际分工逐步深化,也带来了世界各国贸易不平衡程度的加剧,贸易差额也逐步扩大”。贸易利益的分配不均随之而来,“由于发达国家处于产业价值链的两端,发展中国家处于价值链的中间,贸易利益的分配更加不平均”。因此,产品内分工是研究当今国际贸易利益分配和国际贸易失衡的一个崭新视角和分析框架。

本书紧扣当今国际贸易的现实基础——产品内分工,剖析产品内分工条件下国际贸易利益分配机制,探索中国对外贸易失衡驱动因素和作用机理;分析全球经济失衡演化趋向,揭示中国贸易失衡发展态势;结合贸易失衡效应和影响因素的分析,提出对策措施。本书在以下几个方面作出了富有开拓性的理论创新和前瞻思考:一是建立多层次、系统化的贸易真实利益测度体系。本书分别从全球生产网络内微观的企业行为视角、中观的国际价值链运营视角、宏观的全球经济平衡视角入手,分析企业各个分配环节之间的运行机理,为正确地评估贸易真实利益提供了有力的理论支撑,构建了贸易真实利益测度体系,更加客观、科学地评估了中国贸易真实利益状况。二是作者认为必须从企业微观层面分析中国贸易失衡。在产品内分工条件下,国际贸易的利益主体已经由传统国际分工形式下的主权国家转化为那些“富可敌国”的跨国公司,正如作者所说,“对国际贸易失衡的分析,必须摆脱简单的国与国双边分析的桎梏,而采用以产品内分工为基础的‘新新贸易理论’,从企业行为的微观层面入手,来分析产品内分工体系内部的利益分配机制,这样才能正确地揭示当今国际贸易利得分配模式的转化”。三是在理论分析和实证检验的有力支撑下,揭示了在全球生产网络中被常规贸易、投资统计数据及现行国际贸易统计方式掩盖下的全球生产网络内部利益博弈,指出“发展中国家的企业缺乏‘话语权’,导致获益微薄”的真相。四是从产品内分工带来的商品和资本逆向流动“双循环”机制入手,分析了中国贸易发展的外部条件,探寻了中国贸易平衡演进规律和动态贸易利益发展趋势。

本书坚持理论分析和实证分析相结合,理论联系实际,采用计量分析法、社会调查法、比较分析法等方法，对我国贸易差额真实利益进行了多维度的系统研究，这也是本书的一大特点。全书构建了多个数理模型进行理论研究，保证了理论分析的精准和深入。同时，在产品内分工动因、产品内分工条件下的国际贸易利益分配机制、国际贸易利益测算、中国贸易利益评估、产品内分工对我国产业收益、制造业收入、技术创新影响等方面，采用了大量的数据统计、分析与计量建模，借助 UIBE GVC 指标体系，构建了基于跨地区、行业面板数据的计量模型并进行了计量分析，得出了中国的外贸失衡是因为中国人民币汇率过低、国际收支“双顺差”的汇率体制、中国经济的出口导向型发展模式等的结论。该研究取得的成果为我国进行新一轮改革开放和应对国际贸易过程中出现的种种挑战提供了新的视角和解决方案，具有较高的理论价值和实践意义。

当前，中国在国际经贸领域的一系列倡议，得到了国际社会的普遍认可和支持，中国经济持续、稳定增长的发展趋势也预示着世界经济发展充满机遇。但是，我们也应该看到，经济发展的不平衡和不断升级的贸易摩擦也为全球经济发展带来了不确定性和挑战。可喜的是，越来越多学术功底扎实且受过系统科研训练的年轻学者走出书斋，走进社会，探索真问题，提供了一系列实用的解决方案。张纪教授的这部专著是近年来学术界对我国贸易差额真实利益分析与评估研究的一项重要成果，对该领域的研究起到了带动作用。可以预见，这部专著的出版将会产生积极的影响，激励更多学者投身于该领域的研究之中，产出更多、更有价值的成果。

2019 年 10 月 19 日于上海

前　言

1994年至今，中国已经连续25年保持贸易顺差，特别是2009年开始成为全球货物贸易的第一大出口国，使我国逐渐成为全球贸易保护主义的最大受害者和主要针对目标。后金融危机时代，全球经济失衡加剧，贸易摩擦来势汹汹，“逆全球化”风起云涌，全球经济再平衡趋势凸显。2018年3月，美国宣布对进口钢铁和铝制品加征关税以来，中美经贸摩擦几经起伏，历经十几轮磋商，仍未能达成一致。中美之间关于贸易失衡原因的巨大分歧，恐将这场经贸摩擦拖入一场旷日持久的“消耗战”。现实的需求从一个侧面印证了本书选题的重要性，也必将吸引更多的学者进行深入的跟踪研究，期望本书的出版能够起到抛砖引玉的作用。

随着科学技术的进步和社会生产力的发展，国际分工日趋向更为广域的区域延伸。国际分工的发展，一方面，加强了国家、地区之间的经济、社会联系，另一方面，也加剧了国家、地区之间的竞争。截至目前，国际分工大致经历了产业间分工（inter-industry specialization）、产业内分工（intra-industry specialization）和产品内分工（intra-product specialization）三个阶段，不同的国际分工形态下，国际贸易的产品、流程等都呈现不同的特点，与之相适应的，不同分工状态下，国际贸易的失衡现象的原因及表现形式也大不相同。

产品内分工是当前国际分工的主要方式和世界贸易的现实背景，而传统贸易利益理论建立在继往贸易环境之上，无法准确解析当今国际贸易利益分配格局。传统贸易利益评价范式已经成为谬误之源和贸易保护主义手中挥舞的“大棒”，我国囿于其偏颇而“沉冤莫白”，研究产品内分工背景下我国贸易差额真实利益已经成为当务之急。

笔者自2004年以来，长期专注于产品内分工的研究，多年来在该领域积累了较为丰富的研究资料和成果。随着研究的深入，作者逐渐感受到产品内分工给国际经济环境带来的巨大影响，并尝试以此为视角来解析国际经济关系中的一些重大问题。近年来，笔者尝试以产品内分工理论为主要分析工具，研究当前中国经贸领域的重要课题——中国对外贸易失衡，申报了国家社科基金项目“产品内分工背景下我国贸易差额真实利益分析与评估研究”和教育部人文社会科学研究项目“产品内分工、贸易利益分配与中国对外贸易失衡机制及对策研究”等几项与本书选题相关的课题。目前，上述几个课题的研究工作已经结束，其中国家社科基金项目获得优秀结项，教育部人文社会科学研究项目获得免鉴定结项。本书整合了上述课题的一些研究成果，并根据该选题的最新变化，作了必要的修改、更正和优化。

多年来，在河南科技大学的支持下，笔者与一些拥有共同研究兴趣的老师成立了科研团队，共同致力于国际经贸相关的研究。2018 年，以笔者为首席专家的科研团队，获得了“河南省高等学校哲学社会科学创新团队支持计划”的资助。本书的写作凝聚了科研团队中诸多老师的共同智慧，除本人作为第一执笔人主导并参与了全部章节的撰写以外，成书过程中河南科技大学马凌教授、管帅老师、吴松岭副教授、薛琰如老师、牛牧青老师，洛阳职业技术学院吴玲老师，以及我的研究生师军利、刘技文、郭艳冰都作出了贡献。课题组分工如下：第 1 章由张纪负责，第 2 章由马凌、郭艳冰负责，第 3 章、第 12 章由管帅、吴玲负责，第 4 章由张纪、管帅负责，第 5 章由张纪、师军利负责，第 6 章由刘技文负责，第 7 章由刘技文、吴松岭负责，第 8 章、第 10 章由管帅负责，第 9 章由郭艳冰负责，第 11 章由郭艳冰、牛牧青负责，第 13 章、第 14 章由吴玲负责，第 15 章由薛琰如负责。研究生冯子骅、刘洋、刘莹参加了数据整理、格式编排等工作。

本书在理论方面，通过全球生产网络内的企业行为微观视角、国际价值链运营中观视角、全球经济平衡宏观视角的结合，解析企业利润分成、全球生产网络利得分配、国际贸易利益分配之间的互动机理，为全面、深入地评估贸易真实利益提供理论支撑。在实践方面，从产品内分工——这一当前世界贸易现实背景入手，研究中国对外贸易失衡，剖析产品内分工条件下的国际贸易利益分配机制，构建贸易真实利益测度体系，客观、科学地评估中国贸易真实利益状况，为我国化解贸易争端、优化外贸环境提供舆论支持和决策参考。本书对我国化解当前贸易争端、优化外贸环境具有探索价值，有助于研究党的十九大提出的“拓展对外贸易，培育贸易新业态新模式，推进贸易强国建设”。

本书共有15章，从结构上，遵循“背景分析—理论探索—实证检验—对策建议”的逻辑思路。首先，对比分析产业间、产业内和产品内三种国际分工时代贸易典型国家的贸易失衡状态，把握当代国际贸易利益分配的现实基础与时代特征。其次，剖析产品内分工条件下国际贸易利益分配机制，探索中国对外贸易失衡驱动因素和作用机理。再次，借助贸易国内附加值计算方法，综合衡量全球生产网络各方贸易国内附加值，真实评价贸易各方利得；构建计量模型，验证产品内分工对我国动态贸易利益的影响。最后，分析全球经济失衡态势与趋向，揭示中国贸易失衡发展趋势；结合贸易失衡效应和影响因素分析，提出对策措施。

本书的主要研究结论如下：

第一，应当从产品内分工视角分析当前中国贸易失衡。我国的国际贸易顺差呈现“三集中”特点，即贸易的主体集中于外资企业、贸易的方式集中于加工贸易领域、贸易的流向集中于欧美地区。“三集中”特点实际上体现出产品内贸易模式的显著特征：中国在全球生产网络中承担着“组装车间”的角色，中国通过吸引外商直接投资（FDI）的方式“嵌入”全球生产网络，这些外资企业通过“加工贸易”方式将来自“东亚生产网络”的中间品组装成最终产品，再出口到欧美等国家。

第二，必须从企业微观层面解析中国贸易失衡机理。在传统国际分工形式下，国际贸易的利益主体往往是主权国家，国际贸易的运行和调整通常体现了国与国之间的贸易利益博弈。而在产品内分工条件下，国际贸易的利益主体转化为那些“富可敌国”的跨国公司，国际贸易的运行和调整已经被纳入跨国公司内部运营的视域来考虑，以企业为主体的企业间利益博弈正在逐步替代传统以国家为主体的国与国之间的贸易利益博弈。在产品内分工的大背景下，对国际贸易失衡的分析，必须摆脱简单的国与国双边分析的桎梏，而应采用以产品内分工为基础的“新新贸易理论”（New New Trade Theory），从企业行为的微观层面入手，分析产品内分工体系内部的利益分配机制，这样才能正确揭示当今国际贸易利得分配模式的转化。

第三，现行国际贸易统计方式夸大了国际贸易失衡的真实水平。现行的国际贸易统计方式是一套以“报关登记”为数据采集方式和“物品跨境”为统计原则的统计体系，这套统计体系更适合产业间分工时代的贸易环境。而当前，中国深入全球产品内分工体系之中，现有的统计体系主要计算国与国之间进出口中的最终产品，而往往忽略了这些最终产品之中还包含有来自其他国家的中间产品。建立在现有国际贸易统计体系之上的贸易顺差指标和以贸易条件指标为核心的贸易利得评价方式，既不能客观界定当前国际贸易的真实状况，又无法准确反映国家间的真实贸易利得。

第四，国际贸易利益分配由国际分工地位决定。当前的国际贸易实际上是跨国公司主导下，全球生产网络内部的利益博弈，一个国家的国际贸易利得分配状况是由该国家企业在全球生产网络中地位决定的。全球生产网络的实际控制者是发达国家的跨国企业，它们在全球生产网络内的主导权必然在利益分配中转化为“话语权”，从而获得更高的利益份额；与之相反，发展中国家的企业因缺乏“话语权”，导致获益微薄。

第五，中国贸易失衡是全球经济失衡的表现。产品内分工改变了全球经济结构，形成全球经济中的商品、资本逆向流动“双循环”机制，演化成有利于发达国家的国际分工利益分配新格局。由于中国经济深度地“嵌入”产品内分工全球生产网络，中国的对外贸易失衡成为全球经济失衡的一部分。因此，对中国贸易失衡的分析必须纳入全球经济失衡的框架之下，从这个意义上说，中国贸易失衡将会与全球经济失衡的发展“如影随形”。

第六，产品内分工条件下传统贸易政策工具实施效果被弱化。传统的关税政策一般要通过调整贸易品的相对价格来引导贸易行为，进而调整贸易流向。而在产品内分工条件下，国际贸易往往伴随着全球生产网络的运行，全球生产网络内跨国公司的内部贸易已经转化为一种更直接、有效的市场进入方式，使得国际商务活动的“边界”越来越模糊。因为跨国公司的内部贸易往往可以通过转移定价等方式调整和规避贸易政策对贸易品价格的影响，因此，传统贸易政策手段的实施效果将会被弱化。

第七，我国贸易健康发展需要多维度政策体系的保障。贸易状况是国民经济的综合体现，中国对外贸易顺差既是当前世界贸易体制滞后于国际分工发展的表现，又是我国以现有禀赋优势参与产品内分工的结果，综合体现了我国的国际分工地位，也与当前我国经济发展方式密不可分。为了促进我国贸易健康发展、提升贸易利益，必须加快转变经济发展方式，优化涉及财政、产业、贸易的多维度政策体系，促进以企业价值链延展、攀升为根基的贸易质量和效益全面提升。

目　录

第1章　绪　论

产品分工现象早在20世纪六七十年代便引起了部分学者的关注，在随后的几十年中，国际经济学对“国际生产系统”“分散化生产”“垂直分工”“产品内分工”等问题的研究，区域经济学对“开放型产业集群”问题的研究，管理学对“价值链”“全球供应链”“外包”“代工”等问题的研究，都从各自学科的视角对这一现象进行了剖析，并赋予其不同的术语范畴。常用术语主要包括外包（outsourcing）、价值链分离（slicing the value chain）、生产地址分离（de-localization）、产品内分工（intra-product specialization）、片段化（fragmentation）、垂直专业化（vertical specialization）、中间品贸易（intra-mediate trade）等。尽管上述术语的定义各不相同，但其内涵却是基本一致的，因此，在下文文献综述时，不刻意细分上述概念，统一采用“产品内分工”这一概念来表述。

1.1　国内外研究述评

1.1.1　国外研究现状

（1）产品内分工背景下的国际贸易失衡机制研究

相关的国外研究文献主要研究产品内分工对国际贸易机制的影响。

第一，产品内分工条件下国际贸易环境发生了改变。一些学者（Arndt，2007；Koopman，2008；Kierzkowski et al.，2010）认为，国际贸易分工体系发生巨大变化，不同国家和地区通过中间品贸易在全球价值链上进行“碎片化”生产，因此，当前的以传统分工体系为统计背景的总量贸易统计规则已不再适应国际贸易的新面貌，一些发展中国家的贸易差额和利得被“放大”。

第二，产品内分工是国际贸易失衡的根本原因。在全球产品内分工网络中，“中国制造”承担着价值链末端的加工、组装等环节，也就是说，中国将来自其他国家特别是东亚地区的零部件和原材料等中间品组装为成品，因此，中国对一些发达国家的巨额贸易顺差中实际上包含着许多其他零部件提供方所转移的贸易顺差（Lemoine et al.，2002；Gaulier et al.，2005）。UNCTAD（2005）的一份研究报告认为，世界贸易中的南北贸易与南南贸易里产生的大量贸易失衡，其根本原因是全球贸易环境的变化，也就是说产品内分工贸易模式导致了贸易失衡。

第三，产品内分工导致的全球新一轮产业转移是中国对外贸易失衡的原因。产业转移是国际分工新形式的重要表现，受亚洲金融危机影响，东亚地区的产业加速向中国转移。这使得东亚地区对发达国家的贸易失衡，转化为中国对发达国家的贸易失衡（Lardy，1994；Rubin，1997；Feenstra et al.，1998）。

第四，产品内分工下的中美贸易失衡。中美双方在各自的比较优势和要素禀赋方面存在差异，这是中美双方外贸不平衡的主要原因。Balassa（1990）计算了中美贸易往来中关联产品的线性比较优势指标，充分证明了双方各自的要素禀赋与比较优势差异加大了两国的国际贸易失衡。Wei 和 Feenstra（2010）在全球产品内分工的现实背景下，对中美贸易中的产业模块进行研究发现，要素禀赋和比较优势是中国与美国贸易失衡的主要原因，而从全球产业链分工的角度来看，国际贸易中的产业结构调整与产业战略转移是导致双方贸易不平衡的重要外部条件，而全球生产网络（global production network）中要素流动与分工模式的快速转变，加快了深入国际分工的产业在全球地理上的转移。Lardy（1996）的研究表明，我国对美国的贸易失衡中背负了来自亚洲其他国家的贸易转移。Lemoine、Gaulier、Unal-Kesenci（2007）证明了全球产品内分工下的产业结构升级与产业转移对东亚地区的产业结构进行了战略调整，促使了中美贸易的不平衡。Lardy（1994）指出，在东南亚地区与美国的外贸交易中，中国作为中间产品的进口国与最终品的出口国，对美国的贸易顺差掩盖了东南亚地区对美国贸易顺差的事实，是贸易顺差的转移。Rubin（1997）指出在全球贸易分工体系中，亚洲一些经济体将自身产业中制造成本较高的阶段转移至中国，加剧了中美贸易之间的不平衡。Greenspan（2005）表明，亚洲一些国家和地区通过产品价值链上的产业转移将中间品的加工装配环节转移至中国，中国承接了亚洲这些经济体对美国的产品出口，导致中美贸易失衡加剧，而美国在承担巨额贸易逆差的同时获得了巨大的贸易收益。

（2）产品内分工条件下国际贸易利得分配机制

在产品内分工全球生产网络中，国际贸易的利得分配机制要从全球价值链（Global Value Chain，GVC）上各阶段的增值环节、价值链上各经济主体的分工承接情况，以及产业转移造成的利益重新构建等方面进行研究。而产品内分工条件下的全球贸易生产网络使得贸易利益分配更加复杂化、多样化和隐秘化。在产品内分工的分工环境下，全球生产网络链条上的不同的国家或地区所处的分工地位也不同。贸易利益分配的决定性因素为：国际贸易环境中的垄断竞争性（Henderson，1991），全球价值链上的位置（Gereffi，1994），各个分工链接上的进入壁垒、政策治理制度和系统管理效用（Kaplinsky，2000）。Kaplinsky（2001）指出，国际贸易分工价值链条上的不同位置对应着不同的附加值利益，发达国家处于价值链上的高附加值环节，发达国家跨国公司利用自身具有垄断性的品牌、核心科技等要素占据着价值链上最具竞争优势的环节，而承接价值链上中间产品加工、装配制造等环节的相对落后国家的企业，占据着产品内分工体系中的低附加值环节。Arndt（1997，1999）认为，产品内分工下的贸易利益分配主要是由全球价值链上各国、各地区所处的贸易分工地位和产业性质决定的。Deardorff（2001）研究了分散化生产对国际贸易中出口品定价模式的影响：若分散化生产对产品的贸易定价没有影响，则该国出口产品总产出将呈现增长态势；若对出口品的定价模式产生消极影响，则该国的出口品产出必会减少，与之对应的贸易条件和福利效应将会恶化。Enderson（2002）认为，全球贸易分工网络中复杂的贸易地位构成模式和不同的管理机制对应着价值链条上不同国家的价值增值能力，这些是造成贸易不均衡的内在因素。上述分析均从全球产品内分工贸易体系的角度，细致地分析了产品内分工与贸易利益分配的关系，体现出国际产品内分工中贸易利益分配的客观规律和价值链活动中不同地位上的资源配置的内在机制。

Gomory 和 Baumol（2003）指出，在国际贸易的整个价值链条上，一些国际大型跨国公司主导着一些产业的整个价值创造，并实现了产能的最优化、要素配置的专业化，但正是它们导致了国际贸易利益分配中的矛盾，甚至伤害了其他贸易伙伴国的利益和经济福利。Feenstra（2006）表明，全球价值链视角下的新型贸易分工体系会促进一国技术水平的提升、生产率的快速提高以及贸易利益的增加等，只有正确理解全球价值链视角下贸易利益分配的内在机制，才能准确把握价值链中与本国贸易位置相匹配的贸易收益。Kaplinsky（2000）认为，在全球价值链分工体系中，一些大型国际跨国企业在产品内分工中的主导地位不容小觑，其拥有垄断性的产品设计、研发、核心精密零件生产以及品牌销售等环节的巨大竞争优势，与价值链低端的其他企业相比，该分工条件下的贸易利益分配极不合理。从以上研究也可以看出，全球价值链上的利益分配不仅受到价值链上的地位分工模式的影响，还受到微观层面上主导企业的核心竞争优势、价格转移、利益倾斜的严重干扰，对国际贸易中资源配置的合理性以及经济局势的良性循环产生一定的阻碍作用。上述研究为探寻全球贸易网络中公正合理的要素分配与利益分配模式提供了新视角。

（3）产品内分工改变了贸易平衡账户本质

产品内分工的贸易条件与当前的国际总额贸易统计规则不再匹配，因此，从传统贸易理论所观测到的中国贸易失衡和贸易利得都被夸大了（Arndt，2007；Koopman，2008，2012；Kierzkowski et al.，2010）。全球生产网络导致的发展中国家与发达国家之间的三角贸易则被 Srholec（2007）称为“贸易统计幻象”。Trefler（2010）认为，各国参与的全球贸易网络中的价值增值可以被分解为资本、劳动、技术等生产要素投入的实际收入，国际贸易利得由这样方式细分将会更加微观、具体和准确。从整个社会经济的角度考虑，与一国自给自足的经济生产方式相比，全球贸易发展是否能促进要素提供者福利水平的提高？相关研究（Fally，2012；Melitz 和 Redding，2014）表明：各经济体参与产品内分工全球生产体系后，各个投入要素的实际收入水平都将有所上升。在传统古典经济学理论中，各国经济福利的直接表现形式是要素报酬，但是，各经济体的福利水平仅仅用要素报酬来表示则会有失客观，全球产品内分工网络上的不同地位以及要素密集度和产业分工的差异性也是各经济体实际收入出现偏差的重要原因。

在传统的贸易测算规则下，随着经济全球化的不断深入和国际贸易分工合作关系的日益紧密，发展中国家的贸易规模迅速扩大，然而这一现象在很大程度上掩盖了发展中国家仍然处于价值链低端环节的实际情况，扩大了以加工装配为主要生产模式的发展中国家的贸易差额。而以增加值贸易为统计原则的新型贸易统计体系，证实了中国的出口增加值远低于贸易值，新型增加值测算规则和传统总值贸易测算规则下的中美、中日双边贸易平衡差异巨大（Koopman，2012；Johnson，2012）。Timmer（2014）等的研究表明，在属权原则下的贸易测算结果中，与传统的属地原则测算标准相比较，日本、美国和中国台湾的外商直接投资占据着产品分工体系中的高附加值部分，而中国、印度等经济体的出口产品的附加值较低。此外，在全球产品内分工网络中，不同国家、地区和部门专业化生产价值链上的不同环节，以不同环节上的要素增值为指标，对各国贸易利益分配进行研究更具公正性和准确性，能客观反映各经济体在生产价值链条上的要素贡献水平、实际贸易利得和国际竞争力（Koopman，2010）。

1.1.2 国内研究现状

（1）产品内分工下的我国外贸失衡机理

近年来，我国的很多学者开始从国际分工深化的视角来研究中国贸易失衡问题。

第一，产品内分工是中国贸易失衡的重要原因。一些学者（尹翔硕、王领，2004；平新乔，2006；卢锋，2006；邱斌、唐保庆，2007；徐毅，2009）认为，在产品内分工全球生产体系中，我国处于全球产品内分工的下游环节，前向承接东亚国家或地区的中间产品的加工、装配阶段，后向则将最终产品出口到欧美等发达国家，导致东亚地区对欧美发达国家的贸易顺差大量转移至中国，造成中国与欧美发达国家的贸易失衡。

第二，跨国公司在中国贸易失衡中承担了重要角色。在全球生产网络中，由跨国公司所推动的国际贸易活动越来越活跃，从而导致了中国对外贸易失衡呈现不断扩大的态势（杨正位，2005；钱学锋、黄汉民，2008）。

第三，在中国贸易失衡过程中，产品内分工对贸易利得分配产生了重要影响。尽管中国已经深度参与产品内分工，然而在跨国公司主导的全球生产网络中，中国始终处于低端环节。中国获得的较大的贸易顺差仅仅是以高污染、高排放、高能耗为代价而获取的微薄的“加工费”，而跨国公司则通过高附加值优势获取了大部分的收益（姚枝仲，2006；曾铮、张路路，2008；赵蓓文，2008）。发达国家通过潜在的收益弥补了贸易逆差的劣势，中国企业的收益则小于其他经济实体，导致贸易失衡的利益分配呈现一种各方“互利”的格局（陈继勇、刘威，2008）。

第四，产品内分工环境下中国的贸易失衡是全球经济失衡的一部分。在当前全球贸易失衡的背景下，“美国贸易模式”和“东亚贸易模式”产生了激烈的冲突，而中国则起到了贸易模式冲突突破口的作用，对解决贸易冲突起到了一定的积极作用。同时，巨额的贸易顺差使中国成为当前全球分工体系中新型市场经济体的主要代表，对优化国际贸易格局、重构产品分工体系起到了基础性作用（陈继勇、吴宏，2008；张海燕、宋玉华，2009）。发达国家企业在国际分工中处于主导地位，由此形成了有利于发达国家而不利于发展中国家的利益分配格局（李翀，2005；卢锋，2006；姚枝仲，2006；江静、刘志彪，2007；林玲、段世德，2008；刘建江、杨细珍，2011）；发达国家通过产品内分工同时获得了“贸易利益”和“分工利益”，而发展中国家仅仅获得了“分工利益”，“贸易利益”则有可能受损（曹明福、李树民，2005）。

（2）产品内分工网络内的利益分配机制

在产品内分工的视域下，双边贸易的收益分配秉承由宏观到中观再到微观的原则，即由国家间到产业间再到产品内的演变思路。通过视角的不断缩小，相关的研究进展得以逐渐深入。张幼文（2002）认为，资源稀缺程度影响着要素收入的高低，进而影响着国家资源要素投放的收入，在贸易利益分配中也应遵从这一具体原则。田文（2005）认为，科技先进的经济体由于拥有绝对的支配权和主动权，相对于其他经济体能够获得更高的产品内分工收益，保持其在价值、利润分配中的垄断地位。张纪（2006）通过实证分析研究，提出先进经济体的国际性企业在产品内分工体系中居于主导地位，获得了较高的利益分配，而在利益分配中处于从属地位的发展中国家收益较少，验证了产品内价值链两端多为发达经济体、中间多为发展中经济体的现象。唐海燕、张会清（2009）认为，价值链中间位置的价值增值最低，价值增值高的环节则位于价值链的两端。

产品内分工网络中不同链节的市场结构状况，对链节内企业所获利益具有决定性影响（田文，2005；宋玉华、朱思敏，2008；文娉、张丛生，2009）。张二震（2004）认为，贸易收益总额的增加主要由要素分工引起，同时也导致了贸易利益分配复杂化。落后国家的本土公司在利益分配中处于被动地位，而具有优势的跨国公司则通过转移价格来夺取落后国家公司的贸易收益，从而在国际利益分配中保持主动地位的优势。曹福明、李树民（2005）认为，国际大型公司通过国际利益分配的主动地位优势获取贸易收益增加值，这一现象破坏了国际贸易的合理配置，导致国际贸易分配逐渐缺乏内在的自发调节机制。干春晖、黄亮（2010）采用合作博弈理论，构建了产品内分工贸易利益分配模型，探讨了产品内分工条件下的国家贸易利益和分工利益。杨细珍（2011）通过古诺模型来研究跨国公司贸易问题，得出居于战略价值核心环节的发达国家获得的经济收益高于发展中国家的结论。

由此可以得出，基于产品内分工的视角对贸易利益分配进行系统全面的研究，有助于发展传统贸易理论，并激发贸易理论研究的新突破。同时，学者们运用理论分析和实证分析相结合的方法对产品内分工视角下的国际贸易进行系统研究，形成了产品内分工视角下国际贸易利益分配的主体框架。

（3）产品内分工背景下的贸易利益测度

产品内分工带来国际贸易利益分配机制复杂化，传统贸易利益评价指标难以准确、客观地反映贸易利益分配关系（周玮、方勇、张二震，2005；陈继勇、刘威，2008；马野青，2010）。考虑进口中间品在国内产业循环和产业波及效应的净附加值指标，可以更真实地测度产品内分工时代的贸易利益（陈宏易，2002；刘遵义、陈锡康、杨翠红，2007；曾铮、张路路，2008）。李昕（2012）认为，中国的贸易总额被严重高估，必须运用增加值贸易统计方法对中国出口额进行重新核算。经测算，2007 年中国贸易总额的高估率为 20.5%，高于 2002 年的 14.1%。贾怀勤（2012）认为，当前的国际贸易统计应引入增加值贸易统计核算来获得更精确的贸易总额，这是当前经济全球化趋势下的必然。此外，贾怀勤还提出了改进中国国际贸易统计的具体思路和方法。蒋庚华（2013）认为，新的贸易统计方法（增加值贸易统计核算法）对我国国际贸易研究具有深远影响，有助于更好地适应全球价值链背景下国际贸易体系的变更。江希、刘似臣（2014）运用非竞争性产出模型，构建出口增加值分析方法，通过对 1995—2011 年中国制造业、14 个制造业细分行业对美国的出口增加值的研究分析，得出：中国制造业按照细分行业来讲，电子仪器行业的出口增加值位居第一，虽然中国制造业对美国出口的增加值逐年攀升，但由于中国制造业承担的是低附加值的环节，中国出口增加值率并不高。易琼（2015）在国际投入产出表的基础上建立贸易附加值的核算模型，利用 WIOD 数据库对我国制造业的静态贸易利益进行测算，同时对动态贸易利益进行实证分析，证明我国制造业获得的实际贸易利益并没有表面上那么多。

丰富多彩的研究成果为本书奠定了坚实的基础，但该领域仍存在进一步研究的空间：首先，现有研究多从宏观层面研究静态贸易利益，而在产品内分工条件下，静态贸易利益已经与国际投资收益、技术溢出等动态贸易利益渗透融合，贸易利益与全球生产网络运营、企业利益驱动密不可分。本研究注重从宏观、中观、微观多视角探析中国贸易综合利益。其次，现有文献多聚焦于特定国家或地区的贸易利益，而在产品内分工条件下，贸易利益分配是贯穿所有国际分工参与主体的一个整体。本研究从全球生产网络多边视角出发，更能把握贸易利益分配格局的全貌。最后，从国内外学者的研究结果来看，以往的研究往往是针对产品内分工贸易利益分配机制的某一方面而进行的理论性探讨，结论缺乏基于国际贸易发展的实证检验。本研究在产品内分工背景下，通过拓展 Falvey 和 Yu（2005）的模型，从基于企业异质性的微观视角，来探索产品内贸易利得分配的驱动因素和作用机理，以解释价值链上发达国家和发展中国家贸易利益的分配问题。

1.2 主要内容与结构

本书可以分为三大研究类型（见图 1-1）。

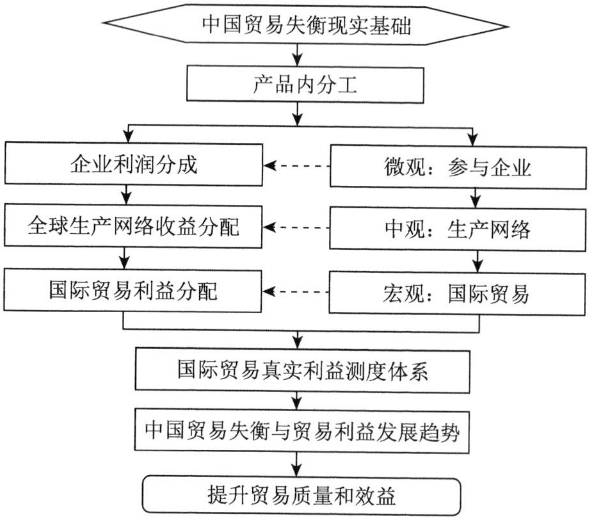

图 1-1 研究的技术路线图

1.2.1 理论探索

首先，对比分析产业间分工时期的英国、产业内分工时期的德国和日本以及产品内分工时期的中国和美国三种不同分工形态下的贸易失衡，把握当代国际贸易利益分配的现实基础与时代特征（第2章）；其次，在全球产品内分工的背景下，从产品内分工带来的商品和资本逆向流动“双循环”机制入手，探索世界贸易失衡形成机理（第3章）；再次，从要素禀赋视角思考产品内分工的内在动因，得出结论：传统国际分工理论仍然适用于产品内分工，通过对分工边界的重新定义，赫克歇尔—俄林的要素禀赋理论仍然可以解释产品内分工的动因（第4章）；最后，运用“新新贸易理论”（New New Trade Theory）研究方法，着力从企业维度识别当代贸易利益分配的微观基础，通过对企业趋利行为的福利效应进行解析，构建全球生产网络利益分配机制模型，探索国际贸易利益分配的驱动因素和作用机理（第5章）。

1.2.2 实证分析

首先，借助基于Koopman、Wang和Wei（KWW，2008）贸易国内附加值计算方法的UIBE GVC Index数据库，综合衡量全球生产网络各方的贸易国内附加值和投资利得，进而对传统贸易差额指标进行修正，构建基于“所有权”原则的贸易利益分配测度体系，真实评价贸易各方利益（第6章、第7章），进而测定中国制造业在全球价值链中的地位（第11章）；其次，构建基于跨地区、行业面板数据的计量模型，验证产品内分工对我国产业收益（第8章）、制造业收入（第9章）和产业技术创新能力（第10章）等动态贸易利益的影响。

1.2.3 对策措施

首先，把对中国贸易失衡的发展趋势的探索，置于全球经济失衡的框架之下，从产品内分工带来的国际经济领域的“双循环”机制出发，探索中国对外贸易失衡发展现状（第12章），分析中国贸易发展的外部条件，研判中国贸易平衡演进规律和动态贸易利益发展趋势（第13章）；其次，从中国内外部经济平衡的视角出发，判断中国对外贸易失衡的影响因素，结合对国际经贸、金融环境的分析，提出解决我国贸易失衡问题的对策措施（第14章）；最后，从企业、产业、国民经济视角，解析我国当前贸易发展的影响因素，构建以动态比较优势为基础的涉及财政、产业、贸易的多维度政策体系，提出化解贸易风险、提升贸易利益的对策思路（第15章）。

1.3　主要研究方法

1.3.1　比较研究

通过对历史上不同国际分工时代贸易失衡典型国家的比较研究，剖析当前国际贸易利益分配的现实基础与时代特征。

1.3.2　调查研究

通过对相关外贸企业和主管部门的调研，结合对增值贸易数据库的调查，分析全球生产网络内部获益分配机制，探析经常账户指标掩盖下的真实国际贸易利益分配格局。

1.3.3　计量研究

构建基于跨地区、行业面板数据的计量模型，验证产品内分工对中国贸易失衡以及各方动态贸易利益的影响。

1.4 创新之处

1.4.1 理论模型创新

通过将“分工边界”放松到工序环节，将产品内分工的动因研究纳入赫克歇尔—俄林模型框架之中，构建产品内分工动因分析的要素禀赋模型，研究结果表明：国际要素禀赋差异导致的比较优势不仅是产业间分工和产业内分工的动因，还是产品内分工的动因。

通过将企业异质性引入国际贸易利益分析，构建全球生产网络利益分配机制模型。研究产品内分工条件下，两个国家对应的两类不同厂商如何组织价值链上不同节点的生产，并进一步从短期（静态）、长期（动态）两方面对两类厂商的产品内分工贸易利得进行了探究，从而得出当今产品内分工背景下贸易利益分配的影响因素和作用机理，为国际贸易收益研究奠定了微观基础。

1.4.2 研究视角创新

通过对历史上不同国际分工时代贸易失衡典型国家——产业间分工时代的英国、产业内分工时代的德国和日本、产品内分工时代的中国和美国——几种不同类型的贸易失衡的比较研究，剖析当前国际贸易的现实基础与时代特征。

产品内分工对国际贸易利益的影响从企业的微观层次到全球生产网络的中观层次再到国际经济联系的宏观层次，一以贯之。本书从国家、产业、企业三个维度识别贸易利益分配机制的宏观、中观、微观因素，解析国际贸易利益分配、全球生产网络利得分配、企业利润分成之间的互动机理。

第 2 章　当前国际贸易的时代背景

随着科技进步和社会生产力的发展，分工也逐步突破地域限制，从一国国内向更为广阔的区域延伸。国际分工加强了不同国家和地区之间的经济和社会联系，同时也不同程度地改变着商品结构。综观国际贸易发展，大致可以把国际分工划分为三个不同的阶段，不同的阶段呈现出不同的贸易特点。不难发现，不同的分工阶段，会出现不同的贸易失衡现象，而其原因和表现形式也大为不同。本章从国际分工视角来审视不同分工阶段典型国家的贸易失衡现象。

2.1　产业间分工时代的英国贸易失衡

为了更加清晰地对不同国家不同阶段上贸易失衡现象的变化情况进行分析，本章借鉴熊芳（2013）的数据处理方法，对不同国家的对外贸易数据进行处理。用数字 1 表示贸易顺差的年份；用数字-1 表示逆差的年份；用数字 0 来表示贸易平衡或缺失的年份。

在世界经济发展史上，英国曾是贸易强国，本章主要考察阶段为 1790—1950 年，相应的贸易数据主要来自《帕尔格雷夫世界历史统计》（见图 2-1）。

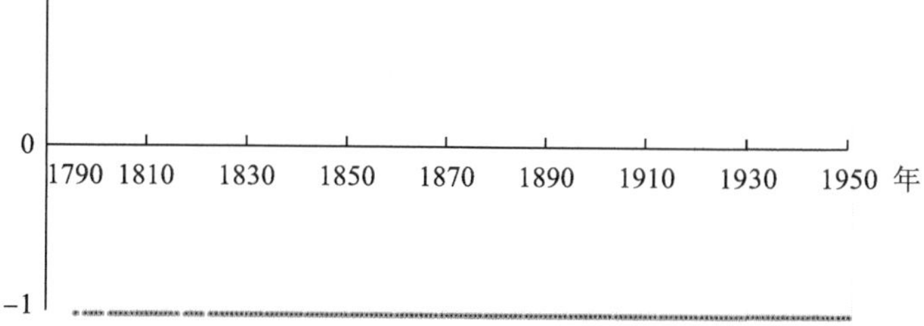

图 2-1　英国贸易平衡分布

由于历史原因，英国的早期国际贸易中占很大比重的是殖民地和宗主国之间的贸易，并且，这一时期的英国是当时世界性的金融中心，使得英国能够长期性地从殖民地掠夺原材料并向殖民地倾销工业品。因此，在有形贸易方面，英国长期处于贸易逆差的状态。

从18世纪60年代到20世纪初，英国先后经历了两次工业革命，迅速确立了资本主义霸主的地位。第一次工业革命直接促成了工场手工业向大机器工业的演化。通过使用大机器，英国的生产能力以及生产规模急剧扩大，需要进一步寻找新的市场以及原材料来源地，这进一步提高了英国社会分工的国际化程度。英国通过第一次工业革命，增强了工业基础，提高了英国产品的市场竞争能力。为了使出口工业制成品和进口粮食、原材料更加便利，英国大力推行自由贸易政策。与此同时，机器工业的大发展，也造就了贸易产品的多样化，许多新产品应运而生：纺织品、钢铁制品、船舶以及面纱等（见表2-1、表2-2）。

表2-1　1850—1884年英国棉纺织品占产品总出口的情况

年份	棉纺织品占英国产品出口的比例（平均）
1850	60%
1860	60%
1870	55%
1880—1884	46%

资料来源：《现代英国经济史（中卷）》。

表2-2　1880—1884年不列颠和爱尔兰主要出口商品价值分配情况

单位：万英镑

各种纱和纺织品（其中的棉货）	10800（7600）
煤、铁和钢	3800
铁器、刀具和机器	500
衣着品	1050
食品	1000
化学品和盐	620
总计	23400

资料来源：《现代英国经济史（中卷）》。

英国通过第二次工业革命，科技水平、生产能力进一步提高，国际化分工程度逐步精细化。作为老牌工业国，尽管工业革命促使其基础设施以及部分轻工业、采矿业得到了大力发展，但是在当时全球生产能力整体低下的情况下，英国在国际贸易中提供的产品仍不同程度地带有初级产品的特点。其贸易特点主要表现为：首先，粮食的贸易量大量增加；其次，棉花、铁矿、煤炭等农业原材料以及矿业材料的贸易水平不断扩大；最后，电力设备、机车、机器等贸易量也有不同程度的增长（见表 2-3）。

表 2-3　英国出口贸易数额（按商品种类分）　　单位：万英镑

年份	1815	1825	1837	1847	1857	1866	1872	1882	1890
总计（不包括再出口）	5160	3890	4210	5880	12210	18890	25630	24150	26350
重工业品	175	140	417	907	2950	3590	6740	6660	9150
煤与焦炭	47	14	43	97	321	510	1040	956	1900
铁与钢	128	105	201	527	1350	1470	3530	3110	3110
有色金属			124	154	570	610	550	510	720
机器		21	49	126	388	476	820	1190	1640
电器制品					30	31	40	104	160
交通工具					17	24	24	62	303
轻工业品	4170	3030	3480	4220	7950	13560	15920	14690	14590
纺织品	3340	2720	2870	3580	6180	11490	13380	11260	11420
棉制品	2070	1840	2060	2330	3910	7460	8020	7580	7440
毛制品	1020	620	500	790	1360	2650	3850	2370	2750
皮革及制品	71	45	34	47	229	203	366	428	428
陶瓷及玻璃	150	101	104	113	215	246	311	362	358
铁制品	135	139	146	234	421	598	545	516	453

资料来源：《主要资本主义国家经济统计集》。

随着生产力的提高，国际分工逐步表现为劳动密集型产业、资本密集型产业以及技术密集型产业之间的分工，这就是所谓的“产业间分工”。而该种分工形式也提高了不同国家之间的贸易水平，加强了不同国家之间的贸易往来。

从图 2-1 英国贸易平衡的点的分布，可以清楚地看到英国贸易长期处于贸易失衡状态，除个别年份是贸易顺差外，大部分年份处于贸易逆差的状态。之所以出现这样的现象，是因为英国拥有宗主国地位以及存在大量的无形贸易，巨大的贸易顺差并未统计在内，间接拉大了英国贸易失衡的程度。

1763 年的英法七年战争结束后，英国进入了最鼎盛时期，18 世纪的第二次工业革命直接确立了英国的殖民霸权地位，此时，英国拥有的殖民地占世界总面积的 1/3。通过进行工业革命，英国得以在经济、政治、文化等诸多领域走在世界的前列。

1870 年以后，农业歉收、与殖民地之间的战争、美德等工业国的快速发展、各国之间的关税壁垒、白银的贬值等一系列状况，使英国的出口更加“举步维艰”，英国货物贸易逆差逐步增加。在这一时期，国际分工主要体现出宗主国和殖民地之间贸易的特点。英国最先成为工业国，因此作为宗主国，处于国际分工的核心位置，而作为农业国的亚非拉等地区工业水平低下的殖民地，直接成为英国工业产品的倾销地以及原材料的来源地。

宗主国和殖民地之间的分工模式呈现出垂直分布特征，因此，作为宗主国的英国直接从殖民地进口大量的原材料，并把工业制成品出口到殖民地，获得大量的利益。垂直型分工模式，使得英国对殖民地的贸易常年顺差，获取了大量的贸易利益。与此同时，工业革命迅速奠定了英国世界金融中心、生产中心、贸易中心的地位。首先，通过确立金本位制，英国集聚了大量的黄金，英镑一跃成为世界贸易的主要结算和支付手段。其次，英国作为世界金融中心，促进了世界各国的贸易往来。通过将本国的产成品出口，英国赚取了大量的资金。再次，国际贸易的快速发展，也促使英国把国内业务扩展到国际。通过对外提供资金结算、融资等服务，英国银行体系日趋完善。最后，英国加大了对外资本的输出，对殖民地进行大量的投资，使其成为全球最大的债权国。在上述无形贸易方面，英国出现大量的盈余。

英国货物贸易常年逆差，而宗主国和殖民地之间的贸易利益以及无形贸易的巨大盈余未计算到英国的货物贸易之中，因此，英国贸易的失衡状况实际上在很大程度上被掩盖了。

英国的国际贸易状况与其国际金融中心的地位是紧密相连的。这一时期，国际货币制度是金本位制，金本位的特点使得英国在国际贸易领域必须保持“量入为出”的基本平衡状态，而长期大额的贸易头寸都缺乏金融基础。加之英镑是那个时期国际贸易最主要的结算货币和支付手段，因此，英国保持小幅度的贸易逆差，也符合英国当时在国际金融领域的主导地位。无形贸易产生的巨大盈余，使得英国经济总体上仍然保持健康（见图 2-2）。

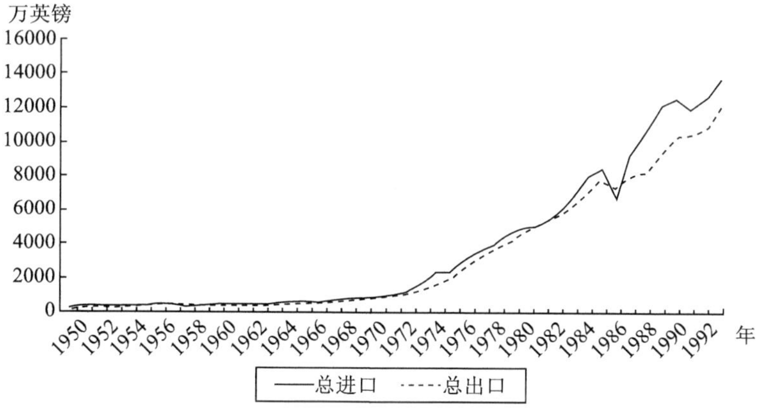

图 2-2　1950—1992 年英国对外贸易

2.2　产业内分工时代的德、日贸易失衡

作为“二战”的战败国，德国和日本国内经济遭到重创，急需复兴。第三次科技革命的爆发也促使国际分工从深度和广度上发展，与之相适应的，国际贸易中的商品结构也出现了一些新的特点。

德国和日本由于承接了英、美等国的产业转移，加上新技术的应用，经济实力和产业水平都得到了快速提高。与此同时，两国的贸易商品结构中，工业制成品的比重不断上升，大量新产品不断涌现，产品的专业分工程度也迅速提高。

2.2.1 德国的贸易失衡

综观世界各国各时期的贸易失衡状况，中、德两国尽管都表现出贸易长期顺差的状态，但有所不同的是，德国贸易顺差出现的时间节点要远远早于我国。德国的贸易主要受到国际产业转移的影响，在 20 世纪五六十年代，德国（西德）和日本则承接了来自美国的产业转移。

本章对德国的考察主要是 1948—1990 年，贸易数据主要来源于《帕尔格雷夫世界历史统计》。由于德国在 1988 年之前分为联邦德国和民主德国，在数据处理上，1988 年之前的德国进出口数据为联邦德国和民主德国进出口数据之和。其贸易平衡分布统计结果见图 2–3。

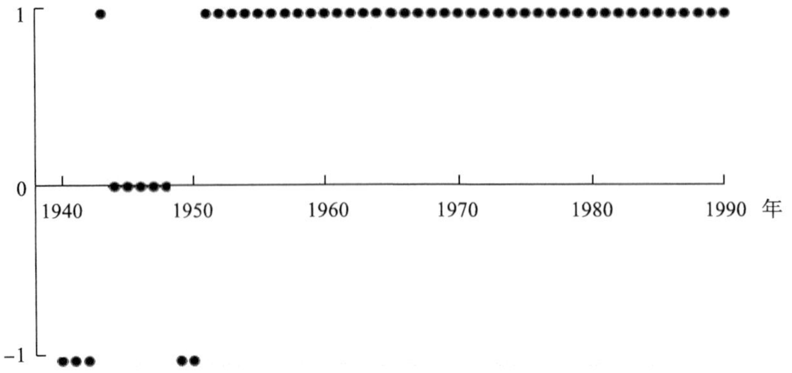

图 2–3　1940—1990 年德国贸易平衡分布

可以看出，在第二次世界大战后的几年，德国主要表现为贸易逆差状态，随后则主要表现为连续的贸易顺差状态。

美国由于在“二战”中获得了巨大的利益，一跃成为世界的霸主。第三次科技革命的爆发，促进了社会生产力水平的极大提高，带来了国际分工的进一步改变。扁平型分工模式正逐步取代原有的垂直型专业化分工模式，而这进一步提高了不同部门之间的专业化程度，国际贸易联系也变得更加紧密。

“二战”后，德国实施了经济复苏计划，通过承接美国的产业转移，大力发展生产，在短短两年内将经济恢复到了“二战”以前的水平，并且快速超越英、法，成为当时西欧经济最强的国家。其后，德国进入了被称为“黄金的 50 年代”的快速发展时期，对外贸易连续多年处于顺差状态。经济的快速发展，使得德国的贸易总额由 1950 年的 46 亿美元，猛增到 1970 年的 646 亿美元。在德国持续多年的贸易顺差中，英、法、美三国一直是德国最大的贸易顺差国，平均贸易顺差从 20 世纪 50 年代的 22 亿美元迅速扩大到 20 世纪 60 年代的 87 亿美元。与此同时，德国的黄金储备急剧增加，到 1970 年，已经占到资本主义国家总量的 15. 2%，超越美国，成为世界黄金储备第一大国。

20 世纪 70 年代，布雷顿森林体系的瓦解以及同期爆发的世界性石油危机，使联邦德国的经济进入了长达 10 年的滞胀时期。尽管这一时期经济前景不容乐观，但是德国经济所受的影响并不大，在大部分年份依旧保持增长。德国贸易总额由 1971 年的 853. 13 亿美元迅速增长到 1979 年的 3919. 13 亿美元。而在整个 20 世纪 70 年代，德国进出口都持续增长，贸易顺差逐年拉大，贸易顺差由 1971 年的 31. 29 亿美元，增加到 1979 年的 57. 49 亿美元（见表 2-4）。

表 2-4　1971—1979 年德国进出口贸易总体概况　　单位：亿美元

年份	总出口	总进口	进出口总额	贸易顺差
1971	442. 21	410. 92	853. 13	31. 29
1972	529. 23	487. 51	1016. 74	41. 72
1973	752. 13	658. 82	1410. 95	93. 31
1974	991. 70	840. 88	1832. 58	150. 82
1975	1026. 30	932. 71	1959. 01	93. 59
1976	1191. 20	1080. 57	2271. 77	110. 63
1977	1367. 40	1235. 66	2603. 06	131. 74
1978	1658. 59	1485. 06	3143. 65	173. 53
1979	1988. 31	1930. 82	3919. 13	57. 49

资料来源：世界银行。

进入 20 世纪 80 年代，德国经济持续放缓，但对外贸易依旧保持快速增长，除了在 1980 年出现贸易逆差，其余年份都保持较大的贸易顺差。同时，

1986—1990 年，德国出口规模急剧增大，一跃成为世界第一出口大国。仅 1989 年，德国对外贸易总额就达到了 7203. 50 亿美元，出口增长率高达 10%（见表 2-5、图 2-4）。

表 2-5　1980—1989 年德国进出口贸易总体概况　　单位：亿美元

年份	总出口	总进口	进出口总额	贸易顺差
1980	2236. 13	2239. 69	4475. 82	-3. 56
1981	2049. 08	1984. 91	4033. 99	64. 17
1982	2062. 34	1896. 03	3958. 37	166. 31
1983	1978. 12	1853. 05	3831. 17	125. 07
1984	1989. 80	1828. 24	3818. 04	161. 56
1985	2132. 61	1891. 71	4024. 32	240. 90
1986	2803. 85	2324. 89	5128. 74	478. 96
1987	3368. 13	2794. 49	6162. 62	573. 64
1988	3695. 81	3093. 44	6789. 25	602. 37
1989	3900. 32	3303. 18	7203. 50	597. 14

资料来源：世界银行。

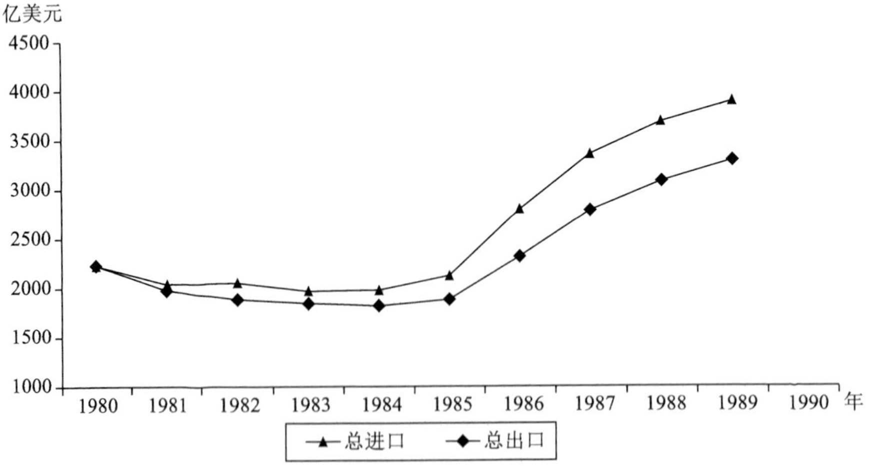

图 2-4　1980—1990 年德国对外贸易

2.2.2　日本的贸易失衡

如今，同德国一样，日本处于贸易顺差的一端，不同的是，日本既作为承接国受到第一次国际产业转移的重大影响，又作为转移国参与第二次国际产业转移。本章针对 1948—1990 年日本的贸易情况进行考察，贸易数据主要来自《帕尔格雷夫世界历史统计》（见图 2-5、图 2-6）。

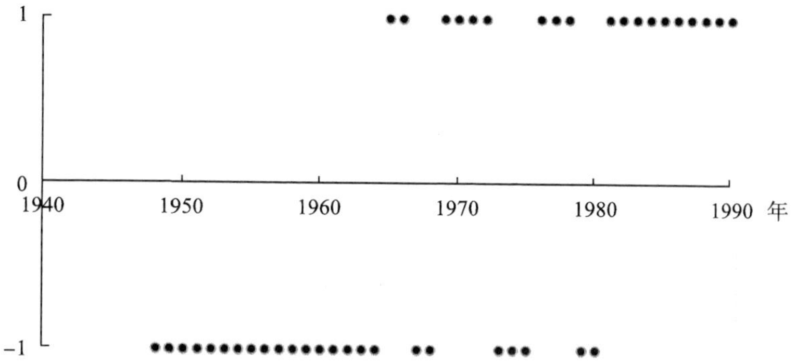

图 2-5　日本贸易平衡点分布

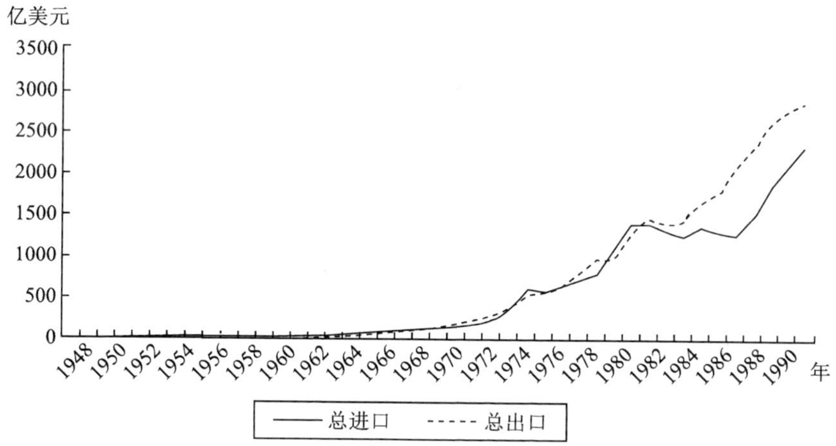

图 2-6　日本对外贸易

由图 2-5 可以看出，日本 1948—1964 年出现连续的贸易逆差，1964—1990 年除个别年份出现贸易逆差外，整体仍旧以贸易顺差为主。作为同处该阶段的主要贸易伙伴，日本对美、韩、德等国一直保持着贸易顺差，而对沙特、澳大利亚等国则基本保持贸易逆差状态。

日本对中国的贸易，在1989年之前处于顺差，而在其后一直处于逆差。由于日本是一个岛国，自然资源极度匮乏，严重制约了其经济社会的发展。由此，日本要想发展，必须把本国经济与世界经济紧密联系在一起——进口原材料，加工成制成品对外出口。这种模式的有效运行直接决定了日本经济的发展，日本"二战"后经济的快速发展极大得益于日本迅速扩大的出口贸易。而这特殊的国情也决定了直到20世纪50年代，在日本的出口商品构成中依旧是轻纺织品占绝大比例（见表2-6）。

表2-6　日本出口主要产品分布情况

产品类别	贸易额/亿美元	在总贸易中占比
纤维制品	3.99	48.70%
金属制品	1.59	19.40%
化工产品	1.08	13.20%
机械	0.71	8.60%

"二战"后的30多年里，随着科技革命的爆发、社会生产力水平的不断提高，日本的产业和贸易结构都不同程度地发生了变化，其支柱产业由刚开始的轻工业逐步发展到重工业，并进一步升级到大规模集成电路产业（见表2-7）。

表2-7　日本出口商品构成

分类	1960年	1965年	1969年	1972年
食品	6.3%	4.1%	3.6%	2.3%
原燃料	2.2%	1.5%	1.1%	0.9%
轻工业品	47.0%	31.9%	25.5%	18.8%
重化学工业品	44.0%	62.0%	69.3%	77.1%
其他	0.4%	0.6%	0.6%	0.9%

由表 2-7 可知，在日本的出口商品中，轻工业品的比重逐渐降低，而重化工产品的比重迅速增加，并逐步在出口产品中占主导地位。同时，日本政府能根据市场的变化适时调整出口产品的结构，使其能够在贸易冲击中避免重大损失。

进入 20 世纪 60 年代，日本的高储蓄率、高资本收益，政府低利率、削减军费开支等政策以及世界技术的革新，使日本经济进入了快速发展的黄金赛道。对外贸易从 1964 年开始基本处于贸易顺差。

从第二次世界大战结束到 1963 年，日本对外贸易均为贸易逆差。但从 1961 年开始，其贸易逆差额逐渐减少。1964—1990 年，在多数年份里日本对外贸易处于顺差状态（只有 1973 年、1974 年、1975 年、1979 年、1980 年为逆差）。综观日本贸易顺差的变化，大体可分为两个时期：1964—1982 年为贸易顺差缓慢增长时期，其贸易顺差额基本在百亿美元以下，仅 1978 年超过百亿美元，达到 182 亿美元；1983—1990 年为贸易顺差快速增长期，短短 8 年间顺差额增长了 3 倍多（见图 2-7）。

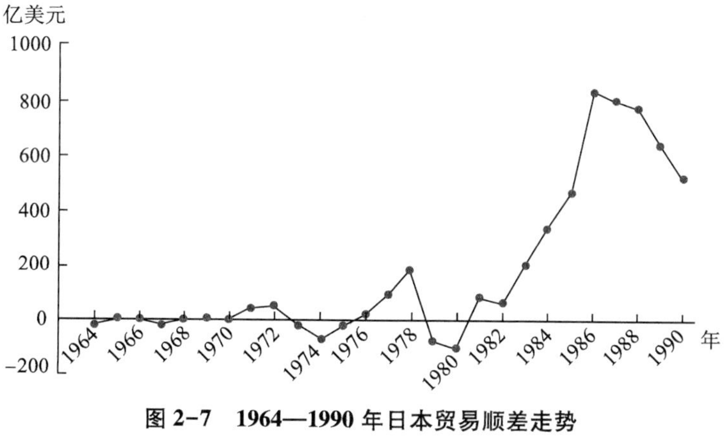

图 2-7　1964—1990 年日本贸易顺差走势

“二战”后，德国和日本的经济受到重创，急需发展经济来提高国家实力。随着以电子计算机为主的第三次工业革命的到来，德国和日本承接了美国的产业转移，大力引进国外产业和技术，利用本国原有的制造业比较优势，生产大量的产品并对外销售，积极参与到产业内国际分工中，从而使得经济迅速发展、社会结构快速稳定。产业内贸易时期国际贸易的特点，决定了国际贸易顺差国往往是那些在产业方面具有优势的制造业强国。它们通过产业上的竞争优势，获得在国际贸易中的比较优势，贸易大国往往就是贸易强国。

2.3 产品内分工时代的美、中贸易失衡

2.3.1 美国的贸易失衡

本章对美国的贸易考察为1790年至今，1993年以前的贸易数据主要来自《帕尔格雷夫世界历史统计》，之后的数据主要来自联合国贸易数据库（见图2-8）。

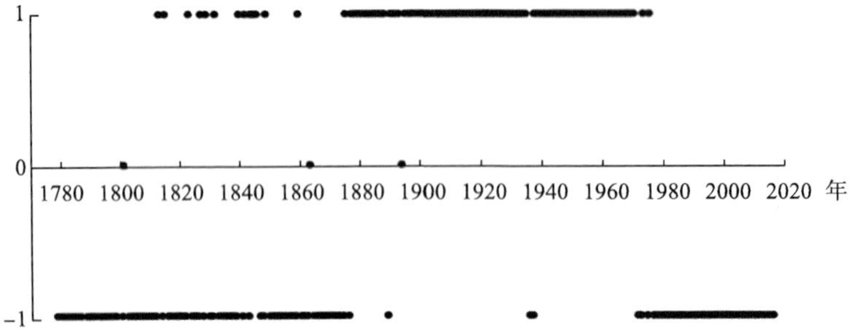

图 2-8 1780—2020 年美国贸易平衡分布

由图2-8可知，美国的贸易失衡大致可以分为三个阶段：1790—1873年为第一阶段，以贸易逆差为主，偶尔出现贸易顺差；1874—1970年为第二阶段，以贸易顺差为主，偶尔出现贸易逆差；1971年至今为第三阶段，几乎全部为贸易逆差。

1790年至今，社会生产力水平极大提高，同时国际分工由宏观逐渐向微观层面演进，相对应地，在不同的分工阶段，美国的对外贸易也呈现出不同的特点。

美国的产业由最初的以农业为主，逐渐发展为以工业为主，再到近些年来，产业的转移使美国产业出现空心化趋势；美国的对外贸易失衡状态也由最初的贸易逆差，变为贸易顺差，再变为现在的贸易逆差；主要出口商品由最初的农产品为主的劳动密集型产品，变为资本密集型产品，再变为现在的知识密集型产品。

美国南北战争之后确立了资本主义制度，国内市场得以统一，丰厚的自然资源，以及具有冒险精神和创造力的美国人民，为美国经济的腾飞创造了必要的条件。在 1870 年以前，英国是世界的霸主，而美国相对落后，处于引进英国产业和技术的阶段，因此 1790—1873 年，美国贸易以逆差为主。19 世纪 70 年代以后，随着两次工业革命的爆发，美国凭借绝对的技术优势成为世界的领导者，美国贸易也经历了近 100 年的贸易顺差。但是在“二战”之前，美国在制造业上的比较优势并没有得以充分体现。整个 19 世纪，美国对外贸易的产品结构中，农产品的出口比重高达 70%左右。尽管在 20 世纪初，美国已经成为工业重要的技术出口国，但也仅仅是由最初的原材料向制造业部门的转变，在出口总量中，初级产品依旧占到 2/3 左右。

20 世纪五六十年代第三次技术革命的爆发，促使美国开始进行产业转移，造成国内制造业产值的大幅下降，产业呈现出空心化和虚拟化特征。从 1971 年开始，美国的货物贸易由顺差转为逆差。20 世纪 80 年代以后，劳动力成本的上升以及第三产业的快速发展，进一步加剧了美国产业空心化和虚拟化的程度，自此，美国贸易逆差状态持续至今。与此相反的是，美国服务业水平较高，服务贸易长期保持顺差（见图 2-9）。

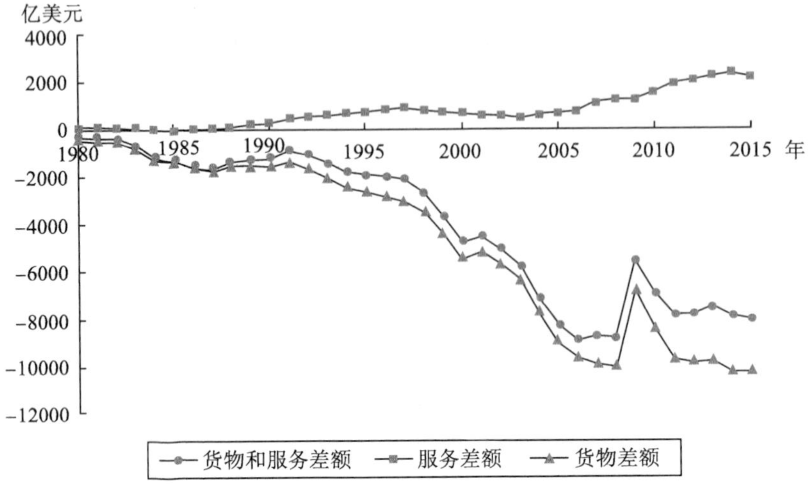

图 2-9 1980—2015 年美国贸易差额走势

从图 2-9 中可以看出：美国服务贸易长期顺差，且顺差额逐年递增；货物贸易长期逆差，逆差额从整体上看有逐步扩大的态势。

2.3.2 中国的贸易失衡

20 世纪 80 年代后，国际分工呈现出向纵深发展的趋势，分工逐步向企业微观层面细化，标志着以零部件分工生产为特征的新的国际分工模式的出现。改革开放与产品内分工的发展“不期而遇”，中国积极地参与到国际分工之中。通过大量引进国外资本和技术，与中国的劳动力资源相结合，逐步确立了全球生产中心的地位。在新的分工模式下，中国从早期主要从事劳动密集型加工组装环节，通过价值链逐步“攀升”到加工贸易，国际分工地位日渐提高。

随着承接产品生产量的增加，中国的出口量也逐年递增，直接影响了中国贸易的平衡。本章主要对 1978—2016 年中国的贸易情况进行考察，数据来自联合国数据库（见图 2-10）。

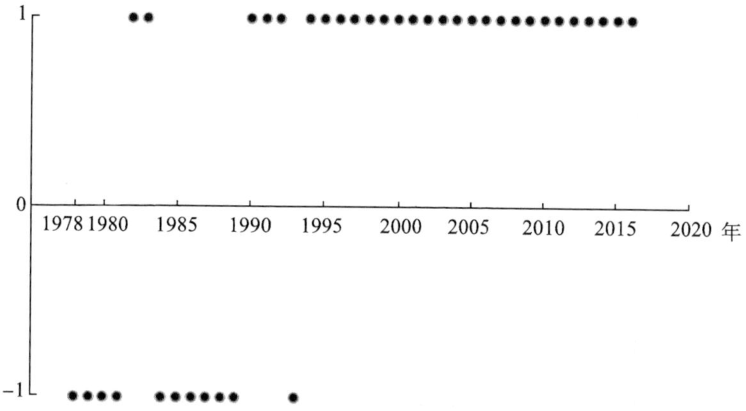

图 2-10　1978—2016 年中国贸易平衡分布

由图 2-10 可以看出，1978 年至今，中国的对外贸易情况大致可以分成两个阶段：1978—1994 年为第一阶段，对外贸易呈现出顺逆差交替的现象，但逆差居多；1994 年至今为第二阶段，出现持续性的贸易顺差。

改革开放之前，中国经济发展水平不高，相对闭塞，外资引进程度很低，外汇储备直接取决于中国出口的水平，这种对外贸易模式使我国的对外贸易基本维持在平衡状态。然而，改革开放使中国经济的开放程度空前提高，对外的供需活力得以释放，贸易规模随之扩大。在第一阶段，我国的对外贸易顺逆差交替，但逆差年份较多，原因主要是，改革开放初期，我国对外国的生产资料和先进生产设备有着旺盛需求，人口红利也并未得以充分释放。

在第二阶段，除去亚洲金融危机以及加入世贸组织对中国的影响外，自 1994 年起，中国对外贸易顺差持续不断增长。贸易顺差大致分为三个阶段：2005 年以前为第一阶段，顺差额度比较小，多处于 500 亿美元以下；2005—2010 年为第二阶段，贸易顺差额度快速增加，并呈现出波动的特征；第三阶段为 2010—2016 年，为快速增加阶段（见图 2-11）。

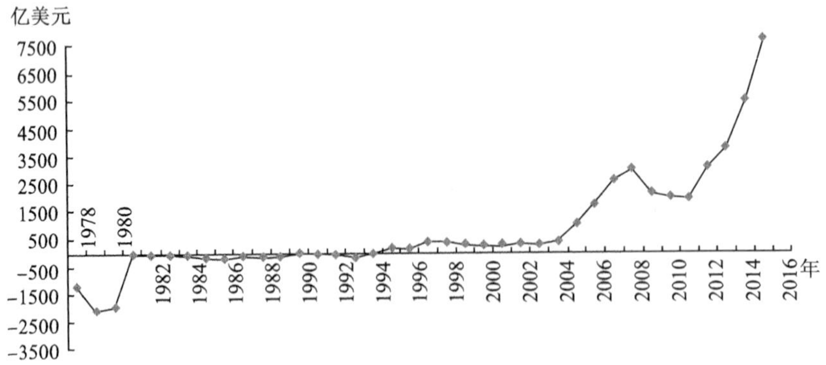

图 2-11　中国贸易差额趋势分布

从图 2-11 中可以看出，改革开放以来，中国除最初几年出现贸易逆差外，大多数年份均呈现出贸易顺差的状态，而且顺差额快速增加。2005 年，中国贸易顺差同比增长 218%，巨大的贸易顺差引起了世界上许多贸易逆差国家的不满，加剧了国家之间的贸易摩擦。鉴于此，中国相应地采取了积极的应对措施，贸易顺差额的增速有所回落。2008 年达到顶点后，由于国际金融危机的爆发，世界经济增长乏力，中国也难以置身其外，贸易顺差规模有所下降。

随着全球金融危机的影响逐渐减弱，中国经济开始复苏，2011 年后，中国对外贸易快速增长，贸易失衡的程度进一步加深，与美国等贸易逆差国的贸易摩擦也急剧升温。

中国自改革开放以来，通过 FDI 实现了引进资本和成熟技术与国内廉价劳动力的结合，成为世界的劳动密集型产品生产中心和 OEM 制造中心。在这样的产品内分工体系中，中国承担着产品生产工序的最后一个环节——加工组装，然后向全球出口产品。

产品内分工为发展中国家广泛参与经济全球化提供了有利条件，在此背景下，中国和美国在产品内分工的位置决定了贸易的格局。在这个产品内分工体系中，美国等发达国家从事高附加值的上游部分（研发设计和核心零部件生产）和下游部分（营销和售后服务），我国等发展中国家从事低附加值的中游部分（加工装配）和部分上游部分（零部件生产）。由于我国从事的是贸易品生产的最后环节（加工装配），前置环节国家对欧美国家的出口便成了我国的出口。因此，我国的贸易顺差是国际产品内分工的结果。产品内分工格局体现了我国外贸两头在外、高顺差、低附加值的特征，更揭示了处于全球生产网络高端位置的欧美，把贸易失衡的根源归结在中国身上是不符合事实的。只要中美在全球生产网络产品内分工中的相对位置不变，贸易不平衡的格局就会持续出现。产品内分工时期，贸易大国往往是像中国这样承担了加工组装环节的国家，由于其进口了大量的中间品又出口了最终产品，贸易额巨大，但并不代表其就是贸易强国，在国际贸易中的收益也有限。

2.4　小结

在本章中，我们主要分析了不同国际分工阶段中，贸易典型国家的外贸失衡特点。选择的贸易典型国家包括：产业间分工时代的英国，产业内分工时代的德国和日本，产品内分工时代的中国，以及跨越上述三个不同时代的美国。通过对历史上不同国际分工时代贸易失衡典型国家的比较研究，剖析当前国际贸易的现实基础与时代特征。本章选取了上述四个国家贸易发展典型时期的贸易平衡分布、出口商品情况，并对对外贸易进出口总额增长趋势进行了系统分析，以期对相应国家典型时期的贸易失衡情况进行深入的剖析。

通过对国际分工不同阶段几个贸易大国的贸易特征的分析，可以发现，如今贸易失衡呈现出产品内分工的特征。英国是产业间分工时代的贸易强国，这一时期的英国在有形贸易方面长期处于贸易逆差的状态。第三次科技革命时期的德国和日本，凭借其产业优势，在国际贸易中保持了长期贸易顺差。从货物贸易来看，美国在产业间分工时代，对外贸易以顺差为主；在产品内分工时代，对外贸易以逆差为主。但是，随着产品内分工的发展，美国服务业优势得到了强化，服务贸易长期保持顺差状态。随着社会生产力的提高，全球国际分工进一步加深，美国等发达国家向发展中国家进行产业转移，国内产业空心化。尽管从表面上看其出口劳动密集型产品，而进口了大量的资本、技术密集型产品，但这只是产品内贸易与现行国际贸易统计规则带来的“幻象”。以中国为首的发展中国家，由于承接了大量的产业转移，国际分工逐步深化，也加剧了贸易不平衡程度，贸易差额逐步扩大。同时，由于发达国家处于产业价值链的两端，发展中国家处于价值链的中间，因此，贸易利益的分配更加不均衡。相反，发达国家处于产业价值链的高端，在对外贸易中获得了大量的利益。这样就使得贸易利益在国家之间的分配越来越不平衡，进一步导致了国家间贸易摩擦的加剧。

第 3 章　世界贸易失衡形成机理

产品内分工时代的世界经济发展，是不平衡的发展。中国、印度、巴西等新兴经济体国家经济快速发展，而美国则财政赤字庞大、债务增长迅速，导致日本、中国和亚洲其他主要新兴市场国家对美国的贸易盈余持续扩大；与此同时，这些国家的贸易顺差多以投资方式输出到美国资本市场，从而形成了世界经济的“双循环”机制，并支撑了全球经济失衡（global imbalance）的深化。当前的世界贸易失衡是全球经济失衡的一个侧面，因此，理解世界贸易失衡必须从分析全球经济失衡入手。

3.1　世界贸易流的循环机制

3.1.1　产品内分工推动货物贸易的循环

当今世界处于生产全球化和贸易全球化进一步发展的进程之下，全球价值链日趋成熟并日益深化。在全球生产链条中，由于产品内分工的发展和物流运输产业的成熟，产品的生产并不是由一个国家单独完成，而是被分割成若干个相对独立的中间生产环节，各个环节分布在具有比较优势的发展中国家和地区。

发达国家输出本国过剩资本，把生产制造企业从本土转移出来，把企业设立到各个具有比较优势的国家和地区，从而实现产品内分工、提高资本产出比率，并获得较高的投资回报率。以中国为代表的亚洲发展中经济体则在垂直专业化分工体系中，利用劳动力、土地等生产要素价格低廉，自然资源供给丰富的比较优势，充分利用经济政治环境稳定等制度性因素，积极吸引外资，引进国外先进的生产技术，发展出口导向的劳动密集型加工产业，输出产品，扩大出口。改革开放以来，我国对外贸易发展迅速、外汇储备规模日益扩大、货物贸易持续顺差，但在整个生产体系中，依然是发达经济体处于主导地位。美国等发达国家转移了产品生产环节中附加值低、贸易利得小的部分，产品的设计、创新、包装、营销、物流、仓储等重要环节依然由发达国家完成。

发达国家对劳动密集型产业和落后产能的转移，造成了本国加工制造产业的“空心化”，本国只发展高新技术产业和服务贸易。这样，发达国家的劳动密集型生活必需品就必须依靠“进口”，而服务贸易的出口属性又比较弱、美国又对高新技术产品的出口实行了严格的管制，导致了发达经济体经常项目的巨额贸易逆差。作为发达国家落后产业的承接国，发展中国家由于资源丰富、价格低廉、经济基础薄弱，资本边际收益率高于发达国家的资本边际收益率，导致发展中经济体的生产能力日益扩大，进而带来了巨额的贸易顺差。由于世界资源分布的不平衡和国际产业技术的转移，对于发展中国家而言，贸易利得较低的劳动密集型生活必需品源源不断地从发展中国家出口到欧美等发达国家，形成全球货物贸易循环。

但是我们应该理性地认识到，全球生产分工格局是由发达国家的输出资本主导的，我国虽然通过贸易顺差获得了大量美元资产，但我国得到的经济增加值很少，经济产出大于支出水平。

3.1.2 中国经常账户贸易顺差来源分析

（1）货物贸易顺差和服务贸易逆差

我国的贸易顺差主要集中在货物贸易出口方面，贸易逆差集中在服务贸易领域。

根据表 3-1、图 3-1，我国 2014—2017 年，货物年度进出口总额分别为 43030.40 亿美元、39586.40 亿美元、36849.30 亿美元、41044.70 亿美元。货物年度进出口顺差总额分别为 3824.6 亿美元、5945 亿美元、5099.6 亿美元、

4225.1 亿美元。货物贸易顺差总体平稳，并未出现大幅增加或减少的态势。

表 3-1　中国货物进出口统计

年份	进出口		出口		进口	
	金额/亿美元	同比	金额/亿美元	同比	金额/亿美元	同比
2014	43030.40	3.4%	23427.50	6.1%	19602.90	0.4%
2015	39586.40	-8%	22765.70	-2.8%	16820.70	-14.1%
2016	36849.30	-6.8%	20974.40	-7.7%	15874.80	-5.5%
2017	41044.70	11.4%	22634.90	7.9%	18409.80	15.9%

资料来源：根据中华人民共和国商务部统计资料整理。

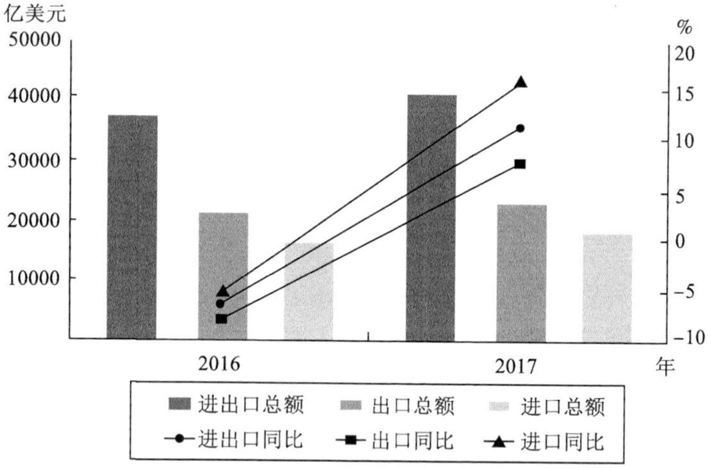

图 3-1　中国货物进出口统计

资料来源：根据中华人民共和国商务部统计资料整理。

根据表 3-2、图 3-2，我国 2010—2017 年，服务贸易进出口总额分别为 20522 亿元、28375 亿元、30422 亿元、33314 亿元、40053 亿元、40745 亿元、43974 亿元、46991 亿元。服务贸易逆差分别为 1006 亿元、3002 亿元、5023 亿元、7774 亿元、13130 亿元、13510 亿元、16112 亿元、16177 元。我国的服务贸易逆差于 2014 年突破万亿元，2014 年和 2015 年服务贸易逆差都超过了 1.3 万亿元，2016 年和 2017 年服务贸易逆差更是达到了 1.6 万亿元以上。

表 3-2 中国服务进出口统计

年份	进出口		出口		进口		差额/亿元
	金额/亿元	同比	金额/亿元	同比	金额/亿元	同比	
2010	25022	21.8%	12008	23.3%	13014	20.5%	-1006
2011	28375	15.4%	12936	7.7%	15939	22.5%	-3002
2012	30422	2.2%	12699	-4.5%	17722	8.0%	-5023
2013	33314	10.2%	13020	2.5%	20794	17.3%	-7774
2014	40053	18.3%	13461	3.4%	26591	27.9%	-13130
2015	40745	1.7%	13617	1.2%	27127	2.0%	-13510
2016	43974	7.9%	13918	2.2%	30030	10.7%	-16112
2017	46991	6.9%	15407	10.7%	31584	5.2%	-16177

资料来源：根据中华人民共和国商务部统计资料整理。

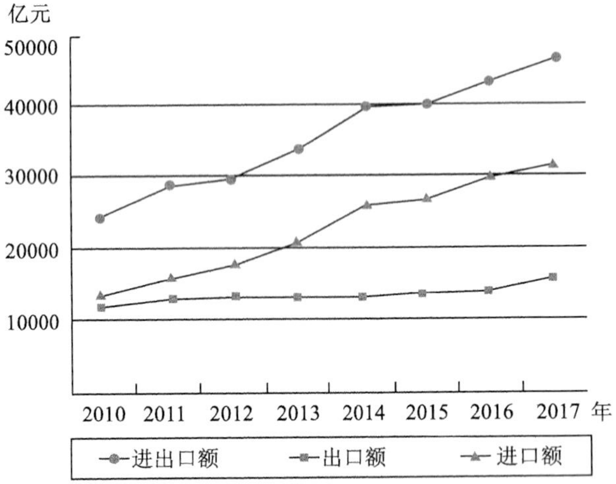

图 3-2 中国服务出口统计

资料来源：根据中华人民共和国商务部统计资料整理。

把我国服务贸易逆差数据通过人民币兑美元汇率换算后，依然是货物贸易顺差总额大于服务贸易逆差总额，我国对外出口贸易整体还是顺差状态。但是从这些数据中，依然能够解读出我国对外贸易的变化情况：货物出口顺差总额近4年总体平稳，服务贸易逆差总额却在快速增长，所以我国出口贸易顺差扩大的趋势可能得以改善和缓解。

随着我国经济的发展和外汇储备的日益增多，我国政府也逐步意识到巨额贸易顺差不利于我国产业结构的调整，不利于我国从制造业大国向经济强国的转变，同时，过多的贸易顺差还加大了人民币升值的压力，我国同贸易伙伴国的贸易摩擦也日渐增多。

（2）贸易伙伴

我国的贸易伙伴比较集中，贸易顺差来源地主要是美国、欧盟等发达国家和地区；韩国、日本、东南亚各国则是我国贸易逆差的主要来源国。

由表 3-3 可知，美国是世界最大的贸易逆差国，贸易逆差总额也没有下降的趋势，依然维持在将近 8000 亿美元的高位。日本作为传统的贸易大国，2014 年和 2015 年出现了对外贸易逆差，2014 年贸易逆差总额高达 1216.9 亿美元，2015 年逆差总额下降到 235.28 亿美元，2016 年才重新回到贸易顺差的状态。德国是世界精密制造业强国，也是我国精密制造、仪器、仪表的主要进口国，2014 年、2015 年、2016 年的贸易顺差都稳定在 2700 亿～2800 亿美元。俄罗斯是我国新时代全面战略协作伙伴，由于地广人稀、自然资源丰富，长期以来都是国际上重要的资源出口国，也是我国重要的能源进口方。2014 年俄罗斯的贸易顺差为 1589.34 亿美元，2015 年贸易顺差下降到 1292.18 亿美元，2016 年顺差总额更是下滑到 715.24 亿美元。俄罗斯纬度偏高，气候严寒，昼短夜长，致使工业制造业成本偏高，国家经济严重依赖能源出口，进出口贸易额依赖于国际能源价格。2014 年以来，世界经济复苏乏力，国际能源价格受供求关系的影响日渐低迷，致使俄罗斯贸易顺差总量减少。韩国在地理位置上和我国非常接近，是“亚洲四小龙”之一，是我国加工贸易中来料加工和组装零部件的主要进口方，2014 年，韩国的贸易顺差额为 471.5 亿美元，2015 年和 2016 年贸易顺差总额都达到了 900 亿美元以上。

表 3-3 2014—2016 年中国主要贸易伙伴进出口情况 单位：亿美元

国家	2014 年			2015 年			2016 年		
	进口额	出口额	差额	进口额	出口额	差额	进口额	出口额	差额
美国	24125.50	16234.10	-7891.40	22482.30	15045.80	-7436.50	22501.50	14538.30	-7963.20
日本	8118.92	6902.02	-1216.90	6483.15	6483.15	-235.28	6069.65	6448.90	379.34
德国	12093.10	14925.40	2832.30	10529.20	13236.90	2707.70	10564.90	13358.60	2793.70
俄罗斯	3388.30	4977.64	1589.34	2122.47	3414.65	1292.18	2106.65	2821.89	715.24
韩国	5255.15	5726.65	471.50	4364.99	5267.57	902.58	4436.95	5357.39	920.44

国家商务部统计资料显示，2017 年我国对前三大贸易伙伴——欧盟、美国和东盟的进出口分别增长了 15.5%、15.2%和 16.6%，三者合计占我国进出口总值的 41.8%。同期，我国对俄罗斯、波兰和哈萨克斯坦等国的进出口分别增长了 23.9%、23.4%和 40.7%，均高于总体增幅。我国与部分“一带一路”沿线国家进出口贸易发展态势良好。随着“一带一路”倡议的稳步推进，我国对外贸易开拓了新的贸易伙伴。对拉美、非洲等新兴市场的进出口分别增长了 22%、17.3%。我国要在原有贸易伙伴的基础上开拓新的贸易伙伴，建立多元化、多层次的伙伴体系，减少对欧美等国出口的依赖。

3.2 世界资金流的循环机制

3.2.1 世界资金流循环机理

美国是当今世界经济中体量最大、科技创新能力最强的国家，“二战”之后，随着英镑地位的衰落，美国凭借自己当时在世界上的经济和政治地位，建立了“布雷顿森林体系”，确立了美元的世界货币地位。美国在 20 世纪 70 年代之前，通过经常项目贸易顺差的方式输出货物，通过对外直接投资或权益投资等方式输出美元资本。

国际产业转移是世界经济发展历程中一个长期、动态的趋势，一般通过资本的国际流动和国际投资实现。产业国际转移与国际分工之间存在密切联系，在产业间和产业内分工条件下，发达国家一般将本国不具有比较优势的“边际产业”整体转移给发展中国家。而在产品内分工条件下，国际产业转移发生深刻变化，产业转移逐步深入至生产工序层面，从而演化成为一种国际产业转移新模式，即“产业片段”转移模式（张纪，2012）。

产品内分工较之传统的国际分工形式，只是分工的对象由“完整”的产品片段化为产品的工序和流程，决定工序和流程分工的基础仍然是各国在特定工序和流程生产上的比较优势（张纪，2006）。根据比较优势理论，随着美国经济的发展、科技的创新以及劳动力成本的提升，美国劳动密集型产业的优势逐步丧失。资本以追求利润最大化为原则和导向，在以美国为主导的发达国家的引领下，将技术含量不高、产品附加值低的劳动密集型生产阶段分解转移到东南亚等地区政治环境稳定、自然资源丰富、土地价格低廉、劳动力素质较高且成本较低的国家；但是产品设计、原料采购、创新、物流、订单处理、终端零售等重要环节仍然被资本输出方掌握，发达国家仍然控制着产品生产链条上利润最高的部分。

20 世纪 80 年代以后，随着“去工业化”进程的加速，美国大力发展具有比较优势的高新技术产业和现代服务业，造成了生活必需品等劳动密集型产业的“空心化”，所以美国在对外贸易方面表现出经常项目逆差。美国从以中国为代表的亚洲地区进口了大量生活必需品，输出美元；而中国等贸易顺差国家通过国际贸易，换回了国际储备货币——美元。贸易顺差国本身处于经济加速发展的黄金时期，劳动力人口供给充沛，社会保障体系不健全，收入分配不均衡，加之勤俭节约的传统，造成国内需求不足、储蓄率偏高的局面。

以中国为代表的顺差国国内金融市场和资本市场不发达，没有足够的广度和深度去容纳巨额的外汇储备和闲置资金，而美欧等发达经济体金融市场发达、经济体量大、经济发展强劲、金融市场产品线齐全、金融产品供给品种丰富，能满足顺差国对金融产品安全性、流动性和收益性的要求。同时，以中国为代表的出口导向型国家的经济发展，又严重依赖于美国等发达经济体的进口需求。这样，发展中国家的剩余储蓄和外汇储备就源源不断地以资本输出的形式回流美国，形成美国资本账户顺差，以弥补美国经常项目逆差所输出的美元。

发展中经济体的资金输入，增加了美国金融市场的资本供给，压低了美国货币市场的借贷利率，推高了美国股票和房地产等资产价格，形成了新的财富效应，吸引更多的资金流入美国。良好的经济发展水平，进一步降低了美国居民的储蓄意愿。

跨国公司把金融市场上低成本的资金以外商直接投资或股权投资等权益性方式，输出到发展中经济体，分享贸易顺差国经济高速发展黄金期的红利，获得较高的资本回报率，转而把这些盈利资金回流到美国等发达经济体的金融市场，再次弥补了美国经常项目逆差带来的资金缺口（见图 3-3）。

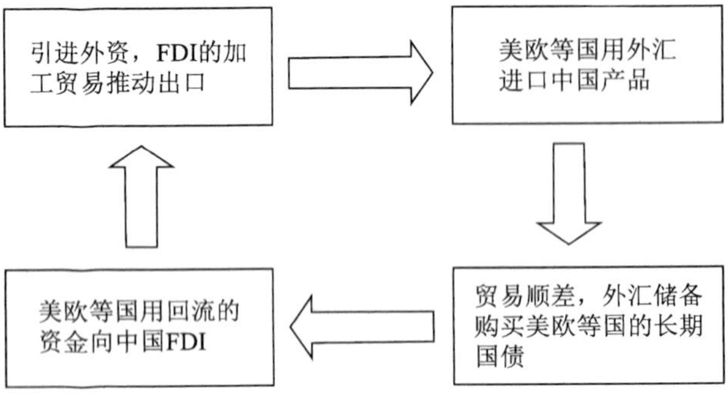

图 3-3　世界资金流循环机制图

3.2.2　中国外汇储备、贸易顺差变化情况

由表 3-4 可知，改革开放以前，我国的外汇储备总量非常少，常年维持在 1 亿~2 亿美元，反映了我国当时所处的国际政治环境。西方国家对我国实行经济封锁，我国不得已走上自力更生的“封闭式发展”道路，对外贸易总量很少。

表 3-4　1950—2015 年我国外汇储备变化情况　　单位：亿美元

年份	金额	年份	金额	年份	金额	年份	金额	年份	金额
1950	1.57	1964	1.66	1978	1.67	1992	194.43	2006	10663.44
1951	0.45	1965	1.05	1979	8.40	1993	211.99	2007	15282.49
1952	1.08	1966	2.11	1980	-12.96	1994	516.20	2008	19460.30
1953	0.90	1967	2.15	1981	27.08	1995	735.97	2009	23991.52
1954	0.88	1968	2.46	1982	69.86	1996	1050.29	2010	28473.38
1955	1.80	1969	4.83	1983	89.01	1997	1398.90	2011	31811.48
1956	1.17	1970	0.88	1984	82.20	1998	1449.59	2012	33115.89
1957	1.23	1971	0.37	1985	26.44	1999	1546.75	2013	38213.15
1958	0.70	1972	2.46	1986	20.72	2000	1655.74	2014	38430.18
1959	1.05	1973	-0.81	1987	29.23	2001	2121.65	2015	33303.62
1960	0.46	1974	0	1988	33.72	2002	2864.07		
1961	0.89	1975	1.83	1989	55.50	2003	4032.51		
1962	0.81	1976	5.81	1990	110.93	2004	6099.32		
1963	1.19	1977	9.52	1991	217.12	2005	8188.72		

资料来源：国家外汇管理局。

我国从 1978 年年底开始实行改革开放战略，逐渐开放国门发展对外贸易。为了增强我国经济实力、提升外汇储备，改革开放初期，我国鼓励出口，对外资实行优惠政策，积极吸引外资流入，在我国开设工厂。但是由于当时我国的工业基础薄弱，产业体系不健全，对国际需求信息把握不全面，产品比较优势不明显，出口创汇能力并不强。1979—1993 年，我国的外汇储备虽然稳步提升，但是总量仍然在 220 亿美元之下。1994 年、1995 年我国的外汇储备总额继续稳步增长，1996 年，外汇储备一举超过 1000 亿美元；2001 年超过 2000 亿美元；2003 年外汇储备再次翻倍，超过 4000 亿美元；2005 年又翻一倍，超过 8000 亿美元；之后，外汇储备每年稳步递增，2014 年达到最高点 38430.18 亿美元，随后小幅回落。

通过对中华人民共和国成立后外汇储备数据的分析可知，我国的对外贸易发展势头良好，货物贸易顺差持续扩大，进口量相对不足，反映出我国对外贸易失衡的状况。

3.3 贸易失衡推动金融失衡的机制

3.3.1 全球资金、货物流双循环支撑美国贸易逆差

全球经济失衡包括贸易失衡和金融失衡两个方面，国际收支账户包括经常账户和资本金融账户，正好对应世界货物贸易流和世界金融资金流（见图3-4）。

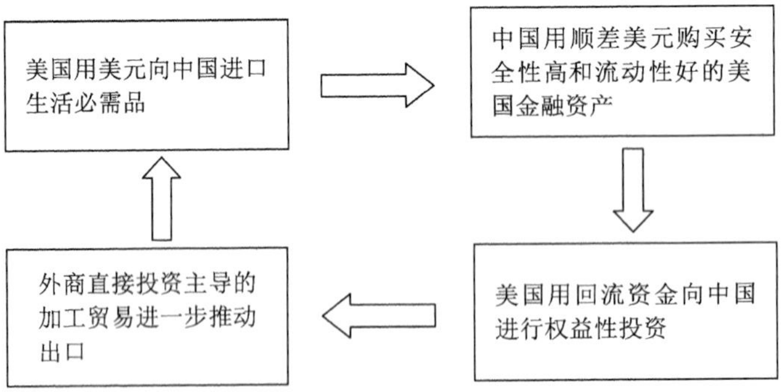

图 3-4 中美两国之间资本和商品流动图

美元的世界储备货币地位是由美国发达的经济、引领世界的科技创新能力所决定的。“二战”后，伴随着美国的贸易顺差，美元的世界货币地位逐步确立。1971 年 12 月以《史密森协定》（*Smithsonian Agreement*）签署为标志，美元对黄金贬值，美联储拒绝向国外中央银行出售黄金。至此，美元与黄金挂钩的布雷顿森林体系名存实亡。布雷顿森林体系瓦解之后，美元的货币发行不再和黄金挂钩，发行规模完全取决于美国的国家意志和本国经济发展的需要。2008 年次贷危机之后，美国为了刺激本国经济复苏，采用增加流动性的方式，凭借美元的世界主要储备货币地位，向全球输出通胀，帮助美国经济快速走出危机，恢复了本国经济的持续稳定增长。无节制地发行美元的方

式，使美国保证了本国物价的稳定和经济的复苏。在对外债务总额不变的情况下，美元的大量发行稀释了美国对外债务的实际购买能力，美国的负债实际上是减少了。但是对外围国家而言，贸易顺差换回的美元必须用同等的本币兑换，造成了顺差国家的输入性通胀，给外围国家的经济增长和宏观调控都带来了挑战。同时，美国凭借自身强大的经济控制能力和持续不断的科技创新能力，吸引国际资金源源不断地回流美国金融市场，用以弥补美国经常账户逆差造成的资金缺口。美国同时又是消费拉动型国家，过低的储蓄率和过量的财政支出造成了美国长期大量的“双赤字”（财政赤字和贸易赤字）（见图 3–5）。正是贸易顺差国家的外汇储备持续不断地回流美国金融市场，才支撑了美国贸易逆差的长期存在。美元失去了黄金的“锚”，使得全球贸易失衡愈演愈烈（见图 3–6）。

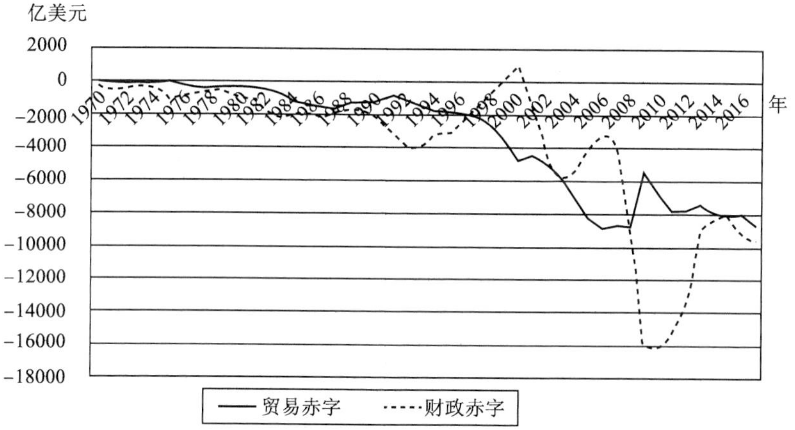

图 3–5　美国“双赤字”的发展

资料来源：联合国贸发会数据库。

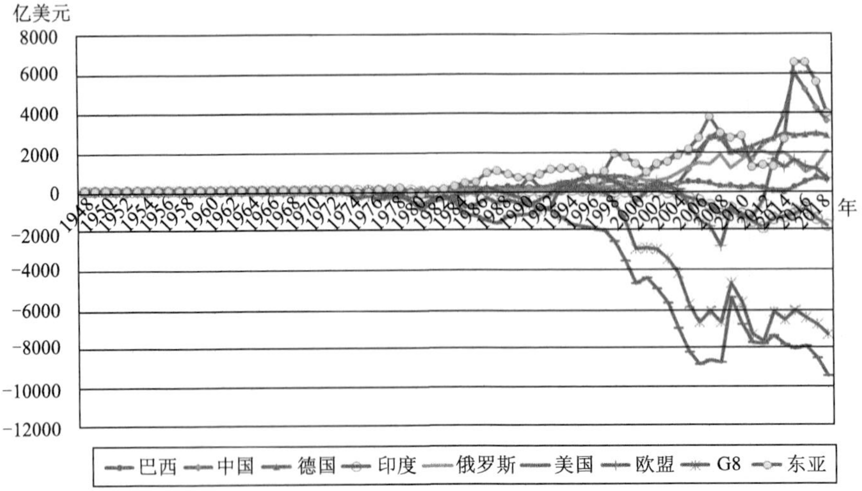

图 3-6 全球贸易失衡的发展

资料来源：联合国贸发会数据库。

3.3.2 金融失衡的可持续性及调整

（1）金融失衡具有一定的可持续性

第一，宏观经济政策调整不可能在短期内改变全球金融失衡。

根据斯蒂格里茨的理论，由发展中国家向发达国家的资本流动是“资本流动怪圈”。从长期的视角来看，资金回流导致的金融失衡是不能持续的。如果美国经济发展动力不足、科技创新能力下降，世界资本回流美国金融市场的意愿就会降低；或者，随着新兴经济体的崛起，欧元或者人民币取代美元成为世界储备货币；或者，随着外围国家经济的崛起、综合国力的提升、本国金融市场的成熟，贸易顺差国的外汇储备不再回流美国等发达经济体；那么，世界资金循环流动的动态平衡将被打破，现有的贸易流动格局也会被调整。

然而，从短期的视角来看，财政政策和货币政策（包括汇率、利率政策等）作用有限，虽然可以通过宏观经济调控将外汇储备、贸易差额等经济指标控制在一定范围内，但作为全局政策宏观经济调控很难从根本上解决问题。

就汇率制度而言，似乎只要美联储让美元贬值，美国就能降低制造业的生产成本，增加美国货物出口，减少美国经常项目贸易逆差。但事实上，美元对以中国为主的贸易顺差国家的货币贬值具有不可操作性。东亚国家普遍实行软盯住美元的有限度的浮动汇率制，这些国家的央行都对外汇市场进行了不同程度的干预。东亚国家的汇率政策，使美元贬值的政策失效。本币兑美元汇率无法合理反映双方的贸易关系，汇率调整贸易失衡的作用更无从谈起。

第二，贸易失衡和金融失衡在一定程度上还会持续下去。

2008 年国际金融危机后，世界各国都致力于消除金融和贸易领域的失衡，这些努力保证了世界经济在失衡中继续增长。

目前，就中国的经济发展阶段而言，中国的经常项目顺差具有持续的必要。我国用吸收外商直接投资的方式促进本国经济发展。这种方式和拉美国家普遍实行的“借债”方式相比，更符合我国国情，能更全面促进我国经济发展和工业产业体系的建立。加工贸易吸收了我国剩余的劳动就业人口，发挥了我国产品成本低廉的比较优势，增加了我国的外汇储备，提升了中国的经济实力和国际地位。所以，保持一定程度的经常项目顺差对我国来讲还是具有积极意义的。但是，我们也应该清醒地认识到，我国以往的粗放型经济发展方式已经触及了经济发展的资源“天花板”，外贸发展的粗放型模式亟须调整，也应该重新审视巨额贸易顺差的合理性。

美国的资本项目顺差具有相当的可持续性。首先，美元因为发行不受约束，作为世界储备货币，在世界范围内获得了巨量的间接铸币税收入，在美国本土也可获得大量的直接铸币税收入，二者共同增加了本国金融市场的资金供给。其次，美元过度发行、金融过度创新、信贷条件过度宽松造成美元流动性泛滥，推升了美国资产价格上涨，推动美国股市持续创出新高，资本市场上的财富效应吸引了更多的世界资金回流美国。美国资本、金融市场上充裕的资金导致了美国资金供给的增加，在资金需求量不变的情况下降低了资金的供给成本，较低的资金成本推动了美国对外投资规模的进一步扩大。

美国等发达经济体的对外投资以追求较高的资本回报率为导向，通过资本、技术输出的方式进行股权投资，获得发展中经济体经济长期高速发展的红利，较高的投资收益率、丰厚的投资回报促使更多资金回流。最后，美国经济的持续繁荣和较低的借贷成本，扩大了美国居民的消费能力，亚洲国家依赖发达经济体强大的消费能力弥补本国消费需求不足，通过向美国等发达经济体出口货物的方式，获得货物贸易顺差，挣得外汇储备，却使本国经济增长更加依赖于向美国出口，更多的外汇储备持续回流到美国。所以，只要支撑全球资金回流美国的因素依然存在，美国的资本项目顺差就能持续下去。

图 3-7 反映了我国 2010—2015 年的外汇储备情况。我国的外汇储备从 2010 年开始小幅稳步攀升，逐步跨越 3 万亿美元，并于 2014 年达到 4 万亿美元，之后缓慢下降。

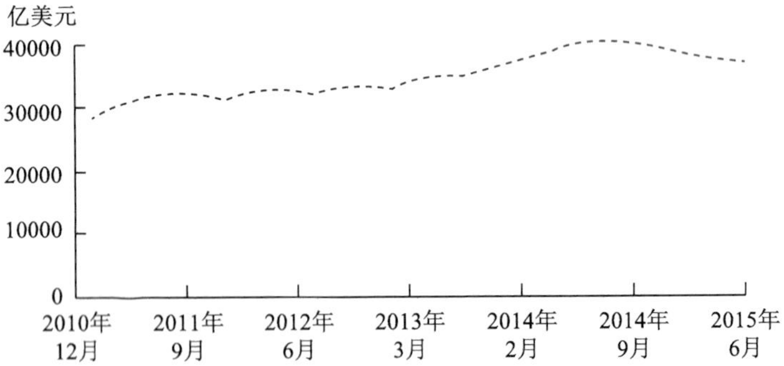

图 3-7　中国外汇储备

资料来源：国家统计局。

（2）推动全球金融失衡的因素

资金流动方式是由实体经济决定的，美国的经济实力决定了全球金融市场的动向。

第一，顺差国高储蓄、逆差国高支出推动了全球金融失衡。

美国等发达经济体储蓄率很低，亚洲等地区的发展中经济体则储蓄率较高，由图 3-8 和图 3-9 可以看出中国和美国的储蓄水平。

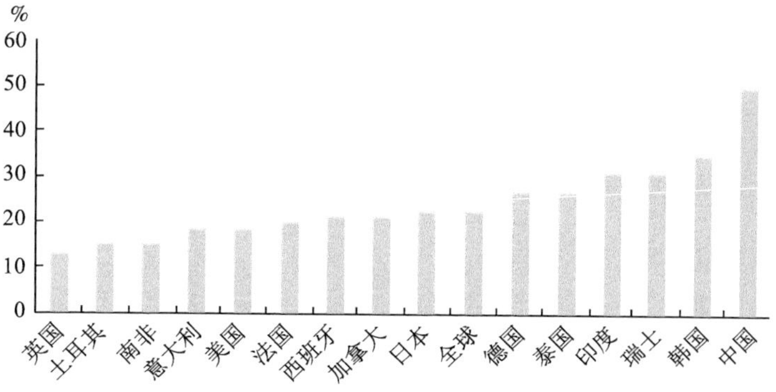

图 3-8　世界各国国民储蓄率

资料来源：根据国际货币基金组织数据整理。

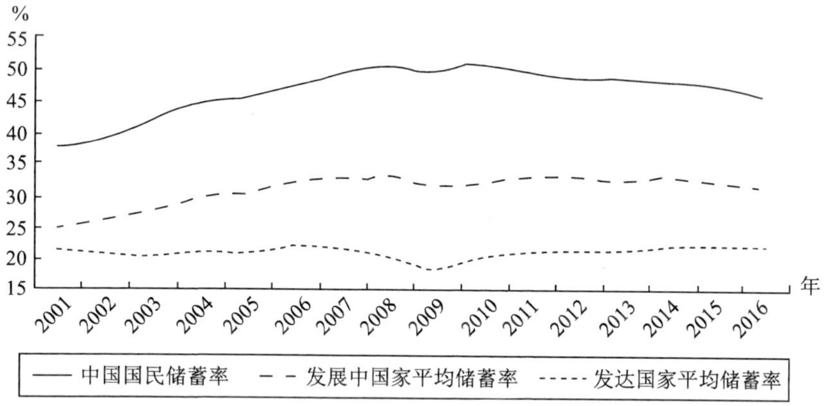

图 3-9　2001—2016 年中国与发展中国家、发达国家平均国民储蓄率对比

资料来源：根据国际货币基金组织数据整理。

以伯南克为代表的美国经济学家认为，美国储蓄率低、金融市场利率水平低、消费支出高的主要原因是亚洲国家的高储蓄。发展中国家的资本深化不足，本国金融市场存在金融压抑，贸易顺差国的金融市场没有足够的广度和深度容纳本国的外汇储备，因此，不得不大量输出本国多余资本。资本输入推动了美国资产价格的上涨，财富效应提升了美国居民的消费意愿，导致美国居民的进口需求增加；资金流入增加了美国金融市场的资本供给，降低了美国的贷款利率，宽松便利的信贷条件扩大了抵押贷款的规模；美元作为世界储备货币，发行规模不受约束，各国央行对国际储备货币美元的需求抬升了美元币值，提升了美元实际购买力；美国金融创新体系发达，金融资产供给的增加放大了实体经济中货币供给的乘数，增加了市场的流动性，提升了财富效应，提高了美国居民的消费支出能力；1998年亚洲金融危机之后，东亚各国实行有管理的浮动汇率制度，本国货币软盯住美元，导致美元币值坚挺，美国商品出口昂贵但进口价格低廉。

上述多因素叠加增大了美国金融市场的资金流入规模。全球互联网、云计算、人工智能等高新技术的发展，提高了对金融数据的处理能力，提升了金融市场的运行效率，加快了资金流转速度，也加快了资金回流美国金融市场的速度。这些因素形成合力，推动了全球金融失衡。

第二，美元路径依赖（path-dependence）推动全球金融失衡。

路径依赖类似物理学中的惯性，一旦进入某一路径、某一锁定状态，就不想改变，只有借助外部效应、引入外生变量才能实现对原有状态的修正。

美元路径依赖是指对于任何一个后加入全球化的国家来说，选择美元作为国际贸易和国际借贷的主要结算货币，是最优选择。虽然会给外围国家带来各种成本，包括“美元陷阱”，但是少数几个国家不选择美元作为结算货币，交易成本更大，甚至超过了美元路径依赖所带来的负面影响。

由于存在路径依赖，美元供给增加并没有降低美元汇率，宽松的美元政策使美国经济持续繁荣，美国经济持续增长有利于美元币值的稳定，吸引了资金的流入。由于美元是世界主要储备货币，各国政府、企业、个人都大量持有美元计价的资产。因此，它们从各自的角度出发也希望美国经济持续繁荣，美元币值持续稳定。美国科技创新能力非常强，拥有世界上最雄厚的科技人才储备、最优越的科技创新环境。稳定的制度环境和充满活力的经济体制，使美国经济长期持续稳定发展，世界人民和各国政府相信美元的保值功能，愿意持有美元。美国作为世界上的超级大国，国力强盛、经济稳定，美国政府和银行长久以来拥有良好的信誉，赋予了美元极佳的避险功能，在经济出现动荡时，人们更倾向于抛售其他货币、购入美元、持有美元保值，因此在2008年次贷危机时，美元不仅没有贬值反而币值坚挺。国际主要大宗商品以美元计价，美元是国际贸易中的主要结算货币，出于结算的便利性，各个经济主体愿意持有美元。发达的美元清算系统使使用美元结算的交易成本大幅降低。

以上因素扩大了全球对美元的需求，稳定了美国通过经常项目逆差输出美元的运行路径，使美国的贸易失衡得以持续。

第三，"美元陷阱"使贸易顺差国不敢轻易抛售美元资产。

贸易顺差国家通过经常项目顺差换回国际储备货币——美元，而外汇储备和国内过剩储蓄又回流到美国的金融市场，投资美国国债和企业债等安全性好、流动性高的金融产品。

如图 3-10 所示，在现今的历史和经济条件下，以中国为代表的贸易顺差国家的外汇储备越来越多，由于投资环境的缺乏、投资路径的限制，购买美国国债的资金量越来越大。债权国家担心资产价格下降不敢轻易抛售美元资产，逐步陷入"美元陷阱"。截至 2017 年，中国持有美国国债高达 3 万亿美元，是美国最大的债权国。

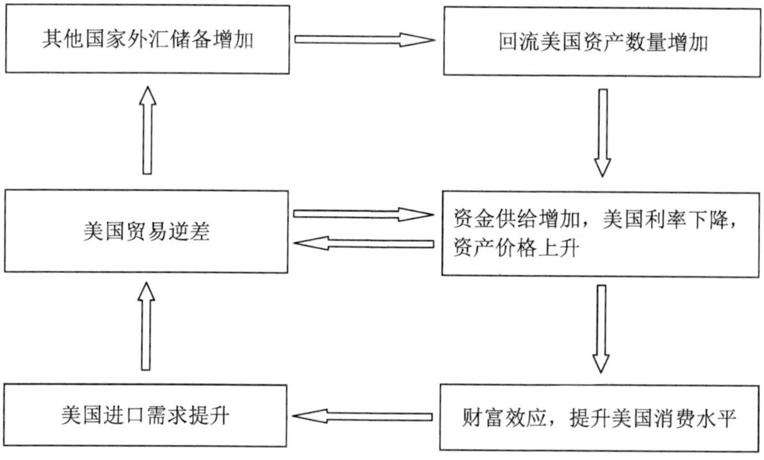

图 3-10　全球货物、资金"双循环"流动

如果债权国家单方面持续抛售美元资产，会造成两方面的后果：一是市场上美元资产供给量增加，导致资产价格下跌，持有者遭受财务损失；二是美元供给数量不变，但美元资产价格下跌造成的心理恐慌使投资者对美元货币的需求减少，导致美元币值下跌，以美元计价的商品相对价格下降，外围国家商品相对价格上升，美国出口增加，美国通过经常项目逆差输出的美元资本减少，贸易顺差国的外汇储备减少，资金回流美国的数量减少，美国资产价格下跌，世界资金循环流动的机制逐渐消失，货物贸易循环机制也不复存在。上述表述是基于逻辑的理论推理，实际上“美元陷阱”在全球外汇储备战略中作用有限。

由于“美元陷阱”的存在，外围国家不敢轻易抛售美元资产，增强了对美元的需求，强化了全球金融失衡的存在机制。

如果资金向美国金融市场回流的循环机制不复存在，美国金融市场无法用较低的成本吸收贸易顺差国的外汇储备，资金传导机制将会结束，美国的货物贸易逆差便不可持续了；如果美国没有了持续回流的低成本资金输出到发展中经济体去进行高收益率的股权投资等多种形式的对外直接投资、赚取高额利润、分享发展中经济体长期快速发展的红利，那么以美国为代表的发达经济体就无法把对外投资获取的超额利润回流到美国；资金传导机制结束使美国没有资金从发展中国家进口生活必需品，货物贸易逆差状态将会终结，从而引发美元币值降低、严重贬值，美国经济衰退，美元对外购买力降低，人民币等他国货币相对升值，贸易顺差国家的出口会受到抑制，美元信用降低，储备货币地位下降，通过金融危机的形式强制平衡贸易，被高估的美元币值逐渐回归真实价值。

图 3-11 显示了美国国会预算办公室在 2017 年 6 月和 2018 年 4 月预测的美国未来财政赤字的增加情况。根据预测，美国的财政赤字会逐步增加。

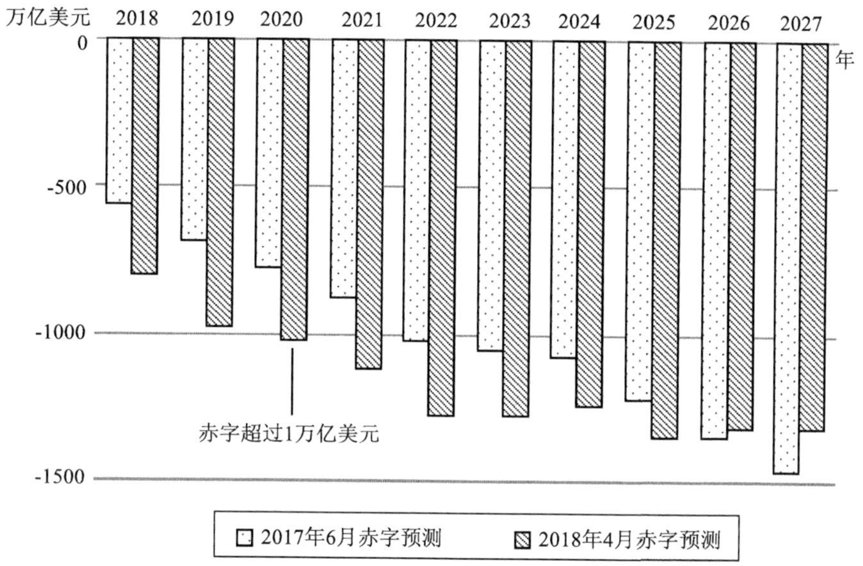

图 3-11　美国贸易赤字预算

资料来源：美国国会预算办公室。

3.4　小结

本章分析了世界货物贸易流的循环机理。在全球产品内分工的背景下，在生产全球化和贸易全球化的进程中，全球价值链日趋完善。发达国家通过资本输出的方式，把生产制造企业从本土转移到以中国为代表的亚洲发展中经济体，只在本国发展产品附加值高的高新技术产业和服务贸易。发达国家从发展中国家进口生活必需品，形成全球货物贸易循环。

发展中经济体通过贸易顺差积累了巨额外汇，一方面，本国国内金融市场和资本市场不发达，没有足够的广度和深度去容纳巨额的外汇储备和闲置资金；另一方面，美国经济体量大，经济发展强劲，金融市场产品线齐全，金融产品供给品种丰富，能满足贸易顺差国家对金融产品安全性、流动性和收益性的要求。出口导向型国家的经济发展，又严重依赖于美国等发达经济体的进口需求，这样，发展中国家的剩余储蓄和外汇储备就源源不断地以资本输出的形式回流美国，形成美国资本账户顺差，用以弥补美国经常项目逆差输出的美元，形成全球资金循环。

全球货物流和资金流的“双循环”机制，一方面推动了全球经济失衡；另一方面，在一定限度内形成了持续稳定的动态平衡，使得世界贸易得以在失衡中发展。本章通过对世界货物和资金流动轨迹的跟踪和梳理，解析了金融失衡导致贸易失衡的内在机理，分析了发达经济体巨额贸易逆差长期存在的原因，为进一步探析世界贸易失衡的未来发展趋势奠定了基础。由于全球贸易形成的对美元的路径依赖，贸易失衡和金融失衡在一定程度上还会持续下去，未来会如何演变调整，资金传导机制如何结束，世界贸易失衡会以什么状态结束，这些问题有待我们在后续章节中探索。

第4章　基于要素禀赋理论的产品内分工动因研究

国际分工架起了国与国经济联系的桥梁，因此，国际分工是世界市场乃至世界经济形成的根本原因，也是国与国之间开展经济合作和国际贸易的现实基础。国际分工是人类社会生产力发展到一定阶段的产物，社会生产力的进一步发展也推动着国际分工形态的演变。从18世纪60年代国际分工形成至今的200多年里，国际分工形态经历了产业间分工、产业内分工和产品内分工的演化历程。随着世界经济进入以产品内分工为基础的经济全球化新时代，“产品内分工的动因”无疑是吸引众多研究者的重要课题。本章从传统的赫克歇尔—俄林要素禀赋理论视角来考察产品内分工的内在动因，一方面，有利于理解产品内分工的驱动因素，进而为研究产品内分工时代的贸易机制奠定理论基础，另一方面，对于中国这样的要素禀赋特征正在发生深刻变化的国家而言，也有着极为重要的理论和现实意义。

4.1　产品内分工动因研究文献梳理

早在20世纪六七十年代，一些学者已经开始关注“国际分工深入产品内部的工序和链条”的产品内分工现象，学者们在对这种国际分工新模式进行研究时，首先关注的便是产品内分工的内在动因。

多数学者认为，较之于以往的国际分工形态，产品内分工在贸易形态上从传统意义上的“完整”产品深化到产品内部的工序或环节，也就是说产品内分工时代国家之间的“分工边界”是产品内部的工序或环节而不是传统意义上的“完整”产品。国际分工产生的原因并没有发生根本性变化，因此，传统的基于要素禀赋差异或技术差异的比较优势和基于规模经济的成本优势，不仅是传统分工模式的动因，还是产品内分工的动因。这部分学者通过扩展“分工边界”的思路，将传统国际贸易理论的分析框架应用到产品内分工动因的分析之中。这一类分析框架大致可以分为两种类型：第一类分析框架是基于要素禀赋或比较优势的传统国际贸易理论（Sanyal 和 Jones，1982；Dixit 和 Grossman，1982；Arndt，1998；Findlay 和 Jones，2001；Kohler，2001；Jones 和 Kierzkowski，2001；Deardorff，2001）；第二类分析框架是基于不完全竞争或规模经济的新国际贸易理论（Jones 和 Kierzkowski，1990；Ishii 和 Yi，1997）。

除了用传统贸易理论解释产品内分工，另外一些学者则紧紧抓住产品内分工模式下分工的边界是“企业”内部的工序或流程这一新特征，从企业异质性（firm heterogeneity）出发来研究产品内分工，由此创立了新新贸易理论这一崭新的分析框架（Antras，2003；Feenstra 和 Hanson，2005；Helpman，2006）。新新贸易理论认为：在产品内分工环境下，以企业为主体的企业之间的利益博弈正在代替传统的以国家为主体的国与国之间的贸易利益博弈，因此，应当将基于企业视角的契约理论和产业组织引入产品内分工的研究。

综上所述，多数产品内分工动因研究的基础是共同的——作为更精密和深入的分工方式，产品内分工的“分工边界”深入到全球价值链内部的工序或环节，但是对于工序或环节的“选定”所凭借的基础则有所分歧。并且，从总体上看，对产品内分工动因的研究，多数都是理论层面的探讨，相应的实证研究则较少。在对上述研究进行深入分析的基础上，我们认为，在产品内分工全球生产网络内部，不同“链节”依据其禀赋特征，而被定位于具有相应要素禀赋特征的国家或地区，因此，一个国家或地区的要素禀赋状况，是影响其在产品内分工中承担的角色的重要因素，在一定程度上也决定了其在全球生产网络内部的地位和影响力。改革开放以来，中国积极参与国际分工，目前已经成为产品内分工全球生产体系中的重要环节，“中国样本”对于研究产品内分工的动因具有较高的研究价值。本章将“分工边界”放松到工序环节，将产品内分工的动因研究纳入赫克歇尔—俄林模型框架之中，构建了产品内分工动因分析的要素禀赋模型，并通过基于中国机电产业和纺织产业的省际面板数据计量模型，对产品内分工的要素禀赋动因进行实证研究。

4.2　产品内分工要素禀赋动因的理论分析

赫克歇尔—俄林理论（H-O 理论）又称要素禀赋理论。该理论以客观的要素分布为理论分析基础，强调各个国家或地区的要素禀赋差异与不同商品生产的要素密集度之间的关联性作用。简言之，劳动密集型商品在劳动力充裕的国家生产具有相对优势，而资本密集型商品在资本充裕的国家生产具有相对优势，国家之间在进行国际贸易的时候，应该生产并出口本国具有要素禀赋优势的商品，而进口本国不具有要素禀赋优势的商品，这样的分工和国际贸易有助于提高贸易双方的福利水平。我们认为，由国际要素禀赋差异带来的比较优势不仅是产业间分工和产业内分工的动因，还是产品内分工的动因。

4.2.1　赫克歇尔—俄林模型下的产业间分工

首先，从传统的要素禀赋理论出发，采用赫克歇尔—俄林标准的 2×2×2 模型：模型包含劳动 L 和资本 K 两种要素，发达国家 A 和发展中国家 B 两个国家，劳动密集型产品 X 和资本密集型产品 Y 两种产品。模型假定 A 国和 B 国的技术水平相同，规模报酬不变，市场是完全竞争市场，交易成本为零，两个国家的需求偏好无差异，两个国家的要素禀赋存在差异，而且不存在要素密集度逆转（factor intensity reversal）的情况。

图 4-1 中生产扩张线（production expansion path）OX 和 OY 的斜率分别反映了 X 和 Y 两个产品不同的要素密集度（资本—劳动投入比例）。扩张线 OX 的斜率较小，说明产品 X 生产过程中劳动投入所占比重较高，产品 X 具有劳动密集型产品的特点；相应地，扩张线 OY 的斜率较大，说明产品 Y 生产过程中资本投入所占比重较高，产品 Y 具有资本密集型产品的特点。rs 和 ut 分别

表示A、B两国的等成本线，rs 和 ut 的斜率 $(w/r)^A$ 和 $(w/r)^B$ 分别反映了 A、B 两国的要素相对价格，该斜率反映了 A 国为发达国家在资本上具有比较优势，B 国为发展中国家在劳动上具有比较优势。

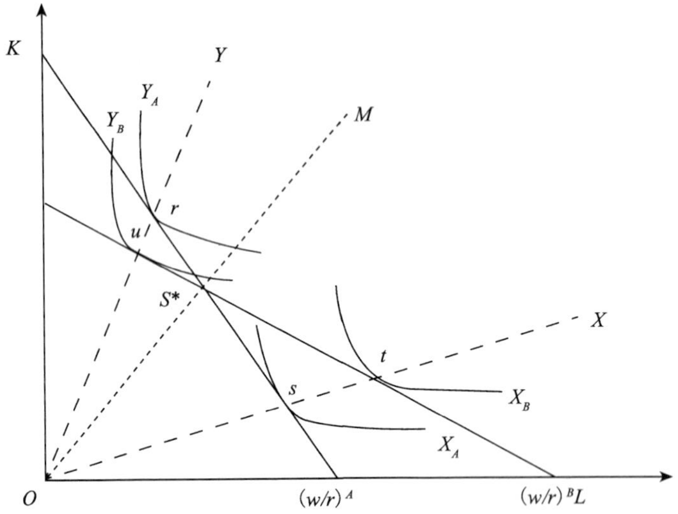

图 4-1　赫克歇尔—俄林模型下的产业间分工

Y_A、Y_B 表示 A、B 两国生产 Y 产品的等产量线，X_A、X_B 表示 A、B 两国生产 X 产品的等产量线。如果 A、B 两国不参与国际分工，各自独立生产 X、Y 两种产品，则成本线与等产量线的切点为生产的均衡点。s、r 为 A 国生产 X、Y 两种产品的生产均衡点，t、u 为 B 国生产 X、Y 两种产品的生产均衡点。

因为假定 A、B 两国的要素禀赋存在差异，所以两个国家的要素相对价格也存在差异。如果 X、Y 两种产品的要素密集度存在差异，则 A、B 两国生产 X、Y 两种产品的生产点也会有所不同。以劳动密集型产品 X 的生产为例，发展中国家 B 国生产 X 产品的生产均衡点 t 高于发达国家 A 国的生产均衡点 s。这表明在生产成本相同的条件下，B 国的产出大于 A 国的产出。因此，如果 A、B 两国按照比较优势原则开展国际贸易，B 国应专业化生产具有劳动密集型特点的 X 产品，A 国则应专业化生产具有资本密集型特点的 Y 产品。

点 S^* 是在 A、B 两国等成本线的交汇点，S^* 点上的要素密集度是相同的，A、B 两国在此点生产产品的成本是无差异的，因此，S^* 被称为国际分工临界点。按照这个分界，在某种产品扩张线的斜率小于线 *OM* 斜率的情况下，该产品具有劳动密集型产品特征，应当由在劳动力禀赋上具有优势的 B 国组织生产；反之，如果某种产品扩张线的斜率大于 *OM* 射线斜率，该产品具有资本密集型产品特征，就应由在资本禀赋上具有优势的 A 国组织生产。

4.2.2　赫克歇尔—俄林扩展模型下的产品内分工

如前文所述，较之于产业间分工模式，产品内分工只是在贸易形态上将传统意义上的“完整”产品细化至其内部的工序或环节，产品内分工下国际的“分工边界”是“完整”产品内部的工序或环节，而国际分工产生的原因并未发生根本性变化。基于这个思路，我们对传统的赫克歇尔—俄林模型进行了扩展，以适应产品内分工条件下的动因分析。按照赫克歇尔—俄林模型，产业间分工条件下，应该按照“完整”产品的要素密集度特征来选择生产地；而产品内分工条件下，则应该按照“完整”产品内部工序或环节的要素密集度特征来选择生产地。也就是说，由于不同工序或环节具有不同的要素密集度，产品内分工条件下，可贸易的商品不再是传统意义上完整的产品，而是“完整”产品内部的工序或流程。

我们用图 4-2 来说明产品内分工背景下的分工和贸易。仍然采用赫克歇尔—俄林标准的 2×2×2 模型：模型包含劳动 L 和资本 K 两种要素，发达国家 A 和发展中国家 B 两个国家，劳动密集型产品 X 和资本密集型产品 Y 两种产品。为了适应产品内分工生产模式，这里假定“完整”产品 Y 可以被进一步分解为 i 和 j 两个要素密集度存在差异的工序或环节，*Oi* 和 *Oj* 分别表示 i 和 j 两个工序的生产扩张线。从生产扩张线 *Oi* 和 *Oj* 的斜率可以看出，i 和 j 工序分别属于资本密集型和劳动密集型生产环节。①“完整”产品 Y 生产的总的要素密集度（要素投入比例）可以用扩张线 *OY* 来表示，其斜率由 i 和 j 两道工

① 此时，由于国际分工是在最终产品层面展开的，因此，劳动密集型的工序 j 仍然在资本密集产业占优势的 A 国生产。

序的要素密集度的矢量和决定。

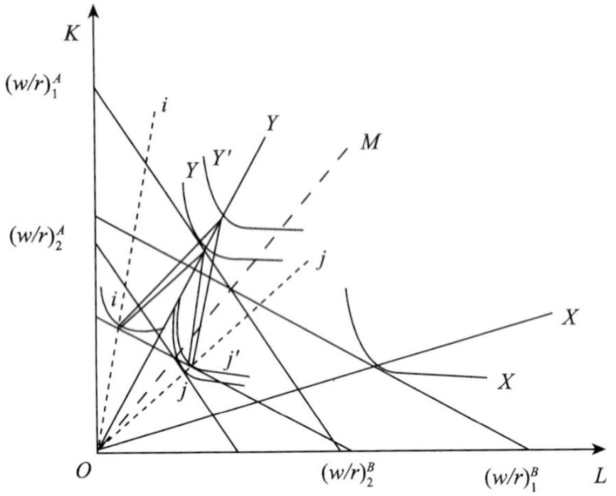

图 4-2 赫克歇尔—俄林扩展模型下的产品内分工

按照上文的要素禀赋理论，工序 i 和 j 的生产将会重新依照各个生产环节的要素禀赋特征和 A、B 两国的禀赋优势进行重新组合。在环节 j 的要素投入组合中，资本所占比重高，为资本密集型生产环节，应当由具有资本禀赋优势的 A 国来组织生产；在环节 i 的要素投入组合中劳动所占比重高，为劳动密集型生产环节，应当由具有劳动力禀赋优势的 B 国来组织生产。$(w/r)_2^A$ 和 $(w/r)_2^B$ 分别表示 A 和 B 两个国家的等成本线。从图 4-2 中可见，在相同成本的情况下,[①] 由 B 国生产的环节 j 的产量为 *j'*，超过由 A 国生产的环节 j 的产量 *j'*。按照要素禀赋优势，在 B 国生产劳动密集型产品 X，在 A 国生产资本密集型产品 Y 和资本密集型工序 i。由于 Y 产品生产由 i、j 两种工序（中间产品）构成，其产量由 i、j 两种中间产品产量的矢量加总所决定，因此，在相同的成本下，产品 Y 的产量达到了 *Y'*，较产品内分工前有所提高。

综上所述，产品内分工环境下，禀赋优势仍然是国际分工的重要决定因

① 假定 B 国的等成本线 $(w/r)_2^B$ 和 A 国的等成本线 $(w/r)_2^A$ 代表相同的成本，A、B 两国都生产许多其他产品，因此，其要素价格保持不变，在图中表现为 $(w/r)_2^A$ 和 $(w/r)_2^B$ 分别与 $(w/r)_1^A$ 和 $(w/r)_1^B$ 平行。

素，只是禀赋优势决定的“分工边界”从“完整”的产品细化到了产品内部的工序或环节（中间产品）。从这个意义上讲，产品内分工最大限度地利用了各国的禀赋优势。

4.3　产品内分工要素禀赋动因的实证检验

为了实证检验前文产品内分工要素禀赋动因的研究结论——不同中间产品生产的要素密集度特征与国家或地区的要素禀赋优势的“匹配”导致了产品内分工，本章构建了计量模型对上述假设进行实证检验。

4.3.1　样本数据与变量设置

本章选取了中国机电产业和纺织产业的省际面板数据构建计量经济学模型。之所以选择这两个产业，是因为其具有非常显著的要素禀赋差异：机电业具有资本密集型产业特征，而纺织业则是劳动密集型产业。

为了增加样本容量、提高计量模型的解释力，本章选取中国机电业和纺织业 6 个年度①、26 个省份②的省际平衡面板数据为样本，样本的总容量为 156 个。为了减少个别极值对计量结果的影响，对所有变量作了对数变换，从而缩小样本极值的绝对值。因为对数函数为严格的增函数，因此，对变量所作的对数变换不会改变数据的单调性。同时，对数变换后，变量系数的经济含义是变量的弹性，有利于我们对计量模型拟合结果的理解和解释。本章计量经济模型相关变量如下：

（1）产品内分工参与程度

由于产品内分工既包含企业内分工又包含企业间分工，因此对该变量的

① 本章的对外贸易数据来源于国研网《对外经济贸易数据库》，该数据库数据时序区间为 2001—2008 年；产业数据来源于国研网《工业统计数据库》，而该数据库数据时序区间为 2003—2010 年。取二者交集，本章所有变量数据时序区间为 2003—2008 年。

② 由于台湾、香港、澳门、甘肃、青海、宁夏、新疆和内蒙古数据存在缺失，因此，本章仅选取了 26 个省份的数据。

表征存在困难。由于企业内的产品内分工形态主要通过企业内贸易（intra-firm trade）的方式来实现，该数据既没有公开渠道又难以从企业获得，因此，学术界通常只考虑企业间的产品内分工形态，通过测度跨境外包等企业间的贸易数据来“刻画”产品内分工参与程度。从以往相关实证研究的文献上看，有加工贸易比重法（Feenstra 和 Hanson，1996）、零部件贸易量法（Yeats，1998）、中间产品贸易量法（Ng 和 Yeats，1999）和投入产出法（Hummels et al.，2001）4 种测度产品内分工参与程度的方法。上述 4 种方法各有利弊，受研究条件的限制各有其适用范围。根据数据的可获得性和本章的研究需要，我们采用加工贸易比重法（Feenstra 和 Hanson，1996），即我国各省机电和纺织两个产业的加工贸易额占总贸易额的比重来表征产品内分工参与程度。该变量的数据来源为国研网统计数据库提供的《对外经济贸易》数据库，该数据库中的产业分类采用标准海关编码（the Harmonization Code System，HS-Code），机电产业数据选自“第 16 类 85 章——电机、电气、音像设备及其零附件”数据，纺织产业数据选自“第 11 类——纺织原料及纺织制品”数据。机电产业和纺织产业的产品内分工参与程度的变量名分别为 *Cafi* 和 *Itel*，为模型的被解释变量。

（2）赫克歇尔—俄林要素禀赋指数

要素禀赋是指一国或地区拥有的各种生产要素的丰缺状况。生产要素指在社会生产过程中必需的基本要素及其环境条件。这一概念最初包括劳动、资本和土地三要素，后来加上企业家才能（组织），统称为“四要素”。近年来，随着科学技术的进步和人类社会经济形态的发展，生产要素这一概念得到了进一步深化，知识、技术、信息等要素也被当作广义的生产要素，从而形成了“新生产要素”的概念。为了更全面地反映当前的生活生产状况，揭示产品内分工的要素禀赋动因，本章在计量模型的设定上既包含基于赫克歇尔—俄林理论的劳动、资本两种传统生产要素，又包含基于新要素禀赋理论的科学技术、人力资本等新生产要素。首先采用赫克歇尔—俄林要素禀赋指数来反映赫克歇尔—俄林要素禀赋理论中的狭义的生产。假定劳动力要素为

L，资本要素为 K，那么 K/L 就是赫克歇尔—俄林要素禀赋指数。该变量的数据来源为国研网统计数据库所提供的《工业统计数据库》。本章中用各地区机电产业或纺织产业的资产总计来表征资本存量 K，用各地区机电产业或纺织产业的全部从业人员年平均人数来表征劳动力存量 L。机电产业和纺织产业的赫克歇尔—俄林要素禀赋指数的变量名分别为 *Hoet* 和 *Hospi*，该变量及其后的变量均为模型的解释变量。

（3）技术要素

技术要素属于新要素禀赋。产品内分工是科技和经济高度发展的产物，全球生产网络内部不仅有传统的劳动密集型、资本密集型生产环节，还有技术密集型的环节。技术要素还可以通过与劳动或资本要素结合发挥作用，产品内分工体系中的不同的价值链条对技术要素依赖存在差异。通常，技术要素对资本密集型的价值链条影响大，而对劳动密集型的价值链条影响小。本章选取各省份新产品开发经费支出与主营业务收入的比值来表征技术要素，该变量的数据来源为《中国高技术产业统计年鉴（2009）》，变量名为 *Ednpr*。

（4）人力资本要素

人力资本（human capital）要素也属于新要素禀赋。美国经济学家舒尔茨和贝克尔在 20 世纪 60 年代创立了人力资本理论，该理论开辟了人类关于生产要素分析的新思路。人力资本是指人类通过在教育、学习、培训等方面的投资积累而成的资本，较之于物质资本，人力资本具有更大的增值空间，人力资本作为广义的生产要素影响着资源配置和技术吸收。本章选取各省份职业技术培训结业学生数与总人口的比值来表征人力资本要素，该变量的数据来源为《中国高技术产业统计年鉴（2009）》，变量名为 *Gsvtet*。

（5）盈利能力

该变量用利润率来表征。产品内分工拓宽了经济开放国家或地区的国际分工参与度，越来越多的国家被纳入产品内分工网络中，但身处其中不同生产环节的企业所获的收益却相去甚远。发达国家企业处于支配地位而获益丰厚，而发展中国家企业则处于从属地位而收益较少（张纪，2006）。同时我们也应该看到，对缺乏资本和技术等生产要素的发展中国家来说，加入产品内分工也是发展中国家充分利用自身劳动力资源发展经济的机遇，而低利润率导致的低成本也正是发展中国家能够加入产品内分工的重要原因。本章选取的相关行业利润率数据来源为国研网统计数据库提供的《工业统计数据库》，机电产业和纺织产业利润率的变量名分别标示为 *Pret* 和 *Prspi*。

表 4-1　变量的描述性统计结果

变量	组	平均值	标准差	最小值	最大值	观察值
Caf	overall	-1.0767	0.7796	-4.2687	-0.1546	N=138
	between		0.6532	-2.3064	-0.1878	n=23
	within		0.4422	-3.0390	0.0501	T=6
Itel	overall	-1.5969	0.7584	-4.1276	-0.3178	N=138
	between		0.7074	-3.1970	-0.5476	n=23
	within		0.3051	-2.7789	-0.3107	T=6
Hoet	overall	3.8348	0.4280	2.6597	4.9343	N=138
	between		0.3978	2.8367	4.7222	n=23
	within		0.1741	3.1500	4.7138	T=6
Hospi	overall	2.7210	0.4465	1.9983	4.3023	N=138
	between		0.4083	2.2023	3.6395	n=23
	within		0.1969	2.2918	3.3838	T=6
Ednpr	overall	4.7452	0.6224	2.7553	5.7577	N=138
	between		0.5477	3.2869	5.6349	n=23
	within		0.3135	3.8012	5.8422	T=6
Gsvtet	overall	3.3791	0.3080	2.7159	3.9990	N=138
	between		0.2419	2.8597	3.7554	n=23
	within		0.1963	2.9429	3.9230	T=6
Pret	overall	0.0535	0.4973	-0.9066	1.3601	N=138
	between		0.4516	-0.6964	0.8411	n=23
	within		0.2239	-0.5722	0.8636	T=6

续表

变量	组	平均值	标准差	最小值	最大值	观察值
Prspi	overall	-3.7281	0.8407	-8.0462	-2.4736	N=138
	between		0.6539	-5.2155	-2.9159	n=23
	within		0.6075	-7.1118	-2.2614	T=6

注：采用 Stata 12.0 计算。

4.3.2　计量模型设定与解释

依据前文赫克歇尔—俄林扩展模型的研究结论和样本数据特征，本章使用的计量模型为面板数据回归模型：

$$\boldsymbol{Y}_{it}=\alpha+\boldsymbol{X}_{it}\boldsymbol{\beta}+u_i+\varepsilon_{it}\ (i=1,\ 2,\ \cdots,\ N;\ t=1,\ 2,\ \cdots,\ T) \tag{4-1}$$

α 代表样本的总截距；i 代表横截面维度；t 代表时间维度；Y_{it}是模型的被解释变量，其含义为产品内分工参与程度。在机电产业回归模型中：$Y_{it}=Cafi_{it}$，$\boldsymbol{X}_{it}$是一个 $1\times k$ 维的解释变量观测值矩阵，$\boldsymbol{X}_{it}=(Hoet_{it},\ Pret_{it},\ Gsvtet_{it},\ Ednpr_{it},\ cons_{it})$。在纺织产业计量模型中：$Y_{it}=itelv_{it}$，$\boldsymbol{X}_{it}$代表一个 $1\times k$ 维的解释变量观测值矩阵，$\boldsymbol{X}_{it}=(Hospi_{it},\ Prspi_{it},\ Gsvtet_{it},\ Ednpr_{it},\ cons_{it})$。$\boldsymbol{\beta}$ 是一个 $k\times 1$ 的系数矩阵，$\boldsymbol{\beta}=(\beta_1,\ \beta_2,\ \beta_3,\ \beta_4,\ \beta_5)$。$v_{it}=u_i+\varepsilon_{it}$为回归模型的复合误差项，其中 u_i 为样本所内含的省份特性，如在模型中被忽略的要素结构、市场因素等个体效应，ε_{it}为随着时间或个体变化而变化的剩余随机扰动因素。

在随机效应模型中，u_i 与可观测的自变量 $\boldsymbol{X}$ 之间不存在相关性，可以看作一个个体间随机分布的、不随时间变化而变化的随机常量。在固定效应模型中，每个个体的截距可合并为$f_i=\alpha+u_i$，因此可将式（4-1）改写为：

$$\boldsymbol{Y}_{it}=f_i+\boldsymbol{X}_{it}\boldsymbol{\beta}+\varepsilon_{it} \tag{4-2}$$

u_i 与可观测的自变量 $\boldsymbol{X}$ 之间存在相关性，但对于每个省份而言仍然是一个不随时间而变化的随机常量。

4.3.3 面板模型检验与筛选

（1）固定效应显著性检验

如前文所述，固定效应模型假定样本的每一个个体之间存在显著性的差异，但是对特定的单个个体来说，组内各个个体之间并不存在时间序列上的差异。如果样本个体之间组间的差异如果同样不明显，那么我们完全可以把这样的面板数据当作混合数据（pooled date），直接采用普通最小二乘法对其进行估计。基于这一思路，需要采用固定效应显著性检验，来判定计量模型究竟是采用固定效应回归模型（fixed effects model，FEM）还是普通最小二乘法回归模型（ordinary least squares，OLS）进行样本估计。

固定效应显著性检验的零假设为个体间（组间）的差异不明显，也就是：

$$H_0: \alpha_1 = \alpha_2 = \cdots = \alpha_n$$

固定效应显著性检验的基本思路为：如果零假设（个体效应不显著）成立，则存在下列关系

$$F = \frac{(R_u^2 - R_r^2) / (n-1)}{(1-R_u^2) / (nT-n-K)} \sim F(n-1,\ nT-n-K) \tag{4-3}$$

这便是我们根据零假设构建的 F 统计量。其中，r 表示混合数据模型，即受约束的模型；u 表示固定效应模型，即不受约束的模型。两者仅有一个公共的常数项。

按照上述检验思路，本章使用 Stata 12.0 软件分别对机电产业和纺织产业的计量模型进行了固定效应显著性检验。

机电产业计量模型的固定效应显著性检验结果表明，F 统计量为 8.52，假设概率为 0.0000。按照判定规则，样本间差异由抽样误差所导致的概率小于 0.01。因此，在 1%显著性水平上拒绝零假设，根据检验结论，我们认为模型选择固定效应模型优于混合回归模型。

纺织产业计量模型的固定效应显著性检验结果表明，F 统计量为 33.58，假设概率为 0.0000。按照判定规则，样本间差异由抽样误差所导致的概率小

于 0.01。因此，在 1%显著性水平上拒绝零假设，根据检验结论，我们认为模型选择固定效应模型优于混合回归模型。

（2）豪斯曼检验

接下来我们需要判定模型是采用随机效应（random effects model，REM）模型还是固定效应模型。对于此类判定通常选择豪斯曼检验（Hausman test）。该检验方法是由美国麻省理工学院豪斯曼（Jerry Hausman）教授提出来的。豪斯曼检验的零假设为 $E(u_{it} \mid \boldsymbol{X}_{it}) = 0$，即固定效应不存在，由零假设构造的检验统计量 H 为：

$$H = (\beta_{LSDV} - \beta_{FGLS}) \sum{}^{-1} (\beta_{LSDV} - \beta_{FGLS}) \quad (4-4)$$

其中，β_{LSDV}是采用固定效应 LSDV 模型所获得的回归系数估计量；β_{FGLS}是采用随机效应模型的 FGLS 法（可行最小二乘法）所获得的回归系数估计量；$\sum^{-1}$是采用 LSDV 模型或者是随机效应模型经过 FGLS 法估计后所获得的协方差矩阵的估计。根据豪斯曼的证明，当固定效应不存在（零假设成立）时，H 统计量渐近服从于自由度为 K 的卡方分布（chi-square distribution），这里的 K 是回归量的个数。在既定的显著水平之内，如果 H 统计量的值小于临界值，则接受零假设，模型采用随机效应模型；反之，则拒绝零假设，选择固定效应模型。

本章使用 Stata 12.0 软件，对机电产业和纺织产业计量模型分别进行了豪斯曼检验。

机电产业计量模型豪斯曼检验结果中，假设概率为 0.0000，依据判定规则，在 1%显著性水平上拒绝零假设，认为模型选择固定效应模型优于随机效应模型。

纺织产业计量模型豪斯曼检验结果中，假设概率为 0.0406，依据判定规则，在 5%显著性水平上拒绝零假设，认为模型选择固定效应模型优于随机效应模型。

综上所述，按照固定效应显著性检验和豪斯曼检验的结论，选定固定效应模型为最终选用的回归模型。

4.3.4 模型计量结果与分析

使用 Stata 12.0 软件对机电产业计量模型和纺织产业计量模型进行了拟合，相关计算结果分别如表 4-2 和表 4-3 所示。我们将固定效应、混合回归、随机效应模型的拟合结果都列出在表中，按照前文的检验和判定，固定效应模型为优选模型。从模型回归结果来看，模型中全部 t 值均通过了显著性水平检验，所有解释变量均显著，解释变量系数符号全部符合预期特征，表明选定的计量模型具有较强解释力。

表 4-2 是机电产业计量模型拟合结果。在所有解释变量系数中，解释变量赫克歇尔—俄林要素禀赋指数（*Hoet*）、技术要素（*Ednpr*）和人力资本要素（*Gsvtet*）的系数均为正；盈利能力（*Pret*）变量系数为负。赫克歇尔—俄林要素禀赋指数系数为正，说明产品内分工的参与度与该指数是正相关的，由于机电产业具有资本密集型产业的特征，说明从我国机电产业的情况来看，该产业存在的资本要素优势是其参与产品内分工的原因，该结论支持了产品内分工要素禀赋动因的假设。技术要素变量的系数为正，这与我国机电产业的高技术密集的特征相关。人力资本要素变量的系数为正，这说明人力资本状况越好，越有利于机电产业加入产品内分工网络。从上述 3 个广义的要素禀赋变量的系数来看，说明中国的机电产业属于技术和资本密集型产业，该结论很好地支持了产品内分工要素禀赋动因的假设。盈利能力变量的系数为负，说明在产品内分工网络之中我国机电产业获得的直接收益比较低，从另一个角度来看，表明在当前的分工条件下，我国机电产业低收益导致的低成本正是该产业能够被引入产品内分工网络的原因。

表 4-2 机电产业计量模型回归结果

解释变量	固定效应模型	混合回归模型	随机效应模型
Hoet	1.2821***	0.2431**	0.7584***
	(5.56)	(2.19)	(4.41)

续表

解释变量	固定效应模型	混合回归模型	随机效应模型
Pret	-0.6351***	-0.9851***	-0.6978***
	(-3.22)	(-8.87)	(-4.51)
Gsvtet	0.3642*	0.0449	0.3155*
	(1.85)	(0.22)	(1.75)
Ednpr	0.2470*	0.0513	0.1611*
	(2.24)	(0.50)	(1.65)
const	-4.9947*	-1.9367	-2.8607*
	(-2.91)	(-1.26)	(-1.94)
模型评价指标体系	F (4121) = 12.89 Prob>F = 0.0000 R-sq: within = 0.2989 between = 0.1238 overall = 0.1499	F (1145) = 27.18 Prob>F = 0.0000 R-squared = 0.3934	Waldchi2 (4) = 23.21 Prob>chi2 = 0.0001 between = 0.2949 overall = 0.2746

注：采用 Stata 12.0 计算。*、**、***分别表示 10%、5%、1%显著水平。

表 4-3 是纺织产业计量模型拟合结果。在所有解释变量系数中，解释变量赫克歇尔—俄林要素禀赋指数（*Hospi*）、技术要素（*Ednpr*）和盈利能力（*Prspi*）的系数均为负；人力资本要素（*Gsvtet*）变量系数为正。赫克歇尔—俄林要素禀赋指数系数为负，说明产品内分工的参与度与该指数是负相关的，由于纺织产业具有劳动密集型产业的特征，说明从我国纺织产业的情况来看，该产业存在的劳动力要素优势是其参与产品内分工的原因，该结论支持了产品内分工要素禀赋动因的假设。技术要素变量的系数为负，这与我国纺织产业的低技术密集的特征有关。人力资本要素变量的系数为正，这说明人力资本状况越好，越有利于纺织产业加入产品内分工网络。从上述 3 个广义的要素禀赋变量的系数来看，说明中国的纺织产业属于劳动密集型产业，该结论很好地支持了产品内分工要素禀赋动因的假设。盈利能力变量的系数为负，这说明在产品内分工网络之中，我国的纺织产业获得的直接收益比较低，表明在当前的分工条件下，我国纺织产业低收益导致的低成本正是该产业能够被引入产品内分工网络的原因。

表 4-3　纺织产业计量模型回归结果

解释变量	固定效应模型	混合回归模型	随机效应模型
Hospi	-0.4842***	0.2602**	-0.3462***
	(-3.48)	(1.46)	(-2.62)
Prspi	-0.0818**	-0.1181*	-0.0897**
	(-1.88)	(-1.75)	(-2.06)
Gsvtet	0.5448**	0.1014	0.4803***
	(3.59)	(0.39)	(3.19)
Ednpr	-0.2042**	-0.4652***	-0.2617***
	(-2.65)	(3.06)	(-3.48)
const	-1.3913**	-0.8408	-1.322**
	(-2.30)	(-1.13)	(-2.12)
模型评价指标体系	F（205）=33.58 Prob>F=0.0000 R-sq：within=0.2297 between=0.0128 overall=0.0020	F（4105）=18.02 Prob>F=0.0000 R-squared=0.2366	Waldchi2（4）=23.21 Prob>chi2=0.0001 R-squared=0.2170 between=0.0169 overall=0.0222

注：采用 Stata 12.0 计算。*、**、***分别表示 10%、5%、1%显著水平。

综合我国机电产业和纺织产业模型的实证结论，可以发现，研究结论充分体现了这两个产业的要素禀赋特征，很好地支持了产品内分工要素禀赋动因的假设。充分说明在跨国公司主导下的产品内分工全球生产网络内部，不同链节的分布按照的是不同工序或流程的要素密集度与各个国家或地区的要素禀赋之间相匹配的原则。

4.4　小结

本章通过深入观察工序或环节的要素禀赋特征，发现工序或环节分工的基础依旧是该工序或环节的要素禀赋特征。在产品内分工全球生产网络内部，不同“链节”依据其禀赋特征，而被定位于具有相应要素禀赋特征的国家和地区，因此，一个国家的要素禀赋状况，是影响其在产品内分工所承担角色的重要因素，一定程度上也决定了其在全球生产网络内部的地位和影响力。改革开放以来，中国积极参与国际分工，目前已经成为产品内分工全球生产体系中的重要环节，“中国样本”对于产品内分工的动因研究具有较高的研究价值。本章通过放松“分工边界”到工序环节，将产品内分工的动因研究纳入赫克歇尔—俄林模型框架之中，构建了产品内分工动因分析的要素禀赋模型，并基于中国机电产业和纺织产业的省际面板数据计量模型，对产品内分工的要素禀赋动因进行实证研究。

从传统的赫克歇尔—俄林要素禀赋理论视角确认产品内分工的内在动因，一方面，有利于我们理解产品内分工的驱动因素，进而为研究产品内分工时代的贸易机制奠定理论基础；另一方面，对于我国这样要素禀赋特征正在发生深刻变化的国家而言，也有着极为重要的实践意义。本章的启示是，我国作为发展中国家，必须根据实际的要素禀赋特征来参与国际分工，只有这样才能够融入产品内分工全球生产网络，从而获取全球化的收益。我国当前在产品内分工全球生产网络内部处于从属地位，大多数产业仍处于产品内分工低端环节，这是由我国在劳动力要素上所具有的禀赋优势所决定的。我们应当清醒地认识到，随着中国经济社会的发展和人口红利的逐渐消失，与越南、泰国、印度等国相比，我国的劳动力禀赋优势正面临严峻的挑战。由于劳动力禀赋可替代性比较强，因此，从长期来看凭借劳动力禀赋优势所获得的产品内分工低端环节定位并不具有稳定性，如果我国不通过教育、研发等途径，积累技术、资本等禀赋优势，进入全球价值链的高端环节，未来可能会面临被国际分工“剔除”的风险。因此，我们必须对此有清醒的认识，我国当前在全球价值链中制造环节的定位，只是提供了向服务、研发等高端环节升级的切入点，我们不能满足现状，而必须以此为基础，通过高端生产要素的积累，逐步提升我国在产品内分工全球生产网络中的地位，只有这样才能实现党的十九大报告中提出的“促进我国产业迈向全球价值链中高端”的战略目标。

第5章　产品内分工条件下的国际贸易利益分配机制

伴随20世纪五六十年代全球范围内国际贸易和跨国投资壁垒逐渐减少，经济全球化开始进入发展“快车道”，逐渐形成了规模空前的全球化市场，间接推动了国际分工形式的转变。产品内分工全球生产网络内部的运作机制混合了企业内部指令控制机制和市场价格机制，收益分配在每个产品内分工参与微观主体之间展开，直接导致传统的国与国之间的贸易理论难以解释现在的以产品内分工为基础的对外贸易利益分配。因此，需要从基于企业异质性的微观视角来探究产品内贸易的利益分配驱动因素和机理。

5.1　产品内贸易利益相关文献梳理

5.1.1　全球价值链的利益分布

Porter（1985）研究了全球价值链上不同贸易收益分布的状况，通过对各国贸易商品中所包含的该国生产资源回报也就是附加值（added value）的分析，揭示了产品内分工贸易环境下国际经贸关系的本质。他指出，在产品内分工全球生产网络中，产品价值链上的战略环节能够获得较之其他环节更多的附加值。Gereffi（1999）提出了全球价值链的两类驱动方式，即生产者驱动（producer driven）方式和采购者驱动（buyer driven）方式。前者主要体现在机械设备、汽车、电子产品这些高技术制造业领域。由于这些产业的设计、开发较为复杂，技术水平较为特殊，全球价值链主导者为实力强大的制造业跨国公司，由其投入巨额资本引导消费，贸易附加值大，位于全球价值链核心环节；而在后者的产品内价值链主导者通常是拥有知名品牌优势、强大国际营销网络的大型商贸类跨国公司，其在全球采购，组织跨越国界的全球价值链网络。Kaplinsky（2000）认为，制造过程的零散分布并未带来利益的零散分布。发达国家的跨国公司凭借技术、品牌等竞争优势控制高附加值价值链环节，而较落后经济体的企业，则被安置在低附加值的加工制造环节，从而产生两类国家产品内分工价值链条不平等的利润配置格局。在国内，施正荣（1992）提出了形象的“微笑曲线”（Smiling Curve），认为在全球价值链中，附加值更多体现在两端——设计和销售，处于中间环节的制造附加值最低。唐海燕、张会清（2009）强调，全球价值链条两端是价值增值高的链节，居中链节则价值增值最低。田文（2005）指出，在供应链中拥有主动权、绝对支配权的链节由科技先进的经济体控制，从而处于价值、利润分配中的绝对垄断地位，获得了更高的产品内分工收益。张纪（2006）认为，在由跨国公司主导的产品内分工体系中，发达国家企业在收益分配中处于主导地位获益颇丰，发展中国家企业因所处的从属地位而收益微薄，而全球价值链各分工环节的市场结构决定了其参与企业所获收益。唐慧、林玲（2009）指出，我国企业在产品内贸易中获得的贸易收益较低，根本原因是处于产品价值链中间链环的产品的增值率低。蒲华林、张捷（2010）指出，我国零配件贸易不平衡、单位进出口零配件价值比值低，说明我国企业仍位于价值链的低端环节和全球价值链生产网络的边缘。杨细珍（2011）运用古诺模型研究全球价值链，认为位于战略价值核心环节的大多数发达国家跨国公司，在产品内分工中获取的经贸收益高于居于其他价值链环节的发展中国家企业。

5.1.2　产品内分工价值链的利益来源

Jones 和 Kierzkowski（1990）强调，比较优势、规模报酬促进了企业制造工序的分离。卢锋（2004）认为，当今新贸易生产方式收益源于比较优势、规模经济这两大基础。Jacobides 和 Winter（2005）指出，产品内分工由价值链环节的布局的差异化能力确定，公司主导产品内分工上下游公司的能力是获得产品增值的关键。Jones 和 Kierzkowski（2001）指出，各国生产要素禀赋和产出方式同实际分工间的互相作用，在很大程度上决定了价值链对于不娴熟人力资源收益的作用。Kohler（2003）指出，产品内分工的收益分配状况由国内生产阶段的资源要素密集度所确定。曹明福（2005）指出，价值链条收益源泉除比较优势和规模经济外，控制产品内分工价值链链条的国际跨国公司还获取了产品内分工交换中的贸易倾斜定价权利。张纪（2006）认为，市场组织结构决定了价值链各环节获得的收益。朱廷珺、胡安亚（2010）认为，产品内贸易为工序层面的贸易，其基础为规模经济、产品异质性，利益来源为规模经济和产品多样化。

5.1.3　产品内贸易利益分配

从客观角度观察产品内分工的收益分配，宋玉华和朱思敏（2008）认为，产品内分工层次提升有益于我国有关行业提高贸易竞争力，获取动态利益。张二震和安礼伟（2009）指出，跨国公司成为全球的生产网络主导者，其重点发展自身的核心的竞争力，而将非核心价值链环节转到东道国，降低了成本。Arndt（1997，1999）指出，贸易利益分配将由融入产品内分工企业的产业性质所决定。Deardorff（2001）将李嘉图模型与 H-O 模型应用到片段化生产的分析中，认为如果分散化生产对一国出口产品的贸易定价没有影响，那么该国产品产出将会增长，福利增加，如果分散化生产对出口产品的贸易定价造成不利影响，那么该国产出将会减少，福利恶化。Anderson（2002）重点关注了全球价值链的内部构成方式和管理方式是如何造成资产增值能力不均衡分布的。上述分析均从国际贸易角度出发，客观地分析了产品内分工与贸易利益分配的关系，体现了产品内分工对贸易利益分配的客观影响和对国际资源配置的作用。

还有学者提出了贸易利益分配基准，为计量贸易收益提供了客观依据。曾铮（2005）提出了产品内贸易利益分配测量新基准——贸易附加值，即使用一个国家对他国贸易附加值的波动来测度产品内贸易利益的实际变动状况。

方勇、张二震（2005）将相同商品在各个流程上的分工称为“要素分工”，指出其界限是生产要素，并以要素所有权为基础来测定贸易收益状况。张二震（2005）认为，“要素分工”收益不仅有贸易收益，还有直接投入资本利益，并且存在利益扩大的效应。张幼文（2002）指出，贸易利益分配遵从一国投放资源要素的收入，要素收入高低又遵从资源稀有、匮缺程度的大小。以上贸易利益分配标准均关注短期静态贸易利益，没有考虑长期动态贸易利益，如国家经济发展利益、产业结构升级、国内就业或未来的政治利益。全球一体化条件下，贸易收益分析更加复杂，特别是贸易加工、外包作为国际贸易的重要构成部分，使得国际贸易收益分析不但要看各类贸易额，而且要看其中结构，如跨国公司的加工贸易、服务贸易、贸易商品结构、转口贸易、技术限制和产业战略调整等；不但要看到贸易额，如产品内分工收益、升级收益及技术收益，而且要看到生产者福利，如消费者福利、通货膨胀、劳动报酬及生活环境等。所以，如果要全面反映贸易利益分配，必须从世界总体战略和产品内分工视角，全面、真实、准确地衡量短期与长期贸易收益。

从主观角度观察产品内分工的收益分配，贸易收益分配会遭到跨国公司的干涉。张二震（2004）指出，要素分工增加了贸易收益总额，而且促使贸易利益分配复杂化。跨国公司在利益配置中居于主动地位，相对而言，落后国家的本土公司则在利益配置中居于被动地位，跨国公司利用转移价格进一步夺取发展中国家的分工和贸易收益。曹福明、李树民（2005）指出，国际大型企业利用价格倾斜，增加本国企业的贸易收益，严重破坏了国际贸易利益分配的自发调节机理，造成贸易收益不合理配置。Gomory 和 Baumol（2003）指出，国际大型企业控制整个价值链，虽实现了资源配置专门化、制造能力最优化，但却隐藏了贸易收益分配的矛盾，伤害了其他贸易伙伴的贸易利益和整体的国民福利。Kaplinsky（2000）指出，全球价值链主导企业凭借其控制的优势要素，获得了核心竞争力（设计、研发、营销网络和知名品牌等），进而实现了对产品内分工全球生产网络的控制，最终获得了在产品内分工利益分配中的有利地位。

5.2 建立模型

Falvey 和 Yu（2005）模型将 Melitz（2003）异质性企业模型与李嘉图的比较优势理论相结合，研究了产业内分工中贸易、市场规模差异、技术优势、生产率差距带来的贸易利得。本章对 Falvey、Yu（2005）模型进行了拓展，以分析产品内分工条件下两个国家所对应的两类不同厂商如何组织价值链上不同节点的生产，并进一步从短期（静态）、长期（动态）两方面对两类厂商的产品内分工的贸易利得进行了探究，从而得出在当今产品内分工背景下贸易利益分配的影响因素和作用机理。

5.2.1 假设条件

产品内分工背景下，发达国家处于价值链的两端，通常承担着产品的设计、研发以及后续的销售等环节。发展中国家厂商（用˜表示）处于零件生产、装配、成品储运等集中度较低环节。假定只使用单一要素——劳动。国家间存在市场规模和技术水平的差异，厂商间则体现为生产率（生产成本）差异。

5.2.2 需求与生产

效用函数采用 CES 函数，替代弹性不变。两类厂商处于垄断竞争市场中，替代弹性 $\sigma=1/(1-\rho)>1$，消费者的多样化偏好系数 $0<\rho<1$。

消费者效用最大化时：

$$q_j=M(p_j)^{-\sigma}\ (j\text{ 为特定厂商}) \tag{5-1}^*$$

其中，$M=\beta LP^{\sigma-1}$，β 表示对不同商品消费的部分。假定 M 给定，L 为总消费。假定两类厂商固定边际成本 c 不一样，由于两类厂商固定生产成本 C_D 情况多样，本模型主要对固定边际成本 c 进行分析，为了简化，假设两类厂商都有相同的固定生产成本 C_D。

当利润最大化时，MR=MC，$p(c)\rho=c$，可得，

厂商的价格 $p(c)=c/\rho$，

销售收入 $r(c)=pq=\frac{c}{\rho}Mp^{-\sigma}=M\left(\frac{c}{\rho}\right)^{1-\sigma}$，

营运利润 $\pi(c)=(1-\rho)r(c)-C_D=(1-\rho)M\left(\frac{c}{\rho}\right)^{1-\sigma}-C_D=Sc^{1-\sigma}-C_D$

(5-2)

其中，$S=(1-\rho)\rho^{\sigma-1}M$，$M$、$S$ 可看作厂商外部环境，影响市场规模。

假定

$$G(c)=\left(\frac{c}{u}\right)^k,\ \tilde{G}(c)=\left(\frac{c}{\tilde{u}}\right)^k \tag{5-3}$$

两类厂商上限成本边界分别为 u、$\tilde{u}$。k 用来衡量边际资源成本的异质程度，假定 $k>\sigma$。由于在产品内分工条件下，发达国家的跨国公司凭借其技术优势，有着较高的市场进入概率，即 $G(c)\geqslant\tilde{G}(c)$，则 $u\leqslant\tilde{u}$。

用 μ 来表示国家间的技术差距，则有 $\mu=\left(\frac{\tilde{u}}{u}\right)^k\geqslant1$。

5.3 产品内分工前的状态

假定两类厂商的沉没固定进入成本相同。

由 $E(\pi)-C_E=0$，得：

$$C_DK\left(\frac{c_D}{u}\right)^k=C_E,\ K=\frac{\sigma-1}{k-\sigma+1} \qquad (5\text{-}4)^*$$

由于两类厂商 C_E、C_D 相同，可得：

$$\left(\frac{c_D}{u}\right)^k=\frac{C_E}{C_DK}=\left(\frac{\tilde{c}_D}{\tilde{u}}\right)^k \tag{5-5}$$

c_D、$\tilde{c}_D$ 分别代表发达国家的跨国公司、发展中国家的本土厂商在产品内分工前均衡生存边界。两类不同厂商生产率的差异为 $g_A=\left(\frac{\tilde{c}_D}{c_D}\right)^k\geqslant1$。

下面考虑在产品内分工前条件下两个不均衡的产品内分工价值链的潜在进入者 Z_E 和在产品内分工价值链上的厂商 Z 的不同。在发达国家，由式（5-1）* 得：

$$P^{1-\sigma} = Z_E \int_0^{c_D} [p(c)]^{1-\sigma} dG(c) = Z_E (c_D/\rho)^{1-\sigma}(K+1)(c_D/u)^k \tag{5-6*}$$

由式（5-2）、式（5-5）得

$$Z_E^A = \frac{\rho\beta L}{C_E k},\quad \tilde{Z}_E^A = \frac{\rho\beta \tilde{L}}{C_E k};$$

$$Z^A = G(c_D)\ Z_E^A = \frac{\rho\beta L}{C_D K k}, \tag{5-7*}$$

$$\tilde{Z}^A = G(\tilde{c}_D)\ \tilde{Z}_E^A = \frac{\rho\beta \tilde{L}}{C_D K k}$$

5.4 产品内分工状态

两类厂商在进行贸易时，假设有两种贸易成本：冰山运输成本（iceberg transport cost）t（$t \geqslant 1$），与出口销售无关的沉没固定出口成本 C_X。两国中只有那些具有成本（生产率）优势的厂商才能加入产品内分工，因此两类厂商面临不同的贸易环境，产生不同的生存边界。

国内生存边界 $c_D \leqslant \tilde{c}_D$ 由下式决定：

$$c_D^{\ 1-\sigma} S = C_D = \tilde{c}_D^{\ 1-\sigma} \tilde{S} \tag{5-8}$$

在加入产品内分工的情况下，由于两类不同厂商出口的利润

$$\pi_X(c) = (ct)^{1-\sigma}\tilde{S} - C_X,\quad \tilde{\pi}_X(\tilde{c}) = (\tilde{c}t)^{1-\sigma}\tilde{S} - C_X \tag{5-9}$$

均是 0，可得参与产品内分工产生的出口成本的边界（c_X，$\tilde{c}_X$）

$$(c_X)^{1-\sigma}\tilde{S} = C_X t^{\sigma-1} = (\tilde{c}_X)^{1-\sigma} S \tag{5-10}$$

由式（5-8）、式（5-10）得：

$$c_D/\tilde{c}_X = \tilde{c}_D/c_X = tf^{\ 1/(\sigma-1)} \tag{5-11*}$$

其中，$f = C_X/C_D$，$tf^{\ 1/(\sigma-1)} > \max\{c_D/\tilde{c}_D,\ \tilde{c}_D/c_D\} > 1$，$c_X < c_D$，$\tilde{c}_X < \tilde{c}_D$。

5.4.1　静态（短期）均衡

由式（5-7）* 知，在分工前，产品内分工价值链的潜在进入者的数量固定在 Z_E^A、$\tilde{Z}_E^A$。两个国家市场的总体价格水平由两类厂商的产品内分工价值链的潜在进入者数量、生存成本边界和出口成本边界共同决定。

$$P^{1-\sigma}=Z_E^A\int_0^{c_D}[p(c)]^{1-\sigma}dG(c)+\tilde{Z}_E^A\int_0^{\tilde{c}_X}[p(ct)]^{1-\sigma}d\tilde{G}(c),$$
$$\tilde{P}^{1-\sigma}=\tilde{Z}_E^A\int_0^{\tilde{c}_D}[p(c)]^{1-\sigma}d\tilde{G}(c)+Z_E^A\int_0^{c_X}[p(ct)]^{1-\sigma}dG(c) \tag{5-12}$$

可得

$$P=\frac{c_D}{\rho}\left\{\left(\frac{c_D}{u}\right)^k(K+1)\left[Z_E^A+(\mu\Omega)^{-1}\tilde{Z}_E^A\right]\right\}^{\frac{1}{1-\sigma}},$$
$$\tilde{P}=\frac{\tilde{c}_D}{\rho}\left[\left(\frac{\tilde{c}_D}{\tilde{u}}\right)^k(K+1)\left(\tilde{Z}_E^A+\mu\Omega^{-1}Z_E^A\right)\right]^{\frac{1}{1-\sigma}} \tag{5-13)*$$

其中，贸易成本 $\Omega=t^kf^{\frac{1}{K}}$。$Z_E^A+\tilde{Z}_E^A\ (\mu\Omega)^{-1}$可认为是发达国家实际参与产品内分工厂商的数量。相应地，发展中国家实际参与产品内分工厂商的数量为 $\tilde{Z}_E^A+Z_E^A\ (\mu\Omega)^{-1}\mu$。由式（5-7）*、式（5-8）、式（5-13）* 得

$$\left(\frac{c_D^S}{u}\right)^k=\frac{Z_E^A}{Z_E^A+\tilde{Z}_E^A\ (\mu\Omega)^{-1}}\left(\frac{c_D}{u}\right)^k,$$
$$\left(\frac{c_D^S}{u}\right)^k=\frac{Z_E^A}{Z_E^A+\tilde{Z}_E^A\ (\mu\Omega)^{-1}}\left(\frac{c_D}{u}\right)^k \tag{5-14)*$$

假定 $c_D^S<c_D$，$\tilde{c}_D^S<\tilde{c}_D$，两类厂商的生存成本边界因进入产品内分工而下降，产生生产率收益。短期看，若加入产品内分工贸易伙伴的数量很多，或其具有先进技术，将促使自身提高生产率，降低生存成本边界，从而提高营运利润。由式（5-7）*、式（5-14）* 得

$$\left(\frac{c_D^S}{c_D}\right)^k=\frac{1}{1+(\mu\gamma\Omega)^{-1}},\quad\left(\frac{\tilde{c}_D^S}{\tilde{c}_D}\right)^k=\frac{1}{1+\mu\gamma\Omega^{-1}} \tag{5-15)*$$

其中，相对市场规模 $\gamma=L/\tilde{L}$。短期贸易均衡生产率差异为：

$$g_S=\left(\frac{\tilde{c}_D^S}{c_D^S}\right)^k=\left(\frac{\tilde{c}_D}{c_D}\right)^k\frac{1+(\mu\gamma\Omega)^{-1}}{1+\mu\gamma\Omega^{-1}}=\mu\frac{1+(\mu\gamma\Omega)^{-1}}{1+\mu\gamma\Omega^{-1}} \quad (5\text{-}16)^*$$

在没有规模差异时（$\gamma=1$），$\mu>g_S>1$。发达国家厂商具有较低的生存成本边界，在进行贸易时，发展中国家厂商生存成本边界的降低程度大于发达国家厂商，导致生产率差距缩小。这是由于发达国家厂商短期大量出口对发展中国家厂商产生了较强的进口渗透效应，尤其是较强的技术溢出效应。在现如今产品内分工背景下，发达国家主宰全球价值链，处于价值链的两端。发展中国家的本土企业是价值链的“参与者”，由于“嵌入”价值链而获得了“接触”先进技术和“干中学”的机会。发展中国家由于经济、技术等相对落后，本土企业则主要通过学习、吸收、再创新发达国家的先进技术，节约了开发资源、缩短了研发时间、降低了研制成本，从而提高了生产率水平。

同样，当没有技术差异（$\mu=1$）、发达国家市场规模较大时（$\gamma>1$），可得$g_S<1$，即 $\tilde{c}_D^S<c_D^S$，短期有利于市场较小的国家。即当发达国家市场规模较大时（$\gamma>1$），在进行贸易时，发展中国家的本土厂商的生存成本边界要小于发达国家厂商。这是因为当较强的技术溢出效应逐渐消失时（$\mu=1$），发达国家厂商需投入大量资源进行科研开发创新和技术改造，因而提高了产品的边际成本。同时，发达国家市场规模较大时就会有更多的发达国家厂商供应市场规模较小的发展中国家，其规模经济受到影响，从而影响了利润。另外，由于两国已经不存在技术差距，以往发达国家厂商拥有的垄断利润也随之消失，导致利润下降。

下面我们将通过对两类厂商短期利润的分析来探究产品内分工条件下的利益分配的变动情况。

短期利润：

$$\pi(c^S)=(1-\rho)\rho^{\sigma-1}\beta LP^{\sigma-1}(c^S)^{1-\sigma}-C_D,$$

$$\tilde{\pi}(\tilde{c}^S)=(1-\rho)\rho^{\sigma-1}\tilde{\beta}\tilde{L}\tilde{P}^{\sigma-1}(\tilde{c}^S)^{1-\sigma}-C_D$$

则

$$g_S=\left(\frac{\tilde{c}_D^S}{c_D^S}\right)^k=\left(\frac{\tilde{c}_D}{c_D}\right)^k\frac{1+(\mu\gamma\Omega)^{-1}}{1+\mu\gamma\Omega^{-1}}=\mu\frac{1+(\mu\gamma\Omega)^{-1}}{1+\mu\gamma\Omega^{-1}}$$

短期贸易均衡生产率差异：

$$\left(\frac{P}{\tilde{P}}\right)^{\sigma-1}=\left(\frac{c_D^S}{\tilde{c}_D^S}\right)^{\sigma-1}\left(\frac{\tilde{c}_D^S}{c_D^S}\right)^k\left(\frac{u}{\tilde{u}}\right)^k\frac{\tilde{Z}_E^A+\mu\Omega^{-1}Z_E^A}{Z_E^A+(\mu\Omega)^{-1}\tilde{Z}_E^A}$$

$$=\left[\frac{1+\mu\gamma\Omega^{-1}}{\mu+(\gamma\Omega)^{-1}}\right]^{\frac{\sigma-1}{k}}\mu\frac{1+(\mu\gamma\Omega)^{-1}}{1+\mu\gamma\Omega^{-1}}\frac{1}{\mu}\frac{1+\mu\gamma\Omega^{-1}}{\gamma+(\mu\Omega)^{-1}}$$

$$=\left(\frac{\gamma\Omega+\gamma^2\mu}{\mu\gamma\Omega+1}\right)^{\frac{\sigma-1}{k}}\frac{1+(\mu\gamma\Omega)^{-1}}{\gamma+(\mu\Omega)^{-1}}$$

$$=\left[\frac{\gamma\ (\Omega+\gamma\mu)}{\mu\gamma\Omega+1}\right]^{\frac{\sigma-1}{k}}\frac{\mu\gamma\Omega+1}{\gamma\ (\mu\gamma\Omega+1)}$$

$$=\left(\frac{\Omega+\gamma\mu}{\mu\gamma\Omega+1}\right)^{\frac{\sigma-1}{k}}\gamma^{\frac{\sigma-1-k}{k}}$$

①若无技术差异，则 $\mu=1$，$\gamma=L/\tilde{L}$，$\left(\frac{P}{\tilde{P}}\right)^{\sigma-1}=\left(\frac{\Omega+\gamma}{\gamma\Omega+1}\right)^{\frac{\sigma-1}{k}}\gamma^{\frac{\sigma-1-k}{k}}$，$g_S=\frac{1+(\gamma\Omega)^{-1}}{1+\gamma\Omega^{-1}}$。

当发展中国家本土厂商规模大于发达国家跨国公司规模且为固定比例时，$0<\gamma<1$。

因 $\gamma^{-1}>\gamma$，所以 $g_S>1$，$\tilde{c}^S>c^S$。

因 $\Omega+\gamma-\gamma\Omega-1=(\Omega-1)(1-\gamma)>0$，则$\frac{\Omega+\gamma}{\gamma\Omega+1}>1$。

又 $k>\sigma$，$\sigma>1$，则$\left(\frac{\Omega+\gamma}{\gamma\Omega+1}\right)^{\frac{\sigma-1}{k}}>1$。

又 $k>\sigma$，$\frac{\sigma-1-k}{k}<0$，$0<\gamma<1$，则 $\gamma^{\frac{\sigma-1-k}{k}}>1$。

则$\left(\frac{P}{\tilde{P}}\right)^{\sigma-1}>1$，$P>\tilde{P}$。

当规模差距不是很大时，$\left(\frac{P}{\tilde{P}}\right)^{\sigma-1}\left(\frac{c^S}{\tilde{c}^S}\right)^{1-\sigma}>\frac{\tilde{L}}{L}$，$\tilde{\pi}$（$c^S$）>$\pi$（$\tilde{c}^S$）。

当发展中国家本土厂商规模小于发达国家跨国公司规模且为固定比例时，$1<\gamma$，$g_S<1$，$\tilde{c}^S<c^S$。

因 $\Omega+\gamma-\gamma\Omega-1=(\Omega-1)(1-\gamma)<0$，则$\frac{\Omega+\gamma}{\gamma\Omega+1}<1$。

又 $k>\sigma$，$\sigma>1$，则$\left(\frac{\Omega+\gamma}{\gamma\Omega+1}\right)^{\frac{\sigma-1}{k}}<1$。

又 $k>\sigma$，$\frac{\sigma-1-k}{k}<0$，$1<\gamma$，则 $\gamma^{\frac{\sigma-1-k}{k}}<1$。

则$\left(\frac{P}{\tilde{P}}\right)^{\sigma-1}<1$，$P<\tilde{P}$。

当规模差距不是很大时，$\left(\frac{\tilde{P}}{P}\right)^{\sigma-1}\left(\frac{\tilde{c}^S}{c^S}\right)^{1-\sigma}>\frac{L}{\tilde{L}}$，$\tilde{\pi}$（$\tilde{c}^S$）>$\pi$（$c^S$）。

②若有技术差异，则 $\mu>1$，$\gamma=L/\tilde{L}$。

当发展中国家本土厂商规模大于发达国家跨国公司规模且为固定比例时，$0<\gamma<1$。

$$g_S=\mu\frac{1+(\mu\gamma\Omega)^{-1}}{1+\mu\gamma\Omega^{-1}}=\frac{\mu+(\gamma\Omega)^{-1}}{1+\mu\gamma\Omega^{-1}}=\frac{1+\mu\gamma\Omega}{\gamma\Omega+\mu\gamma^2}$$

因 $\mu\gamma^2<\mu$，所以$\frac{1+\mu\gamma\Omega}{\gamma\Omega+\mu\gamma^2}>\frac{1+\mu\gamma\Omega}{\gamma\Omega+\mu}$。

因 $1+\mu\gamma\Omega-(\gamma\Omega+\mu)=(1-\gamma\Omega)(1-\mu)$，$\gamma\Omega<\Omega$，$1<\Omega$，$(1-\gamma\Omega)(1-\mu)>(1-\Omega)(1-\mu)>0$，则 $1+\mu\gamma\Omega>\gamma\Omega+\mu$，$\frac{1+\mu\gamma\Omega}{\gamma\Omega+\mu\gamma^2}>\frac{1+\mu\gamma\Omega}{\gamma\Omega+\mu}>1$，$g_S>1$，$\tilde{c}^S>c^S$。

因 $\Omega+\mu\gamma-(1+\mu\gamma\Omega)=(\mu\gamma-1)(1-\Omega)$，$\mu\gamma>\gamma$，$(\mu\gamma-1)(1-\Omega)>(\gamma-1)(1-\Omega)>0$，则 $\Omega+\mu\gamma>1+\mu\gamma\Omega$，所以$\frac{\Omega+\gamma\mu}{\mu\gamma\Omega+1}>1$。

又 $k>\sigma$，$\sigma>1$，所以$\left(\frac{\Omega+\gamma}{\gamma\Omega+1}\right)^{\frac{\sigma-1}{k}}>1$。

又 $k>\sigma$，$\frac{\sigma-1-k}{k}<0$，$0<\gamma<1$，则 $\gamma^{\frac{\sigma-1-k}{k}}>1$。

则$\left(\frac{P}{\tilde{P}}\right)^{\sigma-1}>1$，$P>\tilde{P}$。

当规模差距不是很大时，$\left(\frac{P}{\tilde{P}}\right)^{\sigma-1}\left(\frac{c^S}{\tilde{c}^S}\right)^{1-\sigma}>\frac{L}{\tilde{L}}$，$\pi\ (c^S)\ >\tilde{\pi}\ (\tilde{c}^S)$。

当发展中国家本土厂商规模等于发达国家跨国公司规模时，$\gamma=1$。

$$g_S=\mu\frac{1+(\mu\Omega)^{-1}}{1+\mu\Omega^{-1}}=\frac{\mu\Omega+1}{\mu+\Omega},\ \left(\frac{P}{\tilde{P}}\right)^{\sigma-1}=\left(\frac{\Omega+\mu}{\mu\Omega+1}\right)^{\frac{\sigma-1}{k}}$$

因 $\mu\Omega+1-\ (\mu+\Omega)\ =\ (1-\Omega)\ (1-\mu)\ >0$，$\mu\Omega+1>\mu+\Omega$，$\frac{\mu\Omega+1}{\mu+\Omega}>1$，则 $\mu>g_S>1$，$\tilde{c}^S>c^S$。

则$\left(\frac{\Omega+\mu}{\mu\Omega+1}\right)^{\frac{\sigma-1}{k}}<1$，$\left(\frac{P}{\tilde{P}}\right)^{\sigma-1}<1$，$P<\tilde{P}$。

当生产率差距大于价格差距时$\left(\frac{c^S}{\tilde{c}^S}\right)^{1-\sigma}>\left(\frac{P}{\tilde{P}}\right)^{\sigma-1}$，$\pi\ (c^S)\ >\tilde{\pi}\ (\tilde{c}^S)$，反之亦然。

当发展中国家本土厂商规模小于发达国家跨国公司规模且为固定比例时，$1<\gamma$。

因 $1<\gamma$，$\mu\gamma^2>\mu$，$\frac{1+\mu\gamma\Omega}{\gamma\Omega+\mu\gamma^2}<\frac{1+\mu\gamma\Omega}{\gamma\Omega+\mu}$，$1+\mu\gamma\Omega-\ (\gamma\Omega+\mu)\ =\ (1-\gamma\Omega)\ (1-\mu)\ <\ (1-\gamma\Omega)\ (\Omega-\mu)$，$\Omega>\mu$，$(1-\gamma\Omega)\ (\Omega-\mu)\ <0$，则 $1+\mu\gamma\Omega<\gamma\Omega+\mu$，$\frac{1+\mu\gamma\Omega}{\gamma\Omega+\mu\gamma^2}<\frac{1+\mu\gamma\Omega}{\gamma\Omega+\mu}<1$，$g_S<1$，$\tilde{c}^S<c^S$。

因 $\Omega+\mu\gamma-\ (1+\mu\gamma\Omega)\ =\ (\mu\gamma-1)\ (1-\Omega)\ <0$，$\left(\frac{\Omega+\gamma}{\gamma\Omega+1}\right)^{\frac{\sigma-1}{k}}<1$。

又 $\gamma^{\frac{\sigma-1-k}{k}}<1$，则$\left(\frac{P}{\tilde{P}}\right)^{\sigma-1}<1$，$P<\tilde{P}$。

当规模差距不是很大时，$\left(\frac{\tilde{P}}{P}\right)^{\sigma-1}\left(\frac{\tilde{c}^S}{c^S}\right)^{1-\sigma}>\frac{L}{\tilde{L}}$，$\tilde{\pi}$（$\tilde{c}^S$）$>\pi$（$c^S$）。

短期利润分析结论为：

第一，在产品内分工背景下，短期来看，生产规模对生产率差异影响较大，$g_S=\frac{1+\mu\gamma\Omega}{\gamma\Omega+\mu\gamma^2}$。

第二，由上述分析可以看出，当规模较小时，边际成本较小（生产率较高），价格较高。这是由于产品内分工实行高度的专业化生产，当生产规模较小时无须较多的管理费用，而较小的产量面对一定需求时可制定较高的价格。

第三，当规模差距不是很大时，规模较小的将获得较多的利润，这是由于价格、成本的幂函数将扩大价格、成本带来的优势，这种优势要大于规模差异引起的产品内分工利益的损失。

对在产品内分工条件下的发达国家跨国公司来说，由于其生产高技术产品，数量较少但价值大，有着较小的边际成本（较高的生产率），因此获得了较高的产品内分工利润。对在产品内分工条件下的发展中国家的本土厂商来说，由于其生产技术含量较低的产品，数量虽多但价值小，同时边际成本较大（生产率比较低），因此获得产品内分工利润较低。如图 5-1 所示。

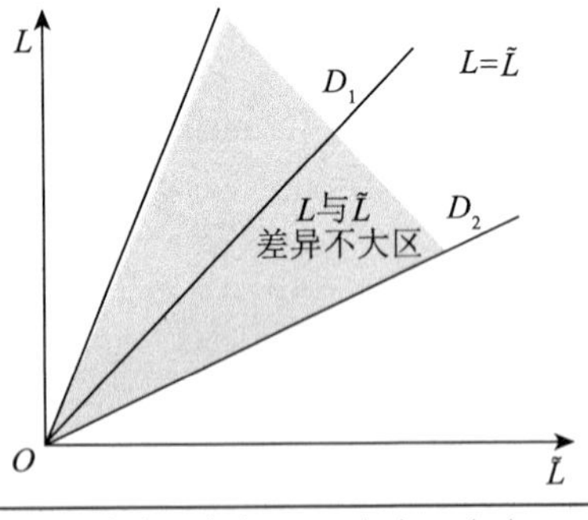

$D_1:\pi\left(c^S\right)<\tilde{\pi}\left(\tilde{c}^S\right)$，$D_2:\pi\left(c^S\right)>\tilde{\pi}\left(\tilde{c}^S\right)$，

L:发达国家跨国公司规模，$\tilde{L}$:发展中国家本土公司规模

图 5-1 规模差距不大时的不同利润区域

第四，当两国有技术差异、两类厂商规模相等时，由于在产品内分工条件下发达国家跨国公司掌握着核心技术，拥有较小的边际成本（较高的生产率），只要生产率差距大于价格差距，其仍能获得较高的产品内分工利润。

5.4.2　动态（长期）均衡

在开放经济中，两类厂商的期望利润总和 $E(\pi)$、$\tilde{E}(\pi)$ 来自产品内分工国内市场的期望利润（$c<c_D$，$\tilde{c}<\tilde{c}_D$）和产品内分工出口的期望利润（$c<c_X$，$\tilde{c}<\tilde{c}_X$）：

$$E(\pi)=\int_0^{c_D}\pi_D(c)dG(c)+\int_0^{c_X}\pi_X(c)G(c)=C_D\left(\frac{c_D}{u}\right)^kK+C_X\left(\frac{c_X}{u}\right)^kK$$

$$\tilde{E}(\pi)=\int_0^{\tilde{c}_D}\tilde{\pi}_D(c)dG(c)+\int_0^{\tilde{c}_X}\tilde{\pi}_X(c)\tilde{G}(c)=C_D\left(\frac{\tilde{c}_D}{\tilde{u}}\right)^kK+C_X\left(\frac{\tilde{c}_X}{\tilde{u}}\right)^kK$$

（5-17）

由式（5-11）* 可得长期均衡的成本边界 C_D^L，$\tilde{C}_D^L$ 条件：

$$\left(\frac{c_D^L}{u}\right)^k+\mu\Omega^{-1}\left(\frac{\tilde{c}_D^L}{\tilde{u}}\right)^k=\frac{C_E}{C_DK}=\left(\frac{\tilde{c}_D^L}{\tilde{u}}\right)^k+(\mu\Omega)^{-1}\left(\frac{c_D^L}{u}\right)^k \tag{5-18*}$$

与式（5-5）相比，出口机会取决于贸易伙伴的生存边界，而贸易伙伴的生存边界因贸易成本而减缓，因技术差距而扩大（在发达国家的跨国公司）或减缓（在发展中国家的本土厂商）。由式（5-5）可得

$$\left(\frac{c_D^L}{u}\right)^k=\left(\frac{c_D}{u}\right)^k\frac{1-\mu\Omega^{-1}}{1-\Omega^{-2}}<\left(\frac{c_D}{u}\right)^k,\quad\left(\frac{\tilde{c}_D^L}{\tilde{u}}\right)^k=\left(\frac{\tilde{c}_D}{\tilde{u}}\right)^k\frac{1-(\mu\Omega)^{-1}}{1-\Omega^{-2}}<\left(\frac{\tilde{c}_D}{\tilde{u}}\right)^k$$

（5-19）*

当 $C_D^L>0$ 时，要求 $\Omega>\mu$（技术差距不大于贸易成本），当这个条件满足两类厂商的生存边界时，两类不同厂商的生存边界小于产品内分工前各自的生存边界，即 $C_D^L<C_D$，$\tilde{c}_D^L<\tilde{c}_D$。长期与短期生存边界与式（5-15）* 对比可得

$$\left(\frac{c_D^L}{c_D^S}\right)^k=\frac{(1-\mu\Omega^{-1})\ [1+(\gamma\mu\Omega)^{-1}]}{1-\Omega^{-2}},$$

$$\left(\frac{\tilde{c}_D^L}{\tilde{c}_D^S}\right)^k=\frac{\left[1-(\mu\Omega)^{-1}\right]\left(1+\gamma\mu\Omega^{-1}\right)}{1-\Omega^{-2}} \tag{5-20*}$$

若两国规模和技术相同（$\gamma=\mu=1$），则两类厂商的长期与短期生存边界无区别。若两国无技术差别（$\mu=1$），而发达国家规模较大（$\gamma>1$），由式(5-15)*得

$$\tilde{c}_D^S<\tilde{c}_D^L=c_D^L<c_D^S, \tag{5-21*}$$

如图 5-2 所示。

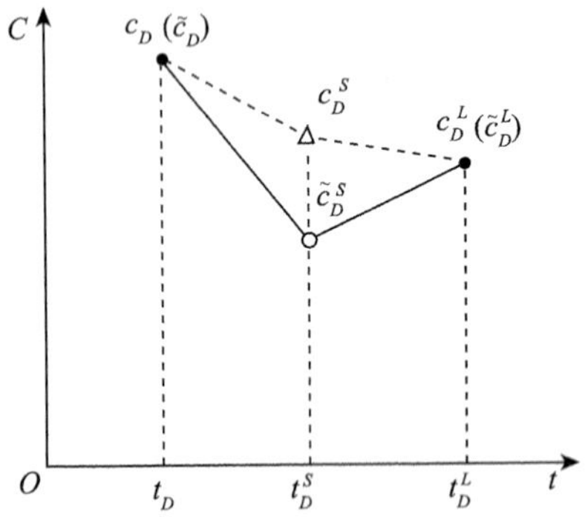

c:生存成本界限，*t*:产品内分工前后各个时期，
○:发展中国家的本土公司，△:发达国家的跨国公司，●:重合点，
----：发达国家的跨国公司的变化，——：发展中国家的本土公司的变化

图 5-2　不存在技术差距时的生存成本边界变化

发达国家市场规模较大时（$\gamma>1$），在产品内分工中，在发达国家跨国公司维持技术垄断的条件下，将获取技术进步的利润最大化。其转移即将淘汰的成熟性技术，严格控制价值链高端的核心技术，所以发展中国家的本土厂商单纯依靠技术转移不可能获取核心技术，只能处于产品内分工中的低技术环节上，相对于高技术环节而言，提升空间有限。

发达国家跨国公司的高端核心技术引领了产品主流走向，发展中国家本土厂商细微的、非核心的技术进步无法引导整个产品的发展走向，必须依赖于高端的核心技术。因此，发展中国家的本土厂商虽在短期内提高了生产率，但从长期来看缺乏后劲，因此 $\tilde{c}_D^S<\tilde{c}_D^L$；相对于发展中国家来说，发达国家拥

有更多的跨国企业，这些企业掌握着核心技术，能为企业的发展带来巨大的潜力，所以 $c_D^L<c_D^S$。

若两国无规模差异（$\gamma=1$），则会降低发达国家跨国公司生存边界，提高发展中国家本土厂商生存边界。则可得：

$$c_D^L<c_D^S<\tilde{c}_D^S<\tilde{c}_D^L \tag{5-22}$$ *

如图 5-3 所示。

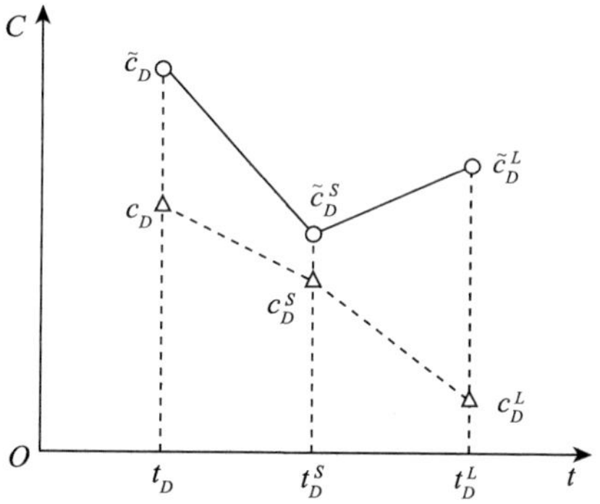

图 5-3　规模相同、存在技术差距时的生存成本边界变化

在产品内分工背景下，不同厂商所获利益受到其所处价值链环节的市场结构的影响。但是在产品内分工背景下决定利益分配的因素还包括规模经济、厂商的核心竞争力、要素的稀缺性以及进入市场的其他壁垒等。同时，处于价值链不同节点上的厂商，由生产技术特点所决定的市场规模，以及最低经济规模也是不同的。如果市场规模相对较小、最低经济规模相对较大，那么市场可以容纳的厂商的数量就相对较少，此时，处在该价值链节点上的厂商接近于非完全竞争状态，厂商可以获得垄断利润。发达国家多数跨国企业就处于这样的节点上，能够获得超额利益。反之，如果市场规模相对较大、最低经济规模相对较小，那么市场可以容纳的厂商的数量就较多，此时，处在该价值链节点上的厂商更接近于完全竞争状态，厂商可以获得正常利润。发展中国家多数本土企业就处于这样的节点上，只能够获得较少的利益。

发达国家由于拥有众多的跨国企业，同时企业掌握核心技术这一稀缺生产要素，因此在产品内分工全球生产网络的利益分配中处于主导地位，就能够获得特定环节的垄断利润；相对而言，发展中国家本土企业不掌握核心技术，不具备生产所需的稀缺要素，在产品内分工全球生产网络的利益分配中就不占据主导地位，同时由于其生产的边际成本比较高，就只能获得生产环节上的正常利润。

从整个产品的生产过程来看，厂商的核心竞争力主要体现在对产品内分工全球生产网络特定环节生产过程的控制力和影响力。发达国家的跨国公司将自己的技术、营销环节等比较优势进一步发展为核心竞争力，能够对全球价值链的利益分配起到控制作用，因此能够获得特定环节的垄断利益。

反之，发展中国家的本土厂商在产品内分工全球生产网络的生产、装配等竞争性生产环节中缺乏核心竞争力，在全球价值链利益分配中就处于从属地位，只能获得产品内分工特定环节的正常利润。

发达国家通过知识产权、转换成本、分销渠道以及政府战略性政策等设定进入壁垒，使得发展中国家的本土企业很难进入高收益的环节。另外，发达国家还通过加大研发费用、设定专利保护等措施提高进入壁垒，从而使其保持有利的分配地位。这使得两类厂商的相对边际成本差距加大，利润差距扩大。

对于发达国家或规模较大的国家，从封闭到动态（长期）贸易均衡的过程中，生存成本边界是单调递减的。对于较小的国家或者发展中国家来说，从短期来看，生存成本边界可能会出现快速下降的趋势。比较相对生存边界会发现：

$$g_L=\left(\frac{\tilde{c}_D^L}{c_D^L}\right)^k=\theta\left(\frac{\tilde{c}_D}{c_D}\right)^k,\ \left(\frac{\tilde{c}_D}{c_D}\right)^k=g_A=\mu,\ \theta=\frac{1-(\mu\Omega)^{-1}}{1-\mu\Omega^{-1}} \tag{5-23}^*$$

与式（5-16）* 比较。若无技术差异（$\mu=1$）且发达国家规模较大（$\gamma>1$），则

$$g_L=g_A=1>g_S,$$

$$g_L>\mu>g_S \tag{5-24}^*$$

若两国无规模差异（$\gamma=1$），则

$$g_L>\mu>g_S \tag{5-25}$$ *

与短期情况对比，可以看出，发达国家跨国公司的生存边界降得更多，意味着与封闭经济相比，开放经济有着更大的生产率差距。如果双边贸易发生，将会扩大技术差距引起的跨国生产率差异。长期来看，开放经济条件下，出口机会的增加吸引更多的进入者参与竞争，最具生产率优势的厂商就会扩大出口。因此，发达国家的跨国公司就会凭借其较高的生产率，增加其出口概率。因此，发达国家跨国公司有更高的生产率门槛。

下面我们将通过对两类厂商长期利润的分析，探究产品内分工条件下的利益分配的变动情况。

长期利润：

$$\pi\ (c^L)\ =\ (1-\rho)\ \rho^{\sigma-1}\beta LP^{\sigma-1}(c^L)^{1-\sigma}-C_D,\ \tilde{\pi}\ (\tilde{c}^L)$$
$$=\ (1-\rho)\ \rho^{\sigma-1}\beta\tilde{L}\tilde{P}^{\sigma-1}(\tilde{c}^L)^{1-\sigma}-C_D$$

长期贸易均衡生产率差异：

$$g_L=\left(\frac{\tilde{c}_D^L}{c_D^L}\right)^k=\left(\frac{\tilde{c}_D}{c_D}\right)^k\frac{1-(\mu\Omega)^{-1}}{1-\mu\Omega^{-1}},$$

$$P=\frac{c_D^L}{\rho}\left(\frac{\beta L\ (1-\rho)}{C_D}\right)^{\frac{1}{1-\sigma}},\ \tilde{P}=\frac{\tilde{c}_D^L}{\rho}\left(\frac{\beta\tilde{L}\ (1-\rho)}{C_D}\right)^{\frac{1}{1-\sigma}},$$

$$\frac{P}{\tilde{P}}=\frac{c_D^L}{\tilde{c}_D^L}\left(\frac{L}{\tilde{L}}\right)^{\frac{1}{1-\sigma}},\ \left(\frac{P}{\tilde{P}}\right)^{\sigma-1}=\left(\frac{c_D^L}{\tilde{c}_D^L}\right)^{\sigma-1}\frac{L}{\tilde{L}}=\left(\frac{\Omega-\mu}{\mu\Omega-1}\right)^{\frac{\sigma-1}{k}}\frac{1}{\gamma}$$

①若无技术差异，则 $\mu=1$，$\gamma=L/\tilde{L}$，$g_L=1$，$c_D^L=\tilde{c}_D^L$，$c^L=\tilde{c}^L$，$\left(\frac{P}{\tilde{P}}\right)^{\sigma-1}=\frac{L}{\tilde{L}}>1$，$P>\tilde{P}$。

因 $\left(\frac{P}{\tilde{P}}\right)^{\sigma-1}=\frac{L}{\tilde{L}}$，则 $\pi\ (c^L)\ =\tilde{\pi}\ (\tilde{c}^L)$。

当发展中国家本土厂商规模大于发达国家跨国公司规模，且为固定比例时，$0<\gamma<1$，$\left(\frac{P}{\tilde{P}}\right)^{\sigma-1}=\frac{\tilde{L}}{L}<1$，$P<\tilde{P}$。

因$\left(\frac{P}{\tilde{P}}\right)^{\sigma-1}=\frac{\tilde{L}}{L}$，则$\pi\ (c^L)\ =\tilde{\pi}\ (\tilde{c}^L)$。

当发展中国家本土厂商规模小于发达国家跨国公司规模，且为固定比例时，$\gamma>1$，$\left(\frac{P}{\tilde{P}}\right)^{\sigma-1}=\frac{L}{\tilde{L}}<1$，$P<\tilde{P}$。

因$\left(\frac{P}{\tilde{P}}\right)^{\sigma-1}=\frac{L}{\tilde{L}}$，则$\pi\ (c^L)\ =\tilde{\pi}\ (\tilde{c}^L)$。

②若有技术差异，则$\mu>1$，$\gamma=L/\tilde{L}$，$g_L>\mu>1$，$c_D^L<\tilde{c}_D^L$，$c^L<\tilde{c}^L$。

当发展中国家本土厂商规模大于发达国家跨国公司规模，且为固定比例时，$0<\gamma<1$。

因$\left(\frac{c_D^L}{\tilde{c}_D^L}\right)^{\sigma-1}<1$，$\frac{L}{\tilde{L}}>1$，则$\left(\frac{c_D^L}{\tilde{c}_D^L}\right)^{\sigma-1}<\left(\frac{P}{\tilde{P}}\right)^{\sigma-1}<\frac{L}{\tilde{L}}$，$\left(\frac{P}{\tilde{P}}\right)^{\sigma-1}>1$或$\left(\frac{P}{\tilde{P}}\right)^{\sigma-1}<1$，$P>\tilde{P}$或$P<\tilde{P}$。

若$P>\tilde{P}$，当$\left(\frac{P}{\tilde{P}}\right)^{\sigma-1}\left(\frac{c^L}{\tilde{c}^L}\right)^{1-\sigma}>\frac{\tilde{L}}{\tilde{L}}$时，$\pi\ (c^L)\ >\tilde{\pi}\ (\tilde{c}^L)$；反之亦然。

若$P<\tilde{P}$，当$\left(\frac{c^L}{\tilde{c}^L}\right)^{1-\sigma}>\frac{L}{\tilde{L}}\left(\frac{\tilde{P}}{P}\right)^{\sigma-1}$时，$\pi\ (c^L)\ >\tilde{\pi}\ (\tilde{c}^L)$；反之亦然。

当发展中国家本土厂商规模等于发达国家跨国公司规模时，$\gamma=1$。

因$\left(\frac{c_D^L}{\tilde{c}_D^L}\right)^{\sigma-1}<1$，则$P<\tilde{P}$。

当$\left(\frac{c^L}{\tilde{c}^L}\right)^{1-\sigma}>\left(\frac{P}{\tilde{P}}\right)^{\sigma-1}$时，$\pi\ (c^L)\ >\tilde{\pi}\ (\tilde{c}^L)$；反之亦然。

当发展中国家本土厂商规模小于发达国家跨国公司规模，且为固定比例时，$1<\gamma$。

因$0<\frac{\tilde{L}}{L}<1$，$\left(\frac{c^L}{\tilde{c}^L}\right)^{\sigma-1}<1$，则$\left(\frac{P}{\tilde{P}}\right)^{\sigma-1}<1$，$P<\tilde{P}$。

当$\left(\frac{c^L}{\tilde{c}^L}\right)^{1-\sigma}\frac{L}{\tilde{L}}>\left(\frac{\tilde{P}}{P}\right)^{\sigma-1}$时，$\pi\ (c^L)\ >\tilde{\pi}\ (\tilde{c}^L)$；反之亦然。

长期利润分析结论：

第一，在产品内分工背景下，长期生产率的差异和生产规模是无关的，$g_L=\left(\frac{\tilde{c}_D^L}{c_D^L}\right)^k=\left(\frac{\tilde{c}_D}{c_D}\right)^k\frac{1-(\mu\Omega)^{-1}}{1-\mu\Omega^{-1}}$。

第二，若无技术差异（$\mu=1$），两类厂商边际成本相同，无论规模如何变化，其所带来的价格变化始终等于规模变动，因此两类厂商利润相等。

第三，若有技术差异（$\mu>1$），发达国家的跨国公司由于技术创新，技术进步，掌握核心技术，处于产品内分工的价值高端环节，因此生产率提高快，边际成本下降多，远超两国技术差异，即 $g_L>\mu>1$，$c_D^L<\tilde{c}_D^L$。

第四，当规模相等时，发达国家的跨国公司总体价格水平不需很高就可获得正常利润，由于其成本很低，利润的获取对价格的依赖程度不是很高，只要生产率差异远大于价格差异$\left(\frac{c^L}{\tilde{c}^L}\right)^{1-\sigma}>\left(\frac{\tilde{P}}{P}\right)^{\sigma-1}$，就可获得更多由产品内分工所带来的利润 π（c^L）$>\tilde{\pi}$（$\tilde{c}^L$）。

当发展中国家本土厂商规模大于发达国家跨国公司规模且为固定比例时，$0<\gamma<1$，产品内分工正常利润的获取对价格依赖程度会增强，以弥补规模缩小带来的分工损失，因此发达国家跨国公司可能会凭借其对某些价值链环节的控制地位提高价格，获得较高利润。当规模差距不是很大时，发达国家跨国公司通过低成本、高价格的幂函数进一步扩大这种优势，使得其在产品内分工中获得的利润要远远高于发展中国家本土厂商所获得的利润；若生产率差异足够大，则无须提价，只要$\left(\frac{c^L}{\tilde{c}^L}\right)^{1-\sigma}>\frac{\tilde{L}}{L}\left(\frac{P}{\tilde{P}}\right)^{\sigma-1}$，仍能获得较多的产品内分工利润 π（c^L）$>\tilde{\pi}$（$\tilde{c}^L$）。

当发展中国家本土厂商规模小于发达国家跨国公司规模且为固定比例时，$1<\gamma$，由于规模经济效益，其成本进一步降低，产品具有更大的竞争优势，产品内分工利润的获取对价格的依赖程度降低，造成总体价格水平的下降，$P<\tilde{P}$。当$\left(\frac{c^L}{\tilde{c}^L}\right)^{1-\sigma}\frac{L}{\tilde{L}}>\left(\frac{P}{\tilde{P}}\right)^{\sigma-1}$时，就会获得较多的由产品内分工所带来的利润 π

$(c^L) > \tilde{\pi}(\tilde{c}^L)$。

总之，在长期这种动态的产品内分工条件下，技术差异对产品内分工利益的分配起着关键作用。发达国家跨国公司凭借其技术优势形成的成本优势，获取正常的产品内分工利益，凭借其对产品内分工某些重要环节的控制提高价格，获取超额利润，如图 5-4 所示。

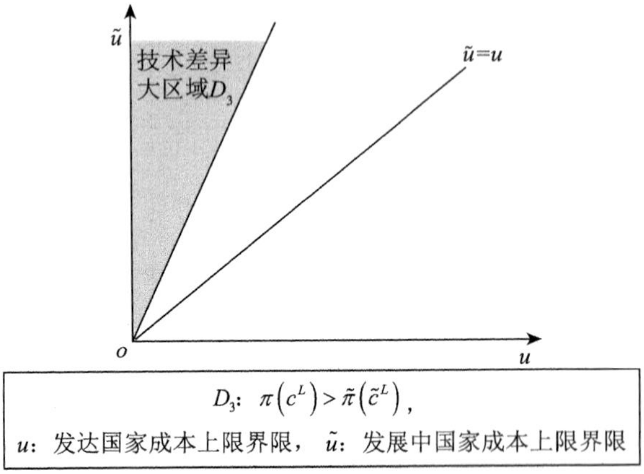

图 5-4　规模差距足够大时的利润区域

通过对静态（短期）、动态（长期）的利润分析可以得出以下结论，如图 5-5 所示。

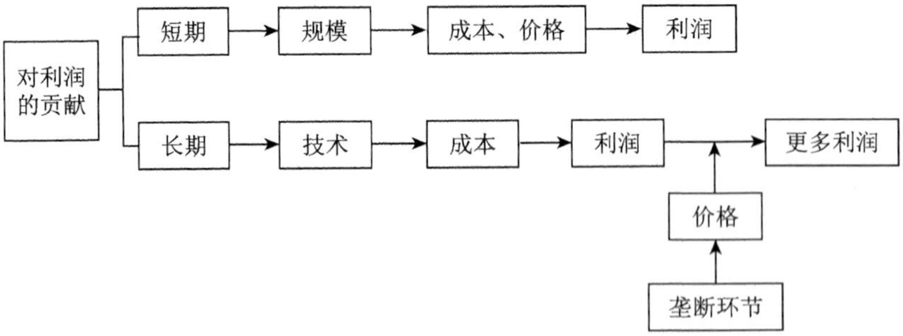

图 5-5　长短期中不同因素对利润的影响

以上分析是在产品内分工条件下，从长短期均衡的角度探讨了影响利润的因素。下面我们分析产品内分工条件下生产率的差异对资源分配的作用机制。

从短期或长期来看，贸易对生产率差距的反向影响是通过不同的机制发挥作用的。从短期来看，在产品内分工条件下，只允许有固定数量的进入者，外国优势竞争者进入，挤出低生产率的公司，生产资源重新配置，生产率水平提高，从而公司获得生产率收益。然而，从长期来看，正是进入公司对从出口获得利润的机会和高生产率公司扩张进入出口市场的反应，造成没有生产率的公司退出市场。因此，从短期来看，这是国外竞争的“挤出效应”，这在发展中国家更加明显，缩小了两类公司的生产率差异；从长期来看，这是出口机会的“拉动效应”，这在发达国家更加明显，扩大了两类公司的生产率差异。

现在看一下两类公司的均衡数量，由式（5-8）、式（5-13）*得：

$$Z_E^L+(\mu\Omega)^{-1}\tilde{Z}_E^L=\frac{\rho\beta L}{kC_E}\frac{1-\Omega^{-2}}{1-\mu\Omega^{-1}},$$

$$\tilde{Z}_E^L+\mu\Omega^{-1}Z_E^L=\frac{\rho\tilde{\beta}L}{kC_E}\frac{1-\Omega^{-2}}{1-(\mu\Omega)^{-1}} \qquad (5-26)^*$$

可得出相对于产品内分工价值链的潜在进入者数量：

$$Z_E^L=Z_E^A\left[\frac{1-(\theta\gamma\mu\Omega)^{-1}}{1-\mu\Omega^{-1}}\right]\geqslant Z_E^A,$$

$$\tilde{Z}_E^L=\tilde{Z}_E^A\left[\frac{1-\theta\gamma\mu\Omega^{-1}}{1-(\mu\Omega)^{-1}}\right] \qquad (5-27)^*$$

相应地，在产品内分工价值链上的公司数量：

$$Z^L=Z^A\left[\frac{1-(\theta\gamma\mu\Omega)^{-1}}{1-\Omega^{-2}}\right],$$

$$\tilde{Z}^L=\tilde{Z}^A\left(\frac{1-\theta\gamma\mu\Omega^{-1}}{1-\Omega^{-2}}\right) \qquad (5-28)^*$$

这里，相对国家规模和技术差距（$\gamma\mu$）一同起作用。

以下是产品内分工条件下的资源分配分析：

$$Z^S=G\ (c_D^S)\ Z_E^A=\left(\frac{c_D^S}{u}\right)^k\frac{\rho\beta L}{C_E k},$$

$$Z_X^S=G\ (c_X^S)\ Z_E^A=\left(\frac{c_X^S}{u}\right)^k\frac{\rho\beta L}{C_E k}=\left[\frac{\tilde{c}_D^S}{tf^{1/(\sigma-1)}u}\right]^k\frac{\rho\beta L}{C_E k};$$

$$\tilde{Z}^S=G\ (\tilde{c}_D^S)\ \tilde{Z}_E^A=\left(\frac{\tilde{c}_D^S}{\tilde{u}}\right)^k\frac{\rho\beta\tilde{L}}{C_E k},$$

$$\tilde{Z}_X^S=G\ (\tilde{c}_X^S)\ \tilde{Z}_E^A=\left(\frac{\tilde{c}_X^S}{\tilde{u}}\right)^k\frac{\rho\tilde{\beta}L}{C_E k}=\left[\frac{c_D^S}{tf^{1/(\sigma-1)}\tilde{u}}\right]^k\frac{\rho\tilde{\beta}L}{C_E k}$$

其中，Z^S、Z_X^S 为在产品内分工价值链上发达国家短期营运公司的数量和出口商数量；$\tilde{Z}^S$、$\tilde{Z}_X^S$ 为在产品内分工价值链上发展中国家短期营运公司的数量和出口商数量。

$$Z^L=G\ (c_D^L)\ Z_E^L=\left(\frac{c_D^L}{u}\right)^k Z_E^A\frac{1-(\theta\gamma\mu\Omega)^{-1}}{1-\mu\Omega^{-1}},$$

$$Z_X^L=G\ (c_X^L)\ Z_E^L=\left(\frac{c_X^L}{u}\right)^k Z_E^A\frac{1-(\theta\gamma\mu\Omega)^{-1}}{1-\mu\Omega^{-1}};$$

$$\tilde{Z}^L=G\ (\tilde{c}_D^L)\ \tilde{Z}_E^L=\left(\tilde{c}_D^L\right)^k\tilde{Z}_E^A\frac{1-\theta\gamma\mu\Omega^{-1}}{1-(\mu\Omega)^{-1}},$$

$$\tilde{Z}_X^L=G\ (\tilde{c}_X^L)\ \tilde{Z}_E^L=\left(\frac{\tilde{c}_X^L}{\tilde{u}}\right)^k\tilde{Z}_E^A\frac{1-\theta\gamma\mu\Omega^{-1}}{1-(\mu\Omega)^{-1}}$$

其中，Z^L、Z_X^L 为在产品内分工价值链上发达国家长期营运公司的数量和出口商数量；$\tilde{Z}^L$、$\tilde{Z}_X^L$ 为在产品内分工价值链上发展中国家短期营运公司的数量和出口商数量。

首先分析发展中国家（假设技术先进的国家规模较大，即 $\gamma>1$）。

$$\frac{\tilde{Z}^L}{\tilde{Z}^S}=\frac{G\ (\tilde{c}_D^L)\ \tilde{Z}_E^L}{G\ (\tilde{c}_D^S)\ \tilde{Z}_E^A}=\frac{G\ (\tilde{c}_D^L)\ 1-\theta\gamma\mu\Omega^{-1}}{G\ (\tilde{c}_D^S)\ 1-(\mu\Omega)^{-1}}=\left(\frac{\tilde{c}_D^L}{\tilde{c}_D^S}\right)^k\frac{1-\theta\gamma\mu\Omega^{-1}}{1-(\mu\Omega)^{-1}}$$

因 $0<\frac{1-\theta\gamma\mu\Omega^{-1}}{1-(\mu\Omega)^{-1}}<1$，则 $\frac{\tilde{Z}^L}{\tilde{Z}^S}<\left(\frac{\tilde{c}_D^L}{\tilde{c}_D^S}\right)^k$，$\tilde{c}_D^S<\tilde{c}_D^L$，

$$\frac{\tilde{Z}_X^L}{\tilde{Z}_X^S}=\frac{G\ (\tilde{c}_X^L)\ \ \tilde{Z}_E^L}{G\ (\tilde{c}_X^S)\ \ \tilde{Z}_E^A}=\frac{G\ (\tilde{c}_X^L)}{G\ (\tilde{c}_X^S)}\frac{1-\theta\gamma\mu\Omega^{-1}}{1-(\mu\Omega)^{-1}}$$

$$=\{c_D^L/[tf^{1/(\sigma-1)}\tilde{u}]\}^k/\{c_D^S/[tf^{1/(\sigma-1)}\tilde{u}]\}^k\ \frac{1-\theta\gamma\mu\Omega^{-1}}{1-(\mu\Omega)^{-1}}$$

$$=\left(\frac{c_D^L}{c_D^S}\right)^k\frac{1-\theta\gamma\mu\Omega^{-1}}{1-(\mu\Omega)^{-1}}<\left(\frac{c_D^L}{c_D^S}\right)^k。$$

因 $c_D^L<c_D^S$，则 $\frac{\tilde{Z}_X^L}{\tilde{Z}_X^S}<1$，即 $\frac{\tilde{Z}_X^S}{\tilde{Z}_X^L}>\left(\frac{c_D^S}{c_D^L}\right)^k>1$。

短期内产品内分工较强的技术溢出效益，使得 $\tilde{c}_D^S$ 降低，营运利润上升，由此吸引较多资源流向该产品。随着社会资金、技术、人才等各种资源大量涌入，大批营运公司进入该产品的生产，体现了贸易带来的生产率的变化对社会资源的优化配置和再分配作用。随着时间的推移，技术溢出效益逐渐减弱，大批营运公司的进入加大了该产品的竞争，导致 $\tilde{c}_D^L$ 上升。虽然 $\tilde{c}_D^L$ 上升降低了进入门槛，使得较多发展中国家的本土公司进入该产品生产领域，但 $\tilde{c}_D^L$ 上升减少了利润，使得生产率低的公司退出市场，因此在产品内分工价值链上发展中国家的营运公司增加的数量，小于生产率差异所应带来的营运公司增加的数量。

发展中国家的本土出口商面对的是发达国家跨国公司，因此 $c_D/\tilde{c}_X=tf^{1/(\sigma-1)}$ 为实现出口均衡时的生存界限。由于发达国家跨国公司生产率不断上升，$c_D^L<c_D^S$，利润增加，会有更多公司进入，而发展中国家的本土公司要进入发达国家市场会面临更大竞争，加之其生产率不断下降，$\tilde{c}_D^S<\tilde{c}_D^L$，因此生产率低的发展中国家的出口商退出出口市场，社会资源向其他产品转移，资源进行重新分配。因此在产品内分工价值链上发展中国家出口商的减少量，大于生产率差异所应带来的出口商减少的数量。

其次分析发达国家。

$$\frac{Z^L}{Z^S}=\frac{G\ (c_D^L)\ \ Z_E^L}{G\ (c_D^S)\ \ Z_E^A}=\frac{G\ (c_D^L)}{G\ (c_D^S)}\frac{1-(\theta\gamma\mu\Omega)^{-1}}{1-\mu\Omega^{-1}}=\left(\frac{c_D^L}{c_D^S}\right)^k\frac{1-(\theta\gamma\mu\Omega)^{-1}}{1-\mu\Omega^{-1}}$$

因$\frac{1-(\theta\gamma\mu\Omega)^{-1}}{1-\mu\Omega^{-1}}>1$，则$\frac{Z^L}{Z^S}>\left(\frac{c_D^L}{c_D^S}\right)^k$，$c_D^S>c_D^L$，即$\frac{Z^S}{Z^L}<\left(\frac{c_D^S}{c_D^L}\right)^k$，

$$\frac{Z_X^L}{Z_X^S}=\frac{G\ (c_X^L)\ \ Z_E^L}{G\ (c_X^S)\ \ Z_E^A}=\frac{G\ (c_X^L)}{G\ (c_X^S)}\frac{1-(\theta\gamma\mu\Omega)^{-1}}{1-\mu\Omega^{-1}}$$

$$=\{\tilde{c}_D^L/[tf^{1/(\sigma-1)}u]\}^k/\{\tilde{c}_D^S/[tf^{1/(\sigma-1)}u]\}^k\ \frac{1-(\theta\gamma\mu\Omega)^{-1}}{1-\mu\Omega^{-1}}$$

$$=\left(\frac{\tilde{c}_D^L}{\tilde{c}_D^S}\right)^k\frac{1-(\theta\gamma\mu\Omega)^{-1}}{1-\mu\Omega^{-1}}>\left(\frac{\tilde{c}_D^L}{\tilde{c}_D^S}\right)^k,\ \tilde{c}_D^L>\tilde{c}_D^S。$$

在产品内分工条件下，随着产品内分工的深入，产品的专业化生产进一步加强，生产率进一步提高，而且由于规模经济，边际成本不断下降，$c_D^S>c_D^L$，使得竞争更加激烈，产品生产的进入门槛提高，利润增加，因此在产品内分工价值链上发达国家跨国营运公司的数量长期的减少量，小于生产率差异所应带来的营运公司减少的数量。

发达国家的跨国公司的出口商面临的是发展中国家的本土公司，因此$\tilde{c}_D/c_X=tf^{1/(\sigma-1)}$为实现出口均衡时的生存界限。跨国公司的出口商有着更低的边际成本，更多的出口机会，获得更多出口利润，因此社会资源转移到出口产品上，更多出口商参与产品内分工，因此在产品内分工价值链上发达国家出口商增加的数量，大于生产率差异所应带来的出口商增加的数量。

可见，发展中国家本土公司生产率逐渐下降，强化了产品内分工带来的资源分配劣势，弱化了产品内分工带来的资源分配优势；发达国家跨国公司生产率逐渐上升，强化了由产品内分工带来的资源分配优势，弱化了产品内分工带来的资源分配劣势。即各个国家自身生产率的变动会增强或弱化产品内分工资源分配效果，使得强者更强、弱者更弱，出现所谓的“马太效应”，或者说是累积陷阱效应，从而导致产品内分工差距加大、贸易利得差距加大。

当发展中国家通过技术革新生产率提高，而发达国家生产率下降时，我们再来看看是否得到同样的结论。

模型扩展逆转：

$$Z^S=G\ (\tilde{c}_D^S)\ Z_E^A=\left(\frac{\tilde{c}_D^S}{\tilde{u}}\right)^k\frac{\rho\beta L}{C_E k},$$

$$Z_X^S=G\ (\tilde{c}_X^S)\ Z_E^A=\left(\frac{\tilde{c}_X^S}{\tilde{u}}\right)^k\frac{\rho\beta L}{C_E k}=\left[\frac{c_D^S}{tf^{1/(\sigma-1)}\tilde{u}}\right]^k\frac{\rho\beta L}{C_E k};$$

$$\tilde{Z}^S=G\ (c_D^S)\ \tilde{Z}_E^A=\left(\frac{c_D^S}{u}\right)^k\frac{\rho\tilde{\beta}L}{C_E k},$$

$$\tilde{Z}_X^S=G\ (c_X^S)\ \tilde{Z}_E^A=\left(\frac{c_X^S}{u}\right)^k\frac{\rho\tilde{\beta}L}{C_E k}=\left[\frac{\tilde{c}_D^S}{tf^{1/(\sigma-1)}u}\right]^k\frac{\rho\tilde{\beta}L}{C_E k}$$

其中，Z^S、Z_X^S 为在产品内分工价值链上发达国家短期营运公司的数量和出口商数量；$\tilde{Z}^S$、$\tilde{Z}_X^S$ 为在产品内分工价值链上发展中国家短期营运公司的数量和出口商数量。

$$Z^L=G\ (\tilde{c}_D^L)\ Z_E^L=\left(\frac{\tilde{c}_D^L}{u}\right)^k Z_E^A\frac{1-(\theta\gamma\mu\Omega)^{-1}}{1-\mu\Omega^{-1}},$$

$$Z_X^L=G\ (\tilde{c}_X^L)\ Z_E^L=\left(\frac{\tilde{c}_X^L}{\tilde{u}}\right)^k Z_E^A\frac{1-(\theta\gamma\mu\Omega)^{-1}}{1-\mu\Omega^{-1}};$$

$$\tilde{Z}^L=G\ (c_D^L)\ \tilde{Z}_E^L=\left(\frac{c_D^L}{u}\right)^k\tilde{Z}_E^A\frac{1-\theta\gamma\mu\Omega^{-1}}{1-(\mu\Omega)^{-1}},$$

$$\tilde{Z}_X^L=G\ (c_X^L)\ \tilde{Z}_E^L=\left(\frac{c_X^L}{u}\right)^k\tilde{Z}_E^A\frac{1-\theta\gamma\mu\Omega^{-1}}{1-(\mu\Omega)^{-1}}$$

其中，Z^L、Z_X^L 为在产品内分工价值链上发达国家长期营运公司的数量和出口商数量；$\tilde{Z}^L$、$\tilde{Z}_X^L$ 为在产品内分工价值链上发展中国家短期营运公司的数量和出口商数量。

首先分析发展中国家（假设技术先进的国家规模较大，即 $\gamma>1$）。

$$\frac{\tilde{Z}^L}{\tilde{Z}^S}=\frac{G\ (c_D^L)\ \tilde{Z}_E^L}{G\ (c_D^S)\ \tilde{Z}_E^A}=\frac{G\ (c_D^L)}{G\ (c_D^S)}\frac{1-\theta\gamma\mu\Omega^{-1}}{1-(\mu\Omega)^{-1}}=\left(\frac{c_D^L}{c_D^S}\right)^k\frac{1-\theta\gamma\mu\Omega^{-1}}{1-(\mu\Omega)^{-1}}$$

因发展中国家技术先进，所以 $0<\mu<1$。

因 $\theta=\frac{1-(\mu\Omega)^{-1}}{1-\mu\Omega^{-1}}$，所以 $0<\theta<1$。

因 $\Omega>\mu$，$1-\mu\Omega^{-1}>0$，则 $1-(\mu\Omega)^{-1}>0$，即 $\mu\Omega>1$。

又 $\Omega>1$，则 $0<\Omega^{-1}<1$，则 $\theta\gamma\mu<\mu^{-1}$，则 $0<1-(\mu\Omega)^{-1}<1-\theta\gamma\mu\Omega^{-1}$，则 $\frac{1-\theta\gamma\mu\Omega^{-1}}{1-(\mu\Omega)^{-1}}>1$，所以 $\frac{\tilde{Z}^L}{\tilde{Z}^S}>\left(\frac{c_D^L}{c_D^S}\right)^k$，即 $\frac{\tilde{Z}^S}{\tilde{Z}^L}<\left(\frac{c_D^S}{c_D^L}\right)^k$，$c_D^L<c_D^S$。

当前，随着以互联网技术、人工智能为核心的技术创新的发展，以创新为核心的新经济增长理念的推广，全社会研发经费投入不断加强，中国本土公司的生产方式出现了革命性变化，自主创新在重点科技领域、产业链关键环节取得突破性进展，科技创新日渐成为提高公司生产率的最强有力的引擎。这些变革大大降低了生产成本，提高了我国公司在产品内分工价值链上的地位，也保证了我国公司的国际分工利润逐渐提高。发展中国家企业通过自主创新和技术引进的结合，逐渐摆脱了长期以来对发达国家跨国公司的核心、关键技术的依赖，逐步形成自己的技术、品牌、营销渠道等核心优势，逐渐向产品内分工价值链的高附加值环节发展，提高分工收益。

从长期来看，在产品内分工价值链上，发展中国家公司数量的减少量，小于生产率差异所应带来的公司减少的数量。

$$\frac{\tilde{Z}_X^L}{\tilde{Z}_X^S}=\frac{G\ (c_X^L)\ \tilde{Z}_E^L}{G\ (c_X^S)\ \tilde{Z}_E^A}=\frac{G\ (c_X^L)\ 1-\theta\gamma\mu\Omega^{-1}}{G\ (c_X^S)\ 1-(\mu\Omega)^{-1}}$$

$$=\{\tilde{c}_D^L/[tf^{1/(\sigma-1)}u]\}^k/\{\tilde{c}_D^S/[tf^{1/(\sigma-1)}u]\}^k\ \frac{1-\theta\gamma\mu\Omega^{-1}}{1-(\mu\Omega)^{-1}}$$

$$=\left(\frac{\tilde{c}_D^L}{\tilde{c}_D^S}\right)^k\frac{1-\theta\gamma\mu\Omega^{-1}}{1-(\mu\Omega)^{-1}}>\left(\frac{\tilde{c}_D^L}{\tilde{c}_D^S}\right)^k$$

参与产品内分工，有利于发展中国家出口商紧跟时代潮流，紧盯用户需求，强化技术突破，倾力开展研发，突破技术“瓶颈”，掌握核心技术，提高产品加工技术。通过参与产品内分工，发展中国家企业可以贴近国外的市场需求，有利于找到技术创新和产品创新的发力点，从而推动技术创新和产品创新，获得自主知识产权。这就让市场经验和技术基础都比较薄弱的发展中国家企业，获得了在技术创新和产品创新方面，追上甚至赶超发达国家企业的机遇。从长期来看，发展中国家的企业向产品内分工价值链的高附加值环节"攀登"的过程，将会改变发展中国家企业在产品内分工价值链环节中的地位，从而改变全球企业的竞争格局。

由此可以看出，在产品内分工价值链上，发展中国家出口商增加的数量大于生产率差异所应带来的出口商增加的数量。

其次分析发达国家。

$$\frac{Z^L}{Z^S}=\frac{G\ (\tilde{c}_D^L)\ \ Z_E^L}{G\ (\tilde{c}_D^S)\ \ Z_E^A}=\left(\frac{\tilde{c}_D^L}{\tilde{c}_D^S}\right)^k\frac{1-(\theta\gamma\mu\Omega)^{-1}}{1-\mu\Omega^{-1}}$$

因 $0<\theta<1$，$0<\gamma<1$，$0<\mu<1$，则$(\theta\gamma\mu)^{-1}>\mu$。

又 $0<\Omega^{-1}<1$，则 $1-(\theta\gamma\mu\Omega)^{-1}<1-\mu\Omega^{-1}$。

又 $Z^L>0$，即 $0<\frac{1-(\theta\gamma\mu\Omega)^{-1}}{1-\mu\Omega^{-1}}<1$，则$\frac{Z^L}{Z^S}<\left(\frac{\tilde{c}_D^L}{\tilde{c}_D^S}\right)^k$。

发达国家在很多领域已将技术研发带向了顶峰，现在处于技术成果回馈期，许多发达国家的营运公司缺乏技术革新的动力，技术投入减少，技术水平增长缓慢，相较于一些发展中国家的高科技营运公司，其生产率水平在下降，利润下降，进入门槛下降，导致社会资源向营运公司集中。

可以看出，在产品内分工价值链上，发达国家的营运公司增加的数量小于生产率差异所应带来的营运公司增加的数量。

$$\frac{Z_X^L}{Z_X^S}=\frac{G\ (\tilde{c}_X^L)\ \ Z_E^L}{G\ (\tilde{c}_X^S)\ \ Z_E^A}$$

$$=\{c_D^L/[tf^{1/(\sigma-1)}\tilde{u}]\}^k/\{c_D^S/[tf^{1/(\sigma-1)}\tilde{u}]\}^k\frac{1-(\theta\gamma\mu\Omega)^{-1}}{1-\mu\Omega^{-1}}$$

$$=\left(\frac{c_D^L}{c_D^S}\right)^k\frac{1-(\theta\gamma\mu\Omega)^{-1}}{1-\mu\Omega^{-1}}<\left(\frac{c_D^L}{c_D^S}\right)^k$$

其中，$c_D^L<c_D^S$，即$\frac{Z_X^S}{Z_X^L}>\left(\frac{c_D^S}{c_D^L}\right)^k$。

由于生产率水平在下降，利润减少，大批出口商转入国内市场，发达国家出口商减少，海外市场萎缩，资源配置纷纷转向国内市场。因此在产品内分工价值链上，发达国家出口商的减少量大于生产率差异所应带来的出口商减少的数量。

可见，当生产率发生逆转时，发达国家跨国公司生产率逐渐下降，强化了产品内分工带来的资源分配劣势，弱化了产品内分工带来的资源分配优势；发展中国家本土公司生产率逐渐上升，强化了产品内分工带来的资源分配优势，弱化了产品内分工带来的资源分配劣势。

5.5 小结

产品内分工是一种更加细致的专业化分工，生产分工深入产品内部，极大地提高了生产效率。生产的每一链环按照资源的比较优势在全球进行合理的空间分布，优化了资源配置。但这种高效的产品内分工并没有带来国际贸易利益分配的均等化，出现了国际价值链中收益“两端高，中间低”的“微笑曲线”形态。本章对 Falvey 和 Yu（2005）模型进行了拓展，用以分析产品内分工条件下，两个国家所对应的两类不同厂商如何组织价值链上不同节点的生产，并进一步从短期（静态）、长期（动态）两方面对两类厂商的产品内分工的贸易利得进行了探究，从而得出在当今产品内分工背景下，贸易利益分配的影响因素和作用机理。

通过本章的模型研究，可以得出以下结论：首先，在产品内分工条件下，无论是发达国家的跨国公司，还是发展中国家的本土公司，各个国家的公司所面临市场的生产率的变动方向，决定了资源分配的变动趋势。产品内分工导致了资源的重新配置，使利润和市场份额向高生产率企业转移。其次，生产率上升强化了产品内分工带来的资源分配的优势，弱化了产品内分工带来的资源分配的劣势；反之亦然。即带来强者愈强、弱者更弱的“马太效应”，或称之为累积陷阱效应。

本章的启示是在产品内分工背景下，核心技术直接决定长期的贸易利益，要想在产品内分工中占据主导地位，并且获得超额的利益，就必须拥有核心技术。发达国家跨国公司为了保住自身的贸易收益，也会设置重重的“壁垒”将发展中国家本土公司锁定在低收益环节。发展中国家企业若不努力朝国际价值链的两端发展，将会固化于比较优势的低收益环节中难以自拔。进一步从动态比较优势来看，可以清晰地看到，我国比较优势已经发生了根本性的改变。多年来我国积极参与国际分工，积累了技术、经验等广义的贸易利益，已经使中国的很多产业获得了价值链升级的基础，我国的国际分工地位也正发生着积极的变化。只要坚持价值链升级这一主攻方向，我国产业将会赢得更多的价值链主导权，就能够在对外贸易中获取更多的利益，有助于推动我国经济结构的转型升级。

5.6　本章数学附录

式（5-1）*：

效用函数 $D=\left[\int_{w\in\Psi}q^{\rho}(w)\,dw\right]^{\frac{1}{\rho}}$，设总收入 $R=\int_{w\in\psi}p(w)\,q(w)\,dw$，定义 $\sigma=1/(1-\rho)>1$，$0<\rho<1$，则 $\rho=(\sigma-1)/\sigma$，$\rho\in(0,1)$，$\sigma\in(1,\infty)$。

消费者效用最大化时的均衡条件是其所购买的各种商品的边际效用与价格之比相等，等于货币的边际效用 λ（不变的常数），即 $[dD/dq(w)]/p(w)=\lambda$，则 $q(w)^{\rho-1}\left[\int_{w\in\psi}q(w)^{\rho}dw\right]^{(1-\rho)/\rho}=\lambda p(w)$。

因 $\rho=(\sigma-1)/\sigma$，所以 $q(w)^{-1/\sigma}\left[\int_{w\in\psi}q(w)^{\rho}dw\right]^{1/(\sigma-1)}=\lambda p(w)$，可得

$$q(w)=\left[\int_{w\in\psi}q(w)^{\rho}dw\right]^{\sigma/(\sigma-1)}/\left[\lambda^{\sigma}p(w)^{\sigma}\right]$$

则

$$p(w)\,q(w)=\left[\int_{w\in\psi}q(w)^{\rho}dw\right]^{\sigma/(\sigma-1)}\lambda^{-\sigma}p(w)^{1-\sigma}$$

代入总收入 R 中，得

$$R = \left[\int_{w \in \psi} q\,(w)^{\rho} dw\right]^{\sigma/(\sigma-1)} \lambda^{-\sigma} \int_{w \in \psi} p(w)^{1-\sigma} dw$$

由定义 $P = \left[\int_{w \in \psi} p(w)^{1-\sigma} dw\right]^{1/(1-\sigma)}$，知 $q\,(w)^{-1}(R/P^{1-\sigma}) = p\,(w)^{\sigma}$，所以 $q(w) = \frac{R}{P}\left[\frac{p(w)}{P}\right]^{-\sigma}$。又 $R = \beta L$，所以 $q(w) = \frac{\beta L}{P}\left[\frac{p(w)}{P}\right]^{-\sigma} = \beta L P^{\sigma-1}[p(w)]^{-\sigma}$。

令 $M = \beta L P^{\sigma-1}$，则 $q_j(w) = M\,[p_j(w)]^{-\sigma}$。

式（5-4）*：

由 $\pi(c_D) = S c_D^{\ 1-\sigma} - C_D = 0$，知 $S = C_D c_D^{\ \sigma-1}$，代入式(5 - 2)：

$$\pi(c) = r(c) - C_D = M\left(\frac{c}{\rho}\right)^{1-\sigma} - C_D = S c^{1-\sigma} - C_D$$

可得

$$\begin{aligned}\pi(c) &= C_D c_D^{\ \sigma-1} c^{1-\sigma} - C_D \\ &= C_D\left[\left(\frac{c_D}{c}\right)^{\sigma-1} - 1\right]\end{aligned}$$

又 $E(\pi) = \int_0^{c_D} \pi(c)\,dG(c) = C_D \int_0^{c_D}\left[\left(\frac{c_D}{c}\right)^{\sigma-1} - 1\right] dG(c)$，

将式(5 - 3) 中 $G(c) = \left(\frac{c}{u}\right)^k$ 代入

$$\begin{aligned}E(\pi) &= C_D \int_0^{c_D}\left[\left(\frac{c_D}{c}\right)^{\sigma-1} - 1\right] k\left(\frac{c}{u}\right)^{k-1} \frac{1}{u} dc \\ &= C_D \int_0^{c_D} \frac{k c^{k-1}}{u^k}\left[\left(\frac{c_D}{c}\right)^{\sigma-1} - 1\right] dc \\ &= C_D \frac{k}{u^k} \int_0^{c_D} (c^{k-\sigma} c_D^{\ \sigma-1} - c^{k-1})\,dc \\ &= C_D \frac{k}{u^k}\left[c_D^{\ \sigma-1}\left(\frac{c^{k-\sigma+1}}{k-\sigma+1}\right)_0^{c_D} - \left(\frac{c^k}{k}\right)_0^{c_D}\right] \\ &= C_D\left(\frac{c_D}{u}\right)^k \frac{\sigma - 1}{k - \sigma + 1}\end{aligned}$$

又 $E(\pi) = C_E$，可得 $C_D K\left(\frac{c_D}{u}\right)^k = C_E$，$K = \frac{\sigma - 1}{k - \sigma + 1}$。

式（5-6）*：

由总价格式(5 - 1)* 中 $P=\left[\int_{w\in\psi}p\ (w)^{1-\sigma}dw\right]^{\frac{1}{1-\sigma}}$，知

$$p^{1-\sigma}=Z_E\int_0^{c_D}[p(c)]^{1-\sigma}dG(c)$$

将 $G(c)=\left(\frac{c}{u}\right)^k$，$p(c)=c/\rho$ 代入得

$$p^{1-\sigma}=Z_E\int_0^{c_D}\frac{k}{\rho^{1-\sigma}u^k}c^{k-\sigma}dc=Z_E\frac{k}{\rho^{1-\sigma}u^k}\left(\frac{c^{k-\sigma+1}}{k-\sigma+1}\right)_0^{c_D}$$

$$=Z_E\left(\frac{c_D}{\rho}\right)^{1-\sigma}\left(\frac{c_D}{u}\right)^k\frac{k}{k+1-\sigma}=Z_E\left(\frac{c_D}{\rho}\right)^{1-\sigma}\left(\frac{c_D}{u}\right)^k(K+1)$$

其中，$K=\frac{\sigma-1}{k-(\sigma-1)}$，$K+1=\frac{k}{k-\sigma+1}$。

式（5-7）*：

由 $\pi\ (c_D)\ =Sc_D{}^{1-\sigma}-C_D=0$，知 $C_D=Sc_D{}^{1-\sigma}$，又 $S=\ (1-\rho)\ \rho^{\sigma-1}M$，$M=\beta LP^{\sigma-1}$。

由式(5 - 5) 知$\left(\frac{c_D}{u}\right)^k=\frac{C_E}{C_DK}=\left(\frac{\tilde{c}_D}{\tilde{u}}\right)^k$，代入式(5 - 6)*：

$$P^{1-\sigma}=Z_E\int_0^{c_D}(p(c))^{1-\sigma}dG(c)=Z_E\ (c_D/\rho)^{1-\sigma}(K+1)\ (c_D/u)^k$$

$$=Z_E\left(\frac{c_D}{\rho}\right)^{1-\sigma}\frac{k}{k-\sigma+1}\frac{C_E}{(1-\rho)\rho^{\sigma-1}\beta LP^{\sigma-1}c_D{}^{1-\sigma}}\frac{k-\sigma+1}{\sigma-1}$$

$$Z_E=\frac{(1-\rho)\beta L(\sigma-1)}{C_Ek}$$

将 $\sigma=1/(1-\rho)\ >1$ 代入，可得 $Z_E^A=\frac{\rho\beta L}{C_Ek}$。

$$Z^A=G(c_D)Z_E^A$$

因 $G(c_D)=\left(\frac{c_D}{u}\right)^k=\frac{C_E}{C_DK}$，则 $Z^A=\frac{C_E}{C_DK}\frac{\rho\beta L}{C_Ek}=\frac{\rho\beta L}{C_EKk}$。

式（5-11）*：

式（5-8）除以式（5-10）得

$$(c_D/\tilde{c}_X)^{1-\sigma}=(\tilde{c}_D/c_X)^{1-\sigma}=\frac{C_D}{C_X t^{\sigma-1}},$$

$$c_D/\tilde{c}_X=\tilde{c}_D/c_X=\left(\frac{C_D}{C_X t^{\sigma-1}}\right)^{1/(1-\sigma)}=\left[\left(\frac{C_X t^{\sigma-1}}{C_D}\right)^{-1}\right]^{1/(1-\sigma)}=\left(\frac{C_X t^{\sigma-1}}{C_D}\right)^{1/(\sigma-1)}$$

$$=t\left(\frac{C_X}{C_D}\right)^{1/(\sigma-1)}=tf^{1/(\sigma-1)}$$

其中，$f=C_X/C_D$。

式（5-13）*：

已知式(5 - 12) 中 $P^{1-\sigma}=Z_E^A\int_0^{c_D}[p(c)]^{1-\sigma}dG(c)+\tilde{Z}_E^A\int_0^{e_X}[p(ct)]^{1-\sigma}d\tilde{G}(c)$,

$p(c)=\frac{c}{\rho}$，$p(ct)=\frac{tc}{\rho}$，$G(c)=\left(\frac{c}{u}\right)^k$，$\tilde{G}(c)=\left(\frac{c}{\tilde{u}}\right)^k$，可得

$$P^{1-\sigma}=Z_E^A\int_0^{c_D}\left(\frac{c}{\rho}\right)^{1-\sigma}d\left(\frac{c}{u}\right)^k+\tilde{Z}_E^A\int_0^{e_X}\left(\frac{tc}{\rho}\right)^{1-\sigma}d\left(\frac{c}{\tilde{u}}\right)^k$$

$$=Z_E^A\frac{k}{u^k\rho^{1-\sigma}}\frac{c_D{}^{k-\sigma+1}}{k-\sigma+1}+\tilde{Z}_E^A\frac{kt^{1-\sigma}}{\tilde{u}^k\rho^{1-\sigma}}\frac{\tilde{c}_X{}^{k-\sigma+1}}{k-\sigma+1},$$

$$P=\frac{1}{\rho}\left[Z_E^A(K+1)\frac{c_D{}^{k-\sigma+1}}{u^k}+\tilde{Z}_E^A(K+1)\frac{t^{1-\sigma}\tilde{c}_X{}^{k-\sigma+1}}{\tilde{u}^k}\right]^{\frac{1}{1-\sigma}}$$

$$=\frac{1}{\rho}\left\{(K+1)c_D{}^{1-\sigma}\left[Z_E^A\left(\frac{c_D}{u}\right)^k+\tilde{Z}_E^A\frac{t^{1-\sigma}\dfrac{\tilde{c}_X{}^{k-\sigma+1}}{c_D{}^{1-\sigma}}}{\tilde{u}^k}\right]\right\}^{\frac{1}{1-\sigma}},$$

$$\left(\frac{\tilde{c}_X}{c_D}\right)^{1-\sigma}=\left(\frac{c_D}{\tilde{c}_X}\right)^{\sigma-1}=ft^{\sigma-1}$$

$$P=\frac{c_D}{\rho}\left\{(K+1)\left(\frac{c_D}{u}\right)^k\left[Z_E^A+\tilde{Z}_E^A f\left(\frac{u\tilde{c}_X}{\tilde{u}c_D}\right)^k\right]\right\}^{\frac{1}{1-\sigma}},$$

$$\left(\frac{u}{\tilde{u}}\right)^{k}=\frac{1}{\mu},$$

$$f\left(\frac{\tilde{c}_{X}}{c_{D}}\right)^{k}=f\left[\frac{1}{tf^{1/(\sigma-1)}}\right]^{k}=\frac{f}{t^{k}f^{\frac{k}{\sigma-1}}}=\frac{1}{t^{k}f^{\frac{k-\sigma+1}{\sigma-1}}},$$

$$\frac{1}{K}=\frac{k-\sigma+1}{\sigma-1},$$

$$\Omega=t^{k}f^{\frac{1}{K}}$$

则

$$P=\frac{c_{D}}{\rho}\left\{\left(\frac{c_{D}}{u}\right)^{k}(K+1)\left[Z_{E}^{A}+(\mu\Omega)^{-1}\tilde{Z}_{E}^{A}\right]\right\}^{\frac{1}{1-\sigma}}$$

式（5-14）*：

由式（5-13）*中 $P=\frac{c_{D}}{\rho}\left\{\left(\frac{c_{D}^{S}}{u}\right)^{k}(K+1)\left[Z_{E}^{A}+\tilde{Z}_{E}^{A}(\mu\Omega)^{-1}\right]\right\}^{\frac{1}{1-\sigma}}$ 可得

$$c_{D}^{\;1-\sigma}=\frac{(\rho P)^{1-\sigma}}{\left(\frac{c_{D}^{S}}{u}\right)^{k}(K+1)\left[Z_{E}^{A}+\tilde{Z}_{E}^{A}(\mu\Omega)^{-1}\right]}$$

已知式（5-8）中 $(c_{D})^{1-\sigma}S=C_{D}=(\tilde{c}_{D})^{1-\sigma}\tilde{S}$，又 $S=(1-\rho)\rho^{\sigma-1}M$，$M=\beta LP^{\sigma-1}$，则 $C_{D}=\frac{(1-\rho)\beta L}{\left(\frac{c_{D}^{S}}{u}\right)^{k}(K+1)\left[Z_{E}^{A}+\tilde{Z}_{E}^{A}(\mu\Omega)^{-1}\right]}$。

因 $G(c_{D})=\left(\frac{c_{D}}{u}\right)^{k}=\frac{C_{E}}{C_{D}K}$，所以 $\left(\frac{c_{D}}{u}\right)^{k}=\frac{C_{E}}{C_{D}K}=\frac{C_{E}}{\frac{K(1-\rho)\beta L}{\left(\frac{c_{D}^{S}}{u}\right)^{k}(K+1)\left[Z_{E}^{A}+\tilde{Z}_{E}^{A}(\mu\Omega)^{-1}\right]}}$。

又 $K=\frac{\sigma-1}{k-(\sigma-1)}$，简化得

$$\left(\frac{c_{D}}{u}\right)^{k}=\left(\frac{c_{D}^{S}}{u}\right)^{k}\frac{kC_{E}}{(\sigma-1)(1-\rho)\beta L}\left[Z_{E}^{A}+\tilde{Z}_{E}^{A}(\mu\Omega)^{-1}\right]$$

又 $\sigma=1/(1-\rho)>1$，则$\frac{kC_E}{(\sigma-1)(1-\rho)\beta L}=\frac{kC_E}{\rho\beta L}=\frac{1}{Z_E^A}$。

所以$\left(\frac{c_D^S}{u}\right)^k=\frac{Z_E^A}{Z_E^A+\tilde{Z}_E^A(\mu\Omega)^{-1}}\left(\frac{c_D}{u}\right)^k$，同理$\left(\frac{\tilde{c}_D^S}{\tilde{u}}\right)^k=\frac{\tilde{Z}_E^A}{\tilde{Z}_E^A+\tilde{Z}_E^A\mu\Omega^{-1}}\left(\frac{\tilde{c}_D}{\tilde{u}}\right)^k$。

式（5-15）*：

由式（5-14）*中$\left(\frac{c_D^S}{u}\right)^k=\frac{Z_E^A}{Z_E^A+\tilde{Z}_E^A(\Omega\mu)^{-1}}\left(\frac{c_D}{u}\right)^k$，知

$$(c_D^S)^k=(c_D)^k\frac{Z_E^A}{Z_E^A+(\Omega\mu)^{-1}\tilde{Z}_E^A}$$

则$\left(\frac{c_D^S}{c_D}\right)^k=\frac{Z_E^A}{Z_E^A+(\Omega\mu)^{-1}\tilde{Z}_E^A}$。

又 $Z_E^A=\frac{\rho\beta L}{C_EK}$，$\tilde{Z}_E^A=\frac{\rho\tilde{\beta L}}{C_EK}$，则$\left(\frac{c_D^S}{c_D}\right)^k=\frac{1}{1+(\Omega\mu\gamma)^{-1}}$。同理$\left(\frac{\tilde{c}_D^S}{\tilde{c}_D}\right)^k=\frac{1}{1+\mu\gamma\Omega^{-1}}$。

式（5-16）*：

由式（5-15）*中$\left(\frac{c_D^S}{c_D}\right)^k=\frac{1}{1+(\Omega\mu\gamma)^{-1}}$，$\left(\frac{\tilde{c}_D^S}{\tilde{c}_D}\right)^k=\frac{1}{1+\mu\gamma\Omega^{-1}}$，

求得$(\tilde{c}_D^S)^k=\frac{(\tilde{c}_D)^k}{1+\mu\gamma\Omega^{-1}}$，$(c_D^S)^k=\frac{(c_D)^k}{1+(\mu\gamma\Omega)^{-1}}$，代入得

$$g_S=\left(\frac{\tilde{c}_D^S}{c_D^S}\right)^k=\left(\frac{\tilde{c}_D}{c_D}\right)^k\frac{1+(\mu\gamma\Omega)^{-1}}{1+\mu\gamma\Omega^{-1}}=\mu\frac{1+(\mu\gamma\Omega)^{-1}}{1+\mu\gamma\Omega^{-1}}$$

式（5-18）*：

美国跨国公司 $E(\pi)=C_D\left(\frac{c_D}{u}\right)^kK+C_X\left(\frac{c_X}{u}\right)^kK$，$E(\pi)=C_E$，则$\left(\frac{c_D^L}{u}\right)^k+$

$\frac{C_X}{C_D}\left(\frac{c_X}{u}\right)^k=\frac{C_E}{C_DK}$。

由式（5-11）* 中 $c_D/\tilde{c}_X=\tilde{c}_D/c_X=tf^{1/(\sigma-1)}$ 知 $c_X=\tilde{c}_D^L/\left[tf^{1/(\sigma-1)}\right]$，得

$$\left(\frac{c_D^L}{u}\right)^k+\frac{C_X}{C_D}\left[\frac{\tilde{c}_D^L}{utf^{1/(\sigma-1)}}\right]^k=\frac{C_E}{C_DK}$$

又 $f=C_X/C_D$，$\left(\frac{\tilde{c}_D^L}{u}\right)^k=\left(\frac{\tilde{c}_D^L}{\tilde{u}}\right)^k\left(\frac{u}{\tilde{u}}\right)^k=\left(\frac{\tilde{c}_D^L}{\tilde{u}}\right)^k\mu$，$\Omega=t^kf^{\frac{1}{K}}$，可得

$$\left(\frac{c_D^L}{u}\right)^k+\mu\Omega^{-1}\left(\frac{\tilde{c}_D^L}{\tilde{u}}\right)=\frac{C_E}{C_DK}$$

中国本土公司 $\tilde{E}(\pi)=C_D\left(\frac{\tilde{c}_D^L}{\tilde{u}}\right)^kK+C_X\left(\frac{\tilde{c}_X}{\tilde{u}}\right)^kK=C_E$，$\left(\frac{\tilde{c}_D^L}{\tilde{u}}\right)^k+\frac{C_X}{C_D}\left(\frac{\tilde{c}_X}{\tilde{u}}\right)^k=\frac{C_E}{C_DK}$。

又 $\tilde{c}_X=c_D^L/\left[tf^{1/(\sigma-1)}\right]$，得 $\left(\frac{\tilde{c}_D^L}{\tilde{u}}\right)^k+\frac{C_X}{C_D}\left[\frac{c_D^L}{\tilde{u}tf^{1/(\sigma-1)}}\right]^k=\frac{C_E}{C_DK}$，简化得

$$\frac{C_E}{C_DK}=\left(\frac{\tilde{c}_D^L}{\tilde{u}}\right)^k+(\mu\Omega)^{-1}\left(\frac{c_D^L}{u}\right)$$

式（5-19）*：

已知式（5-5）中 $\left(\frac{c_D}{u}\right)^k=\frac{C_E}{C_DK}=\left(\frac{\tilde{c}_D}{\tilde{u}}\right)^k$，代入式（5-18）* $\left(\frac{c_D^L}{u}\right)^k+\mu\Omega^{-1}\left(\frac{\tilde{c}_D^L}{\tilde{u}}\right)=\frac{C_E}{C_DK}=\left(\frac{\tilde{c}_D^L}{\tilde{u}}\right)^k+(\mu\Omega)^{-1}\left(\frac{c_D^L}{u}\right)$，得

$$\left(\frac{c_D}{u}\right)^k=\left(\frac{\tilde{c}_D^L}{\tilde{u}}\right)^k+(\mu\Omega)^{-1}\left(\frac{c_D^L}{u}\right)^k,$$

$$\left(\frac{\tilde{c}_D^L}{\tilde{u}}\right)^k=\left(\frac{c_D}{u}\right)^k-(\mu\Omega)^{-1}\left(\frac{c_D^L}{u}\right)^k,$$

$$\left(\frac{c_D^L}{u}\right)^k=\frac{C_E}{C_DK}-\mu\Omega^{-1}\left(\frac{\tilde{c}_D^L}{\tilde{u}}\right)=\left(\frac{c_D}{u}\right)^k-\mu\Omega^{-1}\left[\left(\frac{c_D}{u}\right)^k-(\mu\Omega)^{-1}\left(\frac{c_D^L}{u}\right)^k\right]$$

化简得$\left(\frac{c_D^L}{u}\right)^k(1-\Omega^{-2})=\left(\frac{c_D}{u}\right)^k(1-\mu\Omega^{-1})$，即$\left(\frac{c_D^L}{u}\right)^k=\left(\frac{c_D}{u}\right)^k\frac{1-\mu\Omega^{-1}}{1-\Omega^{-2}}<\left(\frac{c_D}{u}\right)^k$。

同理$\left(\frac{\tilde{c}_D^L}{\tilde{u}}\right)^k=\left(\frac{\tilde{c}_D}{\tilde{u}}\right)^k\frac{1-(\mu\Omega)^{-1}}{1-\Omega^{-2}}<\left(\frac{\tilde{c}_D^L}{\tilde{u}}\right)^k$。

式（5-20）*：

已知式（5-19）*中$\left(\frac{c_D^L}{u}\right)^k=\left(\frac{c_D}{u}\right)^k\frac{1-\mu\Omega^{-1}}{1-\Omega^{-2}}<\left(\frac{c_D}{u}\right)^k$，$\left(\frac{\tilde{c}_D^L}{\tilde{u}}\right)^k=\left(\frac{\tilde{c}_D}{\tilde{u}}\right)^k\frac{1-(\mu\Omega)^{-1}}{1-\Omega^{-2}}<\left(\frac{\tilde{c}_D}{\tilde{u}}\right)^k$，式（5-14）中$\left(\frac{c_D^S}{u}\right)^k=\frac{Z_E^A}{Z_E^A+\tilde{Z}_E^A(\Omega\mu)^{-1}}\left(\frac{c_D}{u}\right)^k$，$\left(\frac{\tilde{c}_D^S}{\tilde{u}}\right)^k=\frac{\tilde{Z}_E^A}{\tilde{Z}_E^A+Z_E^A\mu\Omega^{-1}}\left(\frac{\tilde{c}_D}{\tilde{u}}\right)^k$，

式（5-19）*除以式（5-14）*得

$$\left(\frac{c_D^L}{c_D^S}\right)^k=\frac{(1-\mu\Omega^{-1})\left[1+(\gamma\mu\Omega)^{-1}\right]}{1-\Omega^{-2}},\quad \left(\frac{\tilde{c}_D^L}{\tilde{c}_D^S}\right)^k=\frac{\left[1-(\mu\Omega)^{-1}\right](1+\gamma\mu\Omega^{-1})}{1-\Omega^{-2}}$$

式（5-21）*中 $\tilde{c}_D^S<\tilde{c}_D^L=c_D^L<c_D^S$。当$\mu=1$，$\gamma>1$时，由式（5-20）*得

$$\left(\frac{c_D^L}{c_D^S}\right)^k=\frac{(1-\Omega^{-1})\left[1+(\gamma\Omega)^{-1}\right]}{1-\Omega^{-2}}=\frac{(1-\Omega^{-1})\left[1+(\gamma\Omega)^{-1}\right]}{(1-\Omega^{-1})(1+\Omega^{-1})}$$

$$=\frac{1+(\gamma\Omega)^{-1}}{1+\Omega^{-1}}<1$$

所以 $c_D^L<c_D^S$。

$$\left(\frac{\tilde{c}_D^L}{\tilde{c}_D^S}\right)^k=\frac{(1-\Omega^{-1})(1+\gamma\Omega^{-1})}{1-\Omega^{-2}}=\frac{(1-\Omega^{-1})(1+\gamma\Omega^{-1})}{(1-\Omega^{-1})(1+\Omega^{-1})}=\frac{1+\gamma\Omega^{-1}}{1+\Omega^{-1}}>1$$

所以 $\tilde{c}_D^L>\tilde{c}_D^S$。

由式（5-19）*得

$$\left(\frac{c_D^L}{u}\right)^k=\left(\frac{c_D}{u}\right)^k\frac{1-\Omega^{-1}}{1-\Omega^{-2}},\quad \left(\frac{\tilde{c}_D^L}{\tilde{u}}\right)^k=\left(\frac{\tilde{c}_D}{\tilde{u}}\right)^k\frac{1-\Omega^{-1}}{1-\Omega^{-2}}$$

则

$$(c_D^L)^k=(c_D)^k\frac{1-\Omega^{-1}}{1-\Omega^{-2}},\ (\tilde{c}_D^L)^k=(\tilde{c}_D)^k\frac{1-\Omega^{-1}}{1-\Omega^{-2}}$$

可得$\left(\frac{c_D^L}{\tilde{c}_D^L}\right)^k=\left(\frac{c_D}{\tilde{c}_D}\right)^k=1$，则 $c_D^L=\tilde{c}_D^L$。

综上所述，$\tilde{c}_D^S<\tilde{c}_D^L=c_D^L<c_D^S$。

式（5-22）*中 $c_D^L<c_D^S<\tilde{c}_D^S<\tilde{c}_D^L$。由于$\mu>1$，则 $c_D^S<\tilde{c}_D^S$。

当$\gamma=1$，由式（5-20）*知

$$\left(\frac{c_D^L}{c_D^S}\right)^k=\frac{(1-\mu\Omega^{-1})\ [1+(\mu\Omega)^{-1}]}{1-\Omega^{-2}}$$

$$=\frac{(1-\mu\Omega^{-1})\ [1+(\mu\Omega)^{-1}]}{(1-\Omega^{-1})\ (1+\Omega^{-1})}$$

因$\frac{1-\mu\Omega^{-1}}{1-\Omega^{-1}}<1$，$\frac{1+(\mu\Omega)^{-1}}{1+\Omega^{-1}}<1$，所以 $c_D^L<c_D^S$。

$$\left(\frac{\tilde{c}_D^L}{\tilde{c}_D^S}\right)^k=\frac{[1-(\mu\Omega)^{-1}]\ (1+\mu\Omega^{-1})}{(1-\Omega^{-1})\ (1+\Omega^{-1})}$$

因$\frac{1-(\mu\Omega)^{-1}}{1-\Omega^{-1}}>1$，$\frac{1+\mu\Omega^{-1}}{1+\Omega^{-1}}>1$，所以 $\tilde{c}_D^L>\tilde{c}_D^S$。

综上所述，$c_D^L<c_D^S<\tilde{c}_D^S<\tilde{c}_D^L$。

式（5-23）*：

由式（5-19）*中$\left(\frac{c_D^L}{u}\right)^k=\left(\frac{c_D}{u}\right)^k\frac{1-\mu\Omega^{-1}}{1-\Omega^{-2}}<\left(\frac{c_D}{u}\right)^k$，$\left(\frac{\tilde{c}_D^L}{\tilde{u}}\right)^k=\left(\frac{\tilde{c}_D}{\tilde{u}}\right)^k\frac{1-(\mu\Omega)^{-1}}{1-\Omega^{-2}}<\left(\frac{\tilde{c}_D}{\tilde{u}}\right)^k$知

$$(c_D^L)^k=(c_D)^k\frac{1-(\mu\Omega)^{-1}}{1-\Omega^{-2}},\ (\tilde{c}_D^L)^k=(\tilde{c}_D)^k\frac{1-(\mu\Omega)^{-1}}{1-\Omega^{-2}}$$

则

$$g_L=\left(\frac{\tilde{c}_D^L}{c_D^L}\right)^k=\theta\left(\frac{\tilde{c}_D}{c_D}\right)^k,$$

$$\theta=\frac{1-(\mu\Omega)^{-1}}{1-\mu\Omega^{-1}}$$

式（5-24）*中 $g_L=g_A=1>g_S$。当 $\mu=1$，$\gamma>1$ 时，由式（5-23）* $g_L=\left(\frac{\tilde{c}_D^L}{c_D^L}\right)^k=\theta\left(\frac{\tilde{c}_D}{c_D}\right)^k=g_A=1$，式（5-16）* $g_S=\left(\frac{\tilde{c}_D^S}{c_D^S}\right)=\left(\frac{\tilde{c}_D}{c_D}\right)^k\frac{1+(\mu\gamma\Omega)^{-1}}{1+\mu\gamma\Omega^{-1}}=\mu\frac{1+(\mu\gamma\Omega)^{-1}}{1+\mu\gamma\Omega^{-1}}$知

$$g_S=\frac{1+(\mu\Omega)^{-1}}{1+\mu\Omega^{-1}}<1$$

所以，$g_L=g_A=1>g_S$。

式（5-25）*中 $g_L>u>g_S$。当 $\mu>1$，$\gamma<1$ 时，由式（5-23）* $g_L=\theta g_A$，$\theta>1$，$g_A=\mu>1$，则 $g_L>\mu$。

由式（5-16）*知 $g_S=\mu\frac{1+(\mu\Omega)^{-1}}{1+\mu\Omega^{-1}}<\mu$，所以 $g_L>\mu>g_S$。

式（5-26）*：

由（5-13）*中 $P=\frac{c_D}{\rho}\left\{\left(\frac{c_D}{u}\right)^k(K+1)\left[Z_E^A+(\mu\Omega)^{-1}\tilde{Z}_E^A\right]\right\}^{\frac{1}{1-\sigma}}$知

$$(c_D^L)^{1-\sigma}=\frac{(\rho P)^{1-\sigma}}{\left(\frac{c_D^L}{u}\right)^k(K+1)\left[Z_E^L+(\mu\Omega)^{-1}\tilde{Z}_E^L\right]}$$

已知式（5-8）$(c_D)^{1-\sigma}S=C_D=(\tilde{c}_D)^{1-\sigma}\tilde{S}$，又 $S=(1-\rho)\rho^{\sigma-1}M$，$M=\beta LP^{\sigma-1}$，可得

$$C_D=\frac{(1-\rho)\beta L}{\left(\frac{c_D^L}{u}\right)^k(K+1)\left[Z_E^L+(\mu\Omega)^{-1}\tilde{Z}_E^L\right]}$$

则

$$Z_E^L+(\mu\Omega)^{-1}\tilde{Z}_E^L=\frac{(1-\rho)\beta L}{C_D\left(\frac{c_D^L}{u}\right)^k(K+1)}$$

将式（5-19）* 中$\left(\frac{c_D^L}{u}\right)^k=\left(\frac{c_D}{u}\right)^k\frac{1-\mu\Omega^{-1}}{1-\Omega^{-2}}<\left(\frac{c_D}{u}\right)^k$代入得

$$Z_E^L+(\mu\Omega)^{-1}\tilde{Z}_E^L=\frac{(1-\rho)\beta L}{C_D\left(\frac{c_D}{u}\right)^k\frac{1-\mu\Omega^{-1}}{1-\Omega^{-2}}(K+1)}$$

又$\left(\frac{c_D}{u}\right)^k=\frac{C_E}{C_DK}=\left(\frac{\tilde{c}_D}{\tilde{u}}\right)^k$，$K=\frac{\sigma-1}{k-(\sigma-1)}$，$\sigma=1/(1-\rho)>1$ 化简得

$$Z_E^L+(\mu\Omega)^{-1}\tilde{Z}_E^L=\frac{\rho\beta L}{kC_E}\frac{1-\Omega^{-2}}{1-\mu\Omega^{-1}}$$

同理，$\tilde{Z}_E^L+\mu\Omega^{-1}Z_E^L=\frac{\rho\tilde{\beta}L}{kC_E}\frac{1-\Omega^{-2}}{1-(\mu\Omega)^{-1}}$。

式（5-27）*：

$$Z_E^L=Z_E^A\left[\frac{1-(\theta\gamma\mu\Omega)^{-1}}{1-\mu\Omega^{-1}}\right]\geqslant Z_E^A,\quad \tilde{Z}_E^L=\tilde{Z}_E^A\left[\frac{1-\theta\gamma\mu\Omega^{-1}}{1-(\mu\Omega)^{-1}}\right]$$

由式（5-26）* 中 $Z_E^L+(\mu\Omega)^{-1}\tilde{Z}_E^L=\frac{\rho\beta L}{kC_E}\frac{1-\Omega^{-2}}{1-\mu\Omega^{-1}}$，$\tilde{Z}_E^L+\mu\Omega^{-1}Z_E^L=\frac{\rho\tilde{\beta}L}{kC_E}\frac{1-\Omega^{-2}}{1-(\mu\Omega)^{-1}}$知

$$\tilde{Z}_E^L=\frac{\rho\tilde{\beta}L}{kC_E}\frac{1-\Omega^{-2}}{1-(\mu\Omega)^{-1}}-\mu\Omega^{-1}Z_E^L$$

代入得

$$Z_E^L+(\mu\Omega)^{-1}\left[\frac{\rho\tilde{\beta}L}{kC_E}\frac{1-\Omega^{-2}}{1-(\mu\Omega)^{-1}}-\mu\Omega^{-1}Z_E^L\right]=\frac{\rho\beta L}{kC_E}\frac{1-\Omega^{-2}}{1-\mu\Omega^{-1}},$$

$$Z_E^L(1-\Omega^{-2})+\frac{\rho\tilde{\beta}L}{kC_E}\frac{(\mu\Omega)^{-1}(1-\Omega^{-2})}{1-(\mu\Omega)^{-1}}=\frac{\rho\beta L}{kC_E}\frac{1-\Omega^{-2}}{1-\mu\Omega^{-1}},$$

$$Z_E^L+\frac{\rho\tilde{\beta}L}{kC_E}\frac{(\mu\Omega)^{-1}}{1-(\mu\Omega)^{-1}}=\frac{\rho\beta L}{kC_E}\frac{1}{1-\mu\Omega^{-1}}$$

又式（5-7）* 中 $Z_E^A=\frac{\rho\beta L}{C_E k}$，$Z_E^A=\frac{\rho\tilde{\beta}L}{C_E k}$，则

$$Z_E^L=Z_E^A\frac{1}{1-\mu\Omega^{-1}}-\frac{(\rho\tilde{\beta}L)\ /\ (\rho\beta L)}{(kC_E)\ /\ (\rho\beta L)}\frac{(\mu\Omega)^{-1}}{1-(\mu\Omega)^{-1}}$$

$$=Z_E^A\frac{1}{1-\mu\Omega^{-1}}-Z_E^A\frac{(\gamma\mu\Omega)^{-1}}{1-(\mu\Omega)^{-1}}$$

$$=Z_E^A\left[\frac{1}{1-\mu\Omega^{-1}}-\frac{(\gamma\mu\Omega)^{-1}}{1-(\mu\Omega)^{-1}}\right]$$

$$=Z_E^A\frac{1-(\mu\Omega)^{-1}-(\gamma\mu\Omega)^{-1}[1-(\mu\Omega)^{-1}]}{(1-\mu\Omega^{-1})\ [1-(\mu\Omega)^{-1}]}$$

分子分母同除以 $1-(\mu\Omega)^{-1}$，得

$$Z_E^L=Z_E^A\left[\frac{1-(\theta\gamma\mu\Omega)^{-1}}{1-\mu\Omega^{-1}}\right]\geqslant Z_E^A$$

同理 $\tilde{Z}_E^L=\tilde{Z}_E^A\left[\frac{1-\theta\gamma\mu\Omega^{-1}}{1-(\mu\Omega)^{-1}}\right]$。

式（5-28）* 中 $Z^L=Z^A\left[\frac{1-(\theta\gamma\mu\Omega)^{-1}}{1-\Omega^{-2}}\right]$，$\tilde{Z}^L=\tilde{Z}^A\left(\frac{1-\theta\gamma\mu\Omega^{-1}}{1-\Omega^{-2}}\right)$。

已知式（5-27）* 中 $Z_E^L=Z_E^A\left[\frac{1-(\theta\gamma\mu\Omega)^{-1}}{1-\mu\Omega^{-1}}\right]\geqslant Z_E^A$，则

$$Z^L=G\ (c_D^L)\ \ Z_E^L=\left(\frac{c_D^L}{u}\right)^k Z_E^A\frac{1-(\theta\gamma\mu\Omega)^{-1}}{1-\mu\Omega^{-1}}$$

已知式（5-19）* 中 $\left(\frac{c_D^L}{u}\right)^k=\left(\frac{c_D}{u}\right)^k\frac{1-\mu\Omega^{-1}}{1-\Omega^{-2}}<\left(\frac{c_D}{u}\right)^k$，则

$$Z^L=Z_E^A\left(\frac{c_D}{u}\right)^k\frac{1-(\theta\gamma\mu\Omega)^{-1}}{1-\Omega^{-2}}$$

又 $Z^A=Z_E^A\left(\frac{c_D}{u}\right)^k$，则 $Z^L=Z^A\left[\frac{1-(\theta\gamma\mu\Omega)^{-1}}{1-\Omega^{-2}}\right]$，同理 $\tilde{Z}^L=\tilde{Z}^A\left(\frac{1-\theta\gamma\mu\Omega^{-1}}{1-\Omega^{-2}}\right)$。

第6章　国际贸易利益测算的新发展

20世纪80年代至今，国际分工模式发生了深刻变化，以全球价值链中产品“碎片化”工序生产为主要特征的产品内分工成为国际分工的主流形式。这种新型的分工体系使国际贸易结构、形态及运行机制发生了巨变，给全球贸易利益的分配、测算及评估也带来了广泛的影响。各国为了充分融入全球化以推动自身经济的发展，纷纷加入产品内分工全球生产网络。在产品内分工主导的国际贸易环境中，发达国家跨国公司占据着主导地位，中间产品在国际多次往复跨境流转使得全球各国经贸联系越发紧密，“完整”产品的价值创造被越来越多的国家共同承担，各国真实的贸易利益界定越发错综复杂。传统以“物品跨境”为统计原则和“报关登记”为数据采集方式的国际贸易统计体系，重点计算了国际贸易的产品总额，而无法有效反映产品内分工网络的内部贸易，由此获得的贸易顺差指标或以贸易条件指标为基准的贸易利益界定方法，既不能真实反映国家之间实际贸易利得，又无法客观界定世界贸易平衡的真实状态。

世界贸易组织（WTO）、经济合作与发展组织（OECD）以及联合国贸易与发展委员会（UNCTAD）等国际机构的统计部门也意识到，以最终产品价值为统计口径的官方总值贸易统计，难以适应当前全球产品内分工的国际环境，因此近年来致力于探索新的贸易统计方法，以适应产品内分工条件下的国际贸易统计。在上述机构的倡导下，加快新型国际贸易测算方法的研究，完善现存的官方总值贸易统计体系，揭示新型国际贸易分工背景下的各国利益分配机制和真实贸易利得，已经成为国际经贸领域的研究热点，吸引了越来越多的国内外学者的广泛关注。

6.1 产品内贸易的测度

随着全球化的不断深入，产品生产工序的片段化使得各国只负责产品生产过程中的一个或一些特定阶段。早在 20 世纪 60 年代，帕拉萨（Balassa）就对垂直专业化作了定义：“产品的生产是一条连续的垂直价值链条，各国利用自身比较优势专业从事产品价值创造过程中的某个阶段。”垂直专业化深刻改变着全球经济运行模式，影响着要素价格、贸易分工模式、各国贸易利益分配和福利等。

在垂直专业化研究的早期阶段，因数据的可获得性较低，学者们的研究主要是基于案例分析。2001 年，Hummls、Ishii 和 Yi（HIY）对垂直专业化的过程进行了分解和界定，创造性地提出了垂直专业化度量方法，令新型分工模式下的各国贸易利益统计成为可能。随后，越来越多的国内外学者在这一成果上进行研究，逐步增强了垂直专业化测量的可操作性。

HIY（2001）提出的垂直专业化度量方法，对一国出口中间品价值进行分解，将一国出口放入投入产出表中进行分解，其中出口中的进口中间投入品即国外增加值（VS），一国出口的产品被进口国用作中间品再次生产出口的产品价值增值为 VS1。基于投入产出表的 VS 计算公式为：

$$\text{VS 占总出口的比重} = VS_k/X_k = \boldsymbol{u}\boldsymbol{A}^M\ [\boldsymbol{I}-\boldsymbol{A}^D]^{-1}X/X_k$$

其中 $\boldsymbol{A}^M$ 代表进口系数矩阵；$\boldsymbol{u}$ 是元素为 1 的行向量；$[\boldsymbol{I}-\boldsymbol{A}^D]^{-1}$ 为 k 国的完全消耗系数矩阵；X 为出口。而对 VS1 的研究更为复杂，它在研究中间产品的间接投入时需要投入产出表里的贸易双边数据，在 HIY 的测量中并未指明 VS1 的测算方式。在垂直专业化的实际操作方面，HIY 收集了经济合作与发展组织中的 10 个国家和韩国、爱尔兰、中国台湾、墨西哥 4 个新兴市场投入产出表的数据，得到 VS 占总出口的比重为 21%，1970—1990 年的 20 年间增长了约 30%，充分表明这些国家不断深入全球链分工体系，中间产品使各国之间的分工合作越发紧密。

上述 HIY 提出的垂直专业化测算方法包含两个假设条件：①HIY 假设进口的中间产品会等额分配到国内最终产品的消费和出口最终产品的消费，但这个假定与以加工贸易为主的发展中国家的现实情况不符。②HIY 假定一国将进口的中间品加工成半成品后出口的现象不存在，这显然与垂直专业化的贸易现实不符。此外，一国进口的中间品中包含本国在价值链上游已创造价值的现象也十分普遍。

6.2 增加值贸易核算方法

6.2.1 非竞争型投入产出模型的建立

新兴的增加值贸易测算方法在垂直专业化的基础上，利用各国投入产出表中的数据，对 HIY 提出的假设前提进行了放松，构建了一套较为符合现实贸易环境的新型国际贸易统计体系。

Koopman、Wang 和 Wei（KWW，2008）放松了 HIY 关于垂直专业化测度的第一条假设，将加工贸易占据主要地位的发展中国家的实际情况考虑进去。将一国进口的中间产品与出口的中间产品进行分离，并对一国出口中间产品的使用方向进行剖析，充分利用国际投入产出模型，构建了核算一国出口中国内价值增值（domestic value added，DVA）的增加值贸易统计方法，从而得到一国出口中国内价值增值占出口总额的比重。

根据进口中间产品的流向，将未区别中间投入部分国内价值与国外价值来源的分析形式称为竞争型投入产出模型。该模型仅用一个进口列向量表示一国最终需求，使进口中间产品模糊化，无法辨别进口国与进口的中间投入品之间的生产关系。而非竞争型投入产出模型能够准确地将一国进口中间产品中的国内价值部分和国外价值部分区别开来，更好地运用到以加工贸易为主的现实贸易环境中。KWW（2008）将一国的加工出口（P）分离出来，并分为国内中间品投入与进口中间品投入两部分，将中间品使用中的国内需求与一般生产归为同一部分，形成了如表 6-1 所示的非竞争型投入产出模型。

表 6-1　考虑加工贸易的非竞争型投入产出模型

		维度	中间品使用			总产出或进口
			国内需求/一般出口生产	加工出口	最终使用（$C+I+G+E$）	
			1，2，…，N	1，2，…，N	1	1
国内中间品投入	国内需求/一般出口生产（D）	1-N	A^{DD}	A^{DP}	Y^D-E^P	$X-E^P$
	加工出口（P）	1-N	0	0	E^P	E^P
进口中间品投入		1-N	A^{MD}	A^{MP}	Y^M	M
价值增值		1	V^D	V^P		
总产出		1	$X-E^P$	E^P		

资料来源：Koopman、Wang 和 Wei（2008）。

上述将加工贸易设为条件的非竞争型投入产出模型，将一国出口产品中的国内中间品增加值投入与进口中间品投入区别开来，利用投入产出数据统计一国出口中的国内外价值增值。模型中的国内需求和一般出口合并为 D；加工出口用 P 表示，一国进口为 M；A^{DD} 与 A^{DP} 分别为中间品使用在国内需求或一般出口的分布与加工出口中的国内成分；Y^D 和 E^P 分别为一国中间品最终需求产出矩阵和加工贸易出口；A^{MD} 和 A^{MP} 分别表示一国进口中间品投入中的国内需求或一般出口部分和加工出口部分；Y^M 则为满足最终使用的中间品投入矩阵；V^D 与 V^P 为 D、P 两个部门的价值增值部分。

6.2.2　KWW、WWP、KPWW 测算方法

HIY 对垂直专业化测度的两个假设较为严格，其中第一个假设与加工贸易存在的现实环境不符。KWW（2008）的研究表明，在加工贸易存在的情况下，特别是在中国与墨西哥占据世界绝大部分加工贸易份额的现实背景下，

HIY 方法中将用于本国最终产品的中间投入品与出口的最终产品均等化的假设对这两个国家贸易测算影响巨大，测量结果也会出现严重偏差。KWW（2008）将一国出口中的国内中间品投入、本国最终消费、国内需求和一般出口、加工出口的矩阵向量分解开来，从而对普遍存在的国际加工贸易国家出口的国内价值增值进行测量。然而，KWW（2008）只对 HIY 中垂直专业化的第一个假设条件进行了放松，忽视了进口中间品中的国内价值部分。在实际测算中，KWW（2008）利用中国的投入产出数据测算发现，中国加入 WTO 之前国内价值占比约为出口总额的一半，加入 WTO 之后国内价值增值占比提升到了 60%以上。Dean、Fung 和 Wang（2011）利用中国的投入产出数据分别对 HIY 垂直专业化以及 KWW 国内增加值测算方法进行研究，得出 2002 年，未考虑加工贸易的国外价值在出口总额的占比约为 1/4，而考虑加工贸易后的国外增加值占比则接近总出口的一半，对于加工贸易占据主导地位的中国，两种贸易测算方法的测算结果差异很大。

在国际产品内分工的现实背景下，一个产品的生产过程被“碎片化”到许多国家和地区，全球价值链的链条不断延长，一国出口中的产品价值不仅包括许多来自价值链上其他国家的增加值，还很有可能包含本国的进口投入价值。因此，在这样的前提下，HIY 关于垂直专业化的第二个假设不再成立。Wang、Wei 和 Powers（WWP，2009）利用 WWP 法对 HIY 测度进行扩充，放松了垂直专业化的第二个假设前提，并利用国际投入产出模型构建了一个多国贸易核算框架，对各国在价值链参与中的价值增值进行研究。WWP（2009）先后构建了两国、三国以及多国模型。在这里，本章对三国模型进行解释。

三国的投入产出模型：

$$\begin{pmatrix} \boldsymbol{X}^1 \\ \boldsymbol{X}^2 \\ \boldsymbol{X}^3 \end{pmatrix} = \begin{pmatrix} \boldsymbol{I}-\boldsymbol{A}_{11} & -\boldsymbol{A}_{12} & -\boldsymbol{A}_{13} \\ -\boldsymbol{A}_{21} & -\boldsymbol{A}_{22} & -\boldsymbol{A}_{23} \\ -\boldsymbol{A}_{31} & -\boldsymbol{A}_{32} & -\boldsymbol{A}_{32} \end{pmatrix}^{-1} \begin{pmatrix} \boldsymbol{Y}^1 \\ \boldsymbol{Y}^2 \\ \boldsymbol{Y}^3 \end{pmatrix}$$

$$= (\boldsymbol{I}-\boldsymbol{A}) = \begin{pmatrix} \boldsymbol{B}_{11} & \boldsymbol{B}_{12} & \boldsymbol{B}_{13} \\ \boldsymbol{B}_{21} & \boldsymbol{B}_{22} & \boldsymbol{B}_{23} \\ \boldsymbol{B}_{31} & \boldsymbol{B}_{32} & \boldsymbol{B}_{33} \end{pmatrix} \begin{pmatrix} \boldsymbol{Y}^{11}+\boldsymbol{Y}^{12}+\boldsymbol{Y}^{13} \\ \boldsymbol{Y}^{21}+\boldsymbol{Y}^{22}+\boldsymbol{Y}^{23} \\ \boldsymbol{Y}^{31}+\boldsymbol{Y}^{32}+\boldsymbol{Y}^{33} \end{pmatrix}$$

模型中 $\boldsymbol{X}^1$ 为国家 1 的总产出，$\boldsymbol{A}_{12}$代表国家 1 对进口国家 2 的中间产品需求的直接投入矩阵，$\boldsymbol{Y}^1$ 代表国家 1 最终产出，$\boldsymbol{Y}^{12}$表示国家 1 出口产品被用于国家 2 的最终产品向量，$\boldsymbol{B}$ 为里昂惕夫逆矩阵。在此研究的基础上，WWP（2009）建立了一个增加值系数矩阵：

$$\boldsymbol{VAS} = \begin{pmatrix} \boldsymbol{V}_1\boldsymbol{B}_{11} & \boldsymbol{V}_1\boldsymbol{B}_{12} & \boldsymbol{V}_1\boldsymbol{B}_{13} \\ \boldsymbol{V}_2\boldsymbol{B}_{21} & \boldsymbol{V}_2\boldsymbol{B}_{22} & \boldsymbol{V}_2\boldsymbol{B}_{23} \\ \boldsymbol{V}_3\boldsymbol{B}_{31} & \boldsymbol{V}_3\boldsymbol{B}_{32} & \boldsymbol{V}_3\boldsymbol{B}_{33} \end{pmatrix}$$

在上述公式中，$\boldsymbol{V}_1$ 为国家 1 的直接增加值系数，VAS 矩阵对角线上的元素代表一国出口中的国内价值增值，列非对角线上元素表示一国出口中来自其他国家的价值部分，即 VS 份额，例如 $\boldsymbol{V}_2\boldsymbol{B}_{21}$表示国家出口中单位产品中的来自国家 2 的价值增值部分。在此基础上可得到

$$\boldsymbol{VAS} = \begin{pmatrix} \boldsymbol{V}_1\boldsymbol{B}_{11}\boldsymbol{E}^1 & \boldsymbol{V}_1\boldsymbol{B}_{12}\boldsymbol{E}^2 & \boldsymbol{V}_1\boldsymbol{B}_{13}\boldsymbol{E}^3 \\ \boldsymbol{V}_2\boldsymbol{B}_{21}\boldsymbol{E}^1 & \boldsymbol{V}_2\boldsymbol{B}_{22}\boldsymbol{E}^2 & \boldsymbol{V}_2\boldsymbol{B}_{23}\boldsymbol{E}^3 \\ \boldsymbol{V}_3\boldsymbol{B}_{31}\boldsymbol{E}^1 & \boldsymbol{V}_3\boldsymbol{B}_{32}\boldsymbol{E}^2 & \boldsymbol{V}_3\boldsymbol{B}_{33}\boldsymbol{E}^3 \end{pmatrix}$$

用 $\boldsymbol{E}^1$ 表示国家 1 的总出口（包括最终品和中间品出口），因此，国家 1 出口中的本国家价值 $DV1=\boldsymbol{V}_1\boldsymbol{B}_{11}\boldsymbol{E}^1$，一国出口中的垂直专业化 $VS1=\boldsymbol{V}_2\boldsymbol{B}_{21}\boldsymbol{E}^1+\boldsymbol{V}_3\boldsymbol{B}_{31}\boldsymbol{E}^1$，一国出口中被用作中间产品再次生产出口的价值 $VSI1=\boldsymbol{V}_1\boldsymbol{B}_{12}\boldsymbol{E}^2+\boldsymbol{V}_1\boldsymbol{B}_{13}\boldsymbol{E}^3$。因此，WWP（2009）在 HIY 的基础上对垂直专业化进行了细化扩充，通过对 VS 以及 VS1 的测量，可以发现一国出口通过进口国间接参与产品内分工的贸易形式，而 HIY 法仅为 WWP 模型下的一个特例。然而，WWP 只对 HIY 的第二个假设进行了放松，并没有考虑加工贸易的现实环境，需同时对两个假设进行扩展、弥补才能更贴近产品内分工下的贸易现实。

Koopman、Powers、Wang 和 Wei（KPWW，2010）在 KPWW 研究方法中

将HIY基于垂直专业化的两个假设同时进行放松，极大地推进了产品内分工背景下的贸易利益测算方法。KPWW（2010）对一国在全球价值链上的价值创造机制进行深入剖析，将出口中的产品价值分为四大部分，即出口中作为最终品的直接价值增值部分、以中间品形式出口的间接增加值部分、折返的国内增加值以及垂直专业化的国外价值增值VS，从而建立了新型国际贸易增加值统计框架。在实际应用中，KPWW（2010）在GTAP数据库的基础上对中国和墨西哥的贸易结构进行分析，利用国家间投入产出模型将模型中的矩阵结构进行分解，明确定位出口中的国内外价值成分，通过对国内价值部分进行深层次剖析发现一国出口中包含的本国折返价值、出口最终品和中间品的直接或间接国内价值，判断该国在国际价值链上的地位，从而证明了不同国家在全球产品内分工上的出口结构特点和区域差异性。

6.2.3　基于贸易增加值视角总贸易核算法

上文中，HIY关于垂直专业化的研究采用了里昂惕夫矩阵，在测算一国出口产品中的国内增加值时存在一定的局限性，而各个国家不同区域和部门在全球生产网络上的贸易参与形式错综复杂，需厘清一国出口中的产品贸易流向和最终产品以及中间产品的份额，才能更加准确地对增加值贸易结构进行解析，Koopman等（2010，2012）利用国际投入产出模型建立了全球性的投入产出表，从而将增加值出口与官方传统总值出口相联系，对HIY垂直专业化中只能测量国内增加值的贸易测算方法进行扩展补充，从而得到一国出口中国外价值、进口中的国内折返值、出口中的最终产品价值等更多、更新的结论。如今，以中间产品为主要形式的增加值贸易在总贸易份额中占比巨大，KPWW方法不能有效剔除中间品贸易中纯重复计算（pure double counting，PDC）的部分，总贸易核算法（gross trade accounting，GTA）（Wang，2013，2015）则成功弥补了这一不足。Wang（2013，2015）利用WIOD数据库中40个国家35个部门1995—2011年的连续年份数据，不仅测算了一国出口中本国贸易价值增值，还通过研究产品贸易流向和进口国对中间投入品的使用方向，计算了贸易中间品跨区域过程中在价值链上下游产生的增加值。利用总贸易核算法研究各国的增加值贸易结构，对各个国家双边或多边的贸易利益测量具有重要意义。

王直、魏尚进（2015）对一国出口产品中的价值来源与贸易品的接收渠道进行了分析，将传统的贸易统计体系与国民经济核算体系进行比较研究，通过对增加值贸易的进一步分解，对全球化的贸易格局进行了更详细的解析，构建了总贸易核算体系。如图 6-1 所示的总贸易核算法的基本概念框架，基于增加值贸易的总贸易核算法将出口的增加值贸易结构大致分为四大类，即出口中被国外进口国吸收的国内价值增值（DVA）、出口中包含的国内折返价值（RDV）、出口中的国外价值增加值成分（FVA）以及中间产品在价值链上流转中产生的纯重复计算的部分（PDC）。

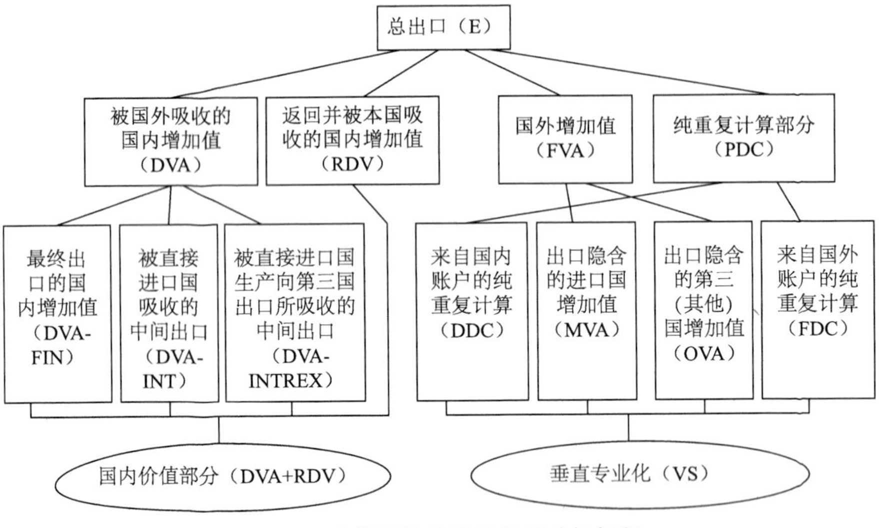

图 6-1　总贸易核算法的贸易分解框架

6.2.4　增加值贸易测算研究概述

增加值贸易测算方法与传统官方贸易统计规则不同，以增量分析代替传统贸易总量分析，将全球价值链上各个国家、各个地区不同部门之间错综复杂的贸易利益关系进行细致梳理，有效跳出相互交错中间品与各区域间任意流转时各地区贸易利益模糊交织的现象，准确清晰地对各国的出口结构进行剖析分解，从而明确国际贸易的获利机制，有效测度各国真实的贸易利得。

Daudin（2009）率先对“增加值贸易”（Trade in Value-added，TiVA）这一概念进行界定，将增加值贸易定义为一国出口中以直接或间接的方式，将产品以中间品或最终品的形式进行出口的本国价值增加值，即一国的出口贸易额中剔除包含的国外价值增值部分后的剩余价值，用以反映一国在全球产品内分工中的获利份额与真实贸易利得。Rifflart、Daudin 和 Schweisguth（RDS，2010）对 HIY 垂直专业化测算的假设前提进行放松，对出口中的国内价值部分进行深入剖析，分离出进口中间投入品中返回本国的国内价值，即国内价值折返值（RVA）。Koopman、Wang 等（2008，2010，2012）在 HIY 的基础上不断扩展完善，对一国出口的产品的前向与后向关联进行深刻剖析，厘清了各国在全球产品内分工中的内在关联和获利机制，从而将一国的出口准确分解为 4 个部分，即出口中被进口国消费的本国国内价值、通过价值链条的传导机制再次通过进口中间投入品折返回国的本国价值、出口中包含的国外价值增值部分以及在错综复杂的贸易联系中产生的纯重复计算部分，之后在此基础上按产品生产的前后向关系进一步将总出口细分为 9 个部分，形成了增加值贸易核算框架，从而将增加值贸易出口与传统总值贸易出口有效联系起来。KPWW（2010）将增加值与总值联系起来，利用国际投入产出模型构建增加值贸易核算方法，并与传统海关总值贸易通关核算方法联系起来，利用全球贸易分析项目（GTAP）数据库建立了全球性的不同区域间多部门的投入产出表，令增加值贸易统计跨越国界拓展至全球，准确、全面地对一国出口中的国内外价值增值进行估算。

Wang、Wei 和 Zhu（WWZ，2015）对一国出口产品中的价值来源和接收流向进行研究，将一国出口产品的贸易价值进行细分，建立起了与传统总值贸易出口对应的增加值贸易统计体系，提出了建立在增加值贸易分解框架下的总贸易核算法，并在实际测算中利用 WIOD 数据对不同国家、区域、部门之间的贸易价值进行分解，得出一国出口中国内外不同层面的价值增值，构造出一个与产品内分工形式相适应的新型总贸易核算体系。各个增加值贸易测算方法及测度内容如表 6-2 所示。

表 6-2　增加值贸易测算方法及测度内容

方法	测度内容
HIV	一国出口的国外价值增值与进口中间投入品时再次回国吸收的增加值，一国参与国际分工的程度及地位
KPWW	全球产品内分工网络下，一国产业部门在全球价值链上的参与度、竞争力、就业等方面
RDS	一国出口的中间贸易品，经过加工后以最终产品形式再次流回国内的增加值
WWZ	基于增加值贸易分解的总贸易核算框架，部门层面双边贸易分解、贸易平衡、垂直专业化、增加值出口和显性比较优势

实证研究方面，国外学者主要利用增加值贸易测算方式和增加值贸易数据库（WTO-OECD TiVA Database，WIOD），对比研究了以价值增值为统计口径的增加值贸易测算法和以产品贸易总值为统计口径的传统通关贸易测算方法，部分代表性研究如表 6-3 所示。

表 6-3　部分增加值贸易的实证研究

作者	年份	研究角度	数据资料、研究方法	主要结论
Stehrer	2012	增加值贸易与贸易增加值	利用 WIOD 数据库，将欧盟、日本、美国与中国在增加值贸易下的贸易额进行比较分析	一国净出额在增加值贸易和贸易增加值两个概念下是相同的，而对于双边贸易来说，二者不相等
Johnson 和 Noguera	2012	出口贸易增加值分解	全球贸易分析项目（GTAP）数据	提出 VAX 的概念与度量方法，并对各国的增加值出口（VAX）进行实证分析
Koopman、Wang 和 Wei	2014	增加值贸易与总量贸易核算下的重复统计问题	利用 WIOD 数据和 OECD 数据，将一国出口总值进行分解	利用增加值贸易可以有效解决复计算问题，并在海关统计方法前提下测算了一国增加值贸易量

续表

作者	年份	研究角度	数据资料、研究方法	主要结论
Johnson	2014	引入出口增加值对国际贸易问题进行研究	利用 WIOD 数据库测算各个国家的出口增加值率	利用出口增加值代替总出口，更有效地解决了宏观经济以及国际贸易领域的一些“老”问题
Amador 和 Cabral	2015	全球主要贸易国家在全球价值链上的演进历程	研究全球价值链的演进历程，利用 WIOD 数据库对全球价值链 1995—2011 年的性质进行研究	全球价值链已经成为各国参与国际贸易、进行贸易分工、利益分配的主要贸易模式，对服务贸易进行深化改革并加强外围经济可以深化加强各国之间的增加值贸易网络

6.2.5　增加值贸易测算的优越性

（1）增加值贸易与传统贸易统计对比分析

在全球产品内分工的国际经贸环境下，传统的以出口总值为测量标准的贸易统计体系，难以满足产品在全球价值链上不同国家和地区“碎片化”生产的贸易现实，需要建立新的贸易核算体系以弥补传统贸易统计的不足。而增加值贸易相较于传统贸易统计体系有以下两种优越性：首先，中间产品在全球价值链各个国家、不同区域和部门之间来回传导，利益相互交织，使得总值贸易统计方法中存在大量重复计算的内容，特别是在以加工贸易为主导贸易形式的发展中国家，传统总值测算法下贸易额被夸大和贸易水平被高估的现象是普遍存在的。而增加值贸易统计方法通过将一国出口的价值进行细分，能厘清各国不同区域和部门间错综复杂的贸易利益分配机制，准确测算出最终品价值、中间品价值以及国内外的价值增值部分。其次，现行的传统统计方法无法区别一国出口中国内真实价值增值，因此中间品投入带来的国外增加值部分模糊了一国贸易对本国福利水平的真实贡献。而增加值贸易统计方法基于价值增值的来源和流向，能够准确分离出本国增加值部分。通过对各国不同部门之间的国内价值增值进行分解，可以发掘具有增值潜能的部门，寻找提升本国国际竞争力和全球产品内分工地位的途径。

传统的贸易统计体系研究的是贸易总量，增加值贸易统计体系研究的是贸易增量。从不同的分析视角来看，传统总值贸易统计在测度贸易总额时仍是必不可少的，增加值贸易统计在了解各国、各区域、各部门在全球价值链上的利益分配和贸易增值来源时十分重要。从产品前向需求关联来看，总额贸易测算可有效反映出进口国消费力度以及进口品的贸易结构。而从产品后向来源追溯，增加值贸易统计法利用投入产出数据在分析国内部门间的中间品投入时显得十分方便，还可以发掘贸易竞争力提升的来源。因此，传统总值贸易测算方法与增加值贸易测算方法虽然统计口径不同，但可以解决符合各自类型特点的贸易问题。两种贸易统计方法不可相互替代，面对不同贸易问题时还可以相辅相成。

（2）增加值贸易与垂直专业化的比较

HIY（2001）首次对垂直专业化进行深入研究，提出了以投入产出模型研究一国出口中的国外价值部分（VS）和被进口国以中间品形式进行吸收的一国出口价值增值（VS1）。增加值贸易统计方法在 HIY 垂直专业化研究的基础上，对 HIY 进行拓展和完善，构建了与当今全球价值链贸易环境更为适合的新型国际贸易利益测算体系。

HIY 对垂直专业化的测度提出两个重要的假设，而增加值贸易统计体系对 HIY 的两个假设前提进行放松，并将一国出口中的价值增值进行有效分解，因此，增加值贸易统计体系更符合当前国际贸易分工环境，构建了一个更加全面的贸易核算框架。

6.3 产品内分工贸易利益核算下数据库建立

6.3.1 国际投入产出表的建立

20 世纪 70 年代，中间品贸易已得到广泛管制，但限于数据的可得性，与之相关的国际贸易理论并未得到有效发展。如今，全球不同国家区域之间投入产出表的建立和公布使得国际贸易核算研究得到快速的发展。利用国际投入产出表可有效测度世界各国在全球价值链中的地位和创造价值增值的能力。国际投入产出表主要包括以下内容：①各个国家、各个部门之间的直接价值增值部分；②最终产品和中间产品在不同部门之间的交换情况；③各个国家所有部门中的产出情况。投入产出表中的内容表明，该表中的数据不仅可以显示产品在各国各部门之间的流转情况，还可以表明产品的中间品或最终品的贸易性质。

OECD与日本的发展经济学研究院（IDE）对国际投入产品的研究较早，分别由这两个机构构建的投入产出数据库（Harmonized Input－Output Database）以及亚洲国际投入产出（Asian International Input－Output，AIO）表，是最早的对国家间贸易数据进行统计的投入产出数据（Inter－Country Input-Output，ICIO）。随后普渡大学（Purdue University）构建了GTAP贸易数据，包含了国际贸易分工中不同国家间的投入产出数据。

在全球价值链上，各个国家、各部门之间通过中间产品的流转形成了产品多次跨越边境循环往复的迂回贸易网络，使得价值链上各国家和地区的真实贸易利得更为复杂。而以商品总值为计量口径的传统官方统计方法无法厘清在全球贸易网络上存在的重复计算问题，因此，就必须研究新的贸易统计方法以适应当今产品内分工下的贸易现实背景，完善现有统计体系的不足，更加准确、清晰地界定各国在贸易往来中的真实利得，这一研究目前成为国际贸易理论研究者的重要研究方向。然而受到中间品与最终品数据可得性的限制，相关研究无法取得突破性进展。国际投入产出表的编制大大推进了新型贸易统计体系的研究历程，经济学家们纷纷投入对国际投入产出表中数据的解析上来，在增加值贸易的新思路上研究国家之间、地区之间、部门之间的贸易问题。

Wang和Wei（2009）深入分析国际投入产出表的结构，利用投入产出表中的数据，研究一国出口中的国内价值和国外价值部分，并将国内价值部分分解为出口至进口国的本国价值增值和通过进口中间投入品折返回国的本国价值增值，将国外价值部分细分到不同国家，分析各个国家对该国出口中的价值增值贡献度，充分利用国际投入产出表构建了一个新型国家贸易统计框架。Johnson 和 Noguera（2011，2012）利用 OECD 投入产出表对增加值贡献率（VAX），即一国出口中的本国价值占总出口的比率进行测算，并对各个国家国内价值贡献率产生的内在影响机制进行研究，利用时间序列对价值增值的来源进行分析，得到各个国家以及双边贸易和世界的 VAX 变化情况。

6.3.2 国际官方机构数据库编制

随着全球价值链不断深入发展，传统的以总值贸易统计的贸易体系无法反映国际贸易分工的新形态，与新型分工体系下的真实贸易偏差越来越大。官方决策者越来越重视构建新型贸易统计体系来反映产品内分工背景下的贸易现实，从而更好地刻画价值链中各国分工合作的产品“世界制造”局面。

从 2008 年开始，WTO 和 OECD 致力于对国际价值链上的投入产出数据进行补充。到 2011 年，这一领域的数据研究已有很大进展，各种关于国际贸易理论的研究也得到有效推进，已经可以将理论研究运用到决策者的国际官方贸易统计和政策制定上来，增加值贸易由此提出。2012 年 5 月，国际官方机构对外发布了一套以连续的时间序列形式的国际投入产出数据库，其中包含了世界 41 个国家和地区的 35 个部门的投入产出数据，构成了国家间的世界投入产出表（World Input-Output Tables，WIOTs）。和传统贸易投入产出相比，WIOTs 包括了时间上连续的各个国家各个部门的双边贸易数据，具有明显的先进性与创新性。2013 年 1 月 16 日，OECD 和 WTO 正式联合对外发布增加值贸易数据库。此数据库的建立对增加值贸易统计研究起到了极大的推进作用，为从增加值贸易角度研究价值链和国际贸易分工的利益分配机制提供了有力的数据依据，使得以增加值方法进行的贸易统计成为传统国际贸易核算体系之上的又一新型贸易统计体系。

6.3.3 UIBE GVC 指标体系形成

ICIO 表中各个国家和部门间的贸易数据量巨大，研究全球价值链等相关问题工作量较大，学者们对此数据进行挖掘时会造成工作上的大量重复。因此，中国对外经济贸易大学全球价值链研究团队对世界投入产出数据库进行了统一规整测算，形成了一套 UIBE GVC 国际贸易指标体系，除了增加值贸易统计的相关分解指标外，还包括许多与各国产品内分工相关的指标，如 VS、VS1、VAX 等。UIBE GVC 指标体系的形成离不开世界知名的投入产出数据库（OECD、WIOD、GTAP、Eora）中的 ICIO 表，该指标体系将国际贸易利益核算方面最具代表性的研究如 KWW（2014）、WWZ（2013）、Wang、Wei、Yang 和 Zhu（WWYZ，2017a，2017b）中核算方法作为依据，在世界 ICIO 数据的基础上构建出一套各增加值贸易指标罗列明显的派生数据体系，推进了国际增加值贸易核算的研究步伐，便于研究全球价值链上利益分配的内在机制，从而为国际贸易利益测算、理论研究和实证研究、相关政策建议提供了更加便利快捷的数据支持。

UIBE GVC 指标体系中世界常见的 ICIO 的行业和部门的主要特征如表6-4所示。

表 6-4　世界常见 ICIO 表对比

ICIO 表	国家或地区/个	部门/个	年份
WIOD2013	40	35	1995—2011
WIOD2016	43	56	2000—2014
OECD-ICIO	61	34	1995、2000、2005、2008—2011
GTAP-ICIO	121	43	2004、2007、2011
ADB-WIOD	47	35	2000、2005—2008、2011、2015
Eroa（暂缓开通）	189	26	1990—2012

6.4 增加值贸易的应用前景及政策含义

增加值贸易统计新体系更适应当今产品内分工背景下的贸易环境，有效弥补了传统贸易利益测算存在的不足，有利于建立新的国际贸易统计规则。通过增加值贸易，测算中国在全球价值链上的地位与真实贸易利得，有助于正确处理我国对外经济贸易关系，有效推动我国对外开放的进程。增加值贸易统计的研究已经从单纯的国际贸易测算上升为政策制定的重要依据，其应用前景广泛且对国际贸易政策制定的影响越发深远。

6.4.1 全球失衡和贸易政策

在以传统总值贸易统计测算国家之间的双边贸易差额时，会忽略贸易双方在全球价值链上的联系以及贸易额中的来自其他国家的价值增值，特别是在对以加工贸易为主的国家的贸易额进行测算时，易导致测算结果的偏差和贸易失衡的夸大，从而使其他国家对以加工出口为主但处于价值链低端的国家，错误地采取贸易保护措施。在全球产品内分工背景下，世界各国通过中间投入品的跨国界循环往复的流通，在价值链上产生了紧密联系的复杂网络。一国的国内价值增值部分不仅包括出口中被其他国家吸收的价值增值，还包括通过进口的中间投入品中折返回国的本国价值，这部分价值是本国在价值上游创造的经其他国家加工后返回的价值，因此盲目地对出口国采用关税、非关税等贸易壁垒往往会造成对外政策“伤及自身”现象。

6.4.2 宏观经济环境冲击的影响

当出现全球性的经济或金融危机时，世界各国通过国际价值链上的传导机制相互剧烈影响，若只从表象上采取传统应对措施效果并不显著，而利用增加值贸易彻底剖析价值链上国家之间、地区之间、部门之间相互影响的内在机理，从而“对症下药”，会对宏观环境的冲击产生更加显著的防护效果。

6.4.3　贸易与就业

从增加值贸易的视角对就业与国际贸易关系的问题进行研究具有深远意义。增加值贸易测算依据的投入产出数据库能细化到各国各地区和部门间的贸易利益联系，因此能准确定位具备潜力的部门、对贸易利益产生重要作用的环节和有效提高贸易增加值竞争力的部分，而这些部门或环节往往是最具有就业前景的，需要引起决策者的充分关注。

6.4.4　贸易与环境

如今，全球环境问题越发引起国际社会的关注，学术界也将研究方向转移到全球贸易影响二氧化碳排放的内在机制上来。二氧化碳作为世界经济贸易发展的伴生物，以传统总值贸易研究方法将二氧化碳与贸易额挂钩，往往会夸大以加工贸易出口为主的国家的环境负担压力，忽视了贸易额中来自其他国家的价值增值。如果以增加值贸易统计体系来审视国际贸易对环境的影响，就能有效辨别各国加工生产的真实贸易额，准确识别不同国家或地区和部门之间产生的贸易流动对环境的作用，较为公正地匹配各国对二氧化碳排放的负责程度。

6.4.5　比较优势与竞争力

以贸易总值为统计口径的传统测算方式在测定各国显性比较优势等指标时，只能界定到具备竞争力的某一个产业或者某一个笼统的产品，而在增加值贸易统计体系下，通过中间品跨国界、跨地区、跨部门之间的增值联系，能将产品内分工下各国比较优势的测算界定到产品生产的具体环节上。显性比较优势是竞争力评价的重要指标，也是决策者进行贸易发展战略布局、部门结构调整和产业政策制定的重要依据，因此，探究以增加值贸易统计细分的中间品贸易在各国、各地区和各部门之间的贸易利益产生机理，对研究贸易竞争力的内在动力具有重要意义。

上述分析中，以增加值贸易统计为基础的新型国际贸易统计体系更符合全球产品内分工的现实背景，在国际贸易失衡、宏观经济影响、世界环境负担、就业和国际竞争力、贸易政策制定等方面都具有重要意义。增加值贸易统计体系将带领我们更清楚地认识世界各国之间的贸易联系，为解决更多国际贸易问题提供有效的分析方法。

6.5 小结

在产品内分工主导的国际贸易现实背景下，本章首先对产品内贸易的测度方法进行了文献梳理，引入了垂直专业化的概念，介绍了新型分工模式下垂直专业化度量方法的应用及优缺点，从而厘清了产品内贸易测度方法的发展脉络。在此基础上，详细介绍了增加值贸易的最新核算体系，包括以非竞争型投入产出模型为根本，旨在核算一国出口中国内价值的增加值贸易统计方法，以及对 HIY 严格的假设条件不断放松完善后，利用国际投入产出模型构建出的多国贸易核算框架，并最终引出基于贸易增加值视角的总贸易核算法。其次，将增加值贸易分别与传统贸易统计以及垂直专业化测度相比较，阐明了增加值贸易测算的优越性。最后，本章对与增加值贸易测算相关的国际主要投入产出数据库进行了介绍，并对增加值贸易的应用前景进行了展望，较为详细地介绍了增加值贸易统计的政策含义。

通过本章的研究，我们发现，在全球产品内分工背景下，通过中间投入品跨国界循环往复的流通，各国的贸易利益之间在价值链上形成了联系紧密的复杂网络。“完整”产品的价值创造被越来越多的国家共同承担，各国真实的贸易利益界定越发错综复杂。传统以“物品跨境”为统计原则和“报关登记”为数据采集方式的国际贸易统计体系，重点计算了国际贸易的产品总额，而无法有效反映产品内分工网络的内部贸易，由此获得的贸易顺差指标或以贸易条件指标为基准的贸易利益界定方法，既不能真实反映国家之间实际贸易利得，又无法客观界定世界贸易平衡的真实状态。越来越多的学者开始重视构建新型贸易统计体系来反映产品内分工背景下的贸易现实，从而更好地刻画价值链中各国分工合作的产品“世界制造”局面。在这一背景下，WTO、OECD 以及 UNCTAD 等国际机构的统计部门也逐渐意识到，以最终产品价值为统计口径的官方总值贸易统计，难以适应当前全球产品内分工的国际环境，因此，近年来开始致力于探索新的贸易统计方法，来适应产品内分工条件下的国际贸易统计。

第7章 基于增加值贸易的我国贸易利益评估

20世纪80年代以来，以全球价值链片段化生产为主要特征的产品内分工迅速发展，各个国家在全球生产网络中承担着不同的价值创造过程，由此推动的中间品多次穿越国界所形成的贸易流，也使得国际贸易变得愈加错综复杂。在这种产品内分工全球生产体系下，传统的最终产品总值贸易利益测算已经不再适用当前的国际经贸环境，增加值贸易利益测算体系应运而生。从增加值贸易视角出发，对中国贸易利益进行测算，以反映中国在国际贸易中的真实获利水平，对于准确把握中国对外贸易地位、重新审视外贸政策、有效协调经贸关系、推进“贸易强国”战略具有重要的理论和现实意义。

7.1 模型构建与数据说明

7.1.1 TiVA模型的设定

近来众多文献中估计贸易增加值的测度方法（如Hummels、Johnson、Noguera、Koopman和Wang等的研究），都是建立在投入产出模型的基础上，以里昂惕夫（1936）经典方程为依据进行研究。增加值贸易统计中的矩阵表格表现了各个国家之间、区域之间、部门之间的贸易联系。这一研究方法通过对相关投入产出结构进行分解，研究各国家和部门之间贸易利益产生的内在机理和中间投入品的流动方向，从而对贸易产品在全球价值链上各个阶段的生产过程进行追溯。

在全球产品内分工背景下，一种产品的生产过程可以多次跨越边境，以中间品流动的形式在各个国家进行价值的增值和流转，增加值贸易的测算实际上要建立在世界多国之间的投入产出结构之上。里昂惕夫矩阵在测算增加值贸易时存在一定的局限性，不能将各个国家之间的中间品贸易增加值结构进行分解，里昂惕夫的单国模型只能笼统地测量一国的进出口贸易额，而对全球价值链上各个国家之间的贸易利益关系则无法适用。因此，需要引入多国模型对产品生产过程中的中间品前后向关系即产品价值来源和最终去向进行分析，也能通过多国之间的投入产出关系准确得到一国产品出口后经其他国家加工生产后折返回国的本国价值。为不失一般性，本章根据 Koopman、Powers、Wang 和 Wei（2010，2012）的 KPWW 分析方法，将三国模型作为基础分析，解释一国出口中贸易的价值增值。

根据 Timmer（2012）的国际投入产出表分析整理的三国投入产出表（见表 7-1）。

表 7-1　三国投入产出表

产出＼投入		中间使用			最终使用			总产出
		A 国	B 国	C 国	A 国	B 国	C 国	
中间投入	A 国	Z^{AA}	Z^{AB}	Z^{AC}	F^{AA}	F^{AB}	F^{AC}	X^{A}
	B 国	Z^{BA}	Z^{BB}	Z^{BC}	F^{BA}	F^{BB}	F^{BC}	X^{B}
	C 国	Z^{CA}	Z^{CB}	Z^{CC}	F^{CA}	F^{CB}	F^{CC}	X^{C}
增加值		V^{A}	V^{B}	V^{C}				
总投入		X^{A}	X^{B}	X^{C}				

资料来源：根据 Timmer（2012）整理得到。

模型中 Z^{AB} 代表 A 国出口产品被 B 国用于中间投入品进行吸收的部分，F^{AB} 则代表 A 国产品以最终品的形式被 B 国使用的部分。假定世界由 3 个国家 A、B 和 C 构成，3 个国家各有 N 个生产部门，因此 A、B、C 三国的总产出 X^A、X^B、X^C 与一国对另一国的最终产品使用 F 都是 $N\times1$ 矩阵，分别表示 A 国总产出和 B 国对 A 国产出的最终需求，每一个部门的产品都可以用于国内外消费或用作中间品继续投入（国内外）生产。国家间出口既包括中间品又含有最终产品，即一国（A）生产的总产出 X^A 可被分解为投入各国生产的中间品和其他国家的最终消费。

各国总产出可表示为如下形式：

$$\begin{bmatrix} \boldsymbol{Z}^{AA}+\boldsymbol{Z}^{AB}+\boldsymbol{Z}^{AC} \\ \boldsymbol{Z}^{BA}+\boldsymbol{Z}^{BB}+\boldsymbol{Z}^{BC} \\ \boldsymbol{Z}^{CA}+\boldsymbol{Z}^{CB}+\boldsymbol{Z}^{CC} \end{bmatrix} + \begin{bmatrix} \boldsymbol{F}^{AA}+\boldsymbol{F}^{AB}+\boldsymbol{F}^{AC} \\ \boldsymbol{F}^{BA}+\boldsymbol{F}^{BB}+\boldsymbol{F}^{BC} \\ \boldsymbol{F}^{CA}+\boldsymbol{F}^{CB}+\boldsymbol{F}^{CC} \end{bmatrix} = \begin{bmatrix} \boldsymbol{X}^{A} \\ \boldsymbol{X}^{B} \\ \boldsymbol{X}^{C} \end{bmatrix}$$

定义 $\boldsymbol{D}=\boldsymbol{Z}(\boldsymbol{X})^{-1}$ 为 N×N 阶方阵，则 $\boldsymbol{D}^{AB}=\boldsymbol{Z}^{AB}(\boldsymbol{X}^{B})^{-1}$ 就为 B 国各个行业部门对进口 A 国各行业部门中间品的直接消耗系数矩阵。则有：

$$\begin{bmatrix} \boldsymbol{D}^{AA}+\boldsymbol{D}^{AB}+\boldsymbol{D}^{AC} \\ \boldsymbol{D}^{BA}+\boldsymbol{D}^{BB}+\boldsymbol{D}^{BC} \\ \boldsymbol{D}^{CA}+\boldsymbol{D}^{CB}+\boldsymbol{D}^{CC} \end{bmatrix} \begin{bmatrix} \boldsymbol{X}^{A} \\ \boldsymbol{X}^{B} \\ \boldsymbol{X}^{C} \end{bmatrix} + \begin{bmatrix} \boldsymbol{F}^{AA}+\boldsymbol{F}^{AB}+\boldsymbol{F}^{AC} \\ \boldsymbol{F}^{BA}+\boldsymbol{F}^{BB}+\boldsymbol{F}^{BC} \\ \boldsymbol{F}^{CA}+\boldsymbol{F}^{CB}+\boldsymbol{F}^{CC} \end{bmatrix}$$

$$= \begin{bmatrix} \boldsymbol{L}^{AA}+\boldsymbol{L}^{AB}+\boldsymbol{L}^{AC} \\ \boldsymbol{L}^{BA}+\boldsymbol{L}^{BB}+\boldsymbol{L}^{BC} \\ \boldsymbol{L}^{CA}+\boldsymbol{L}^{CB}+\boldsymbol{L}^{CC} \end{bmatrix} \begin{bmatrix} \boldsymbol{F}^{AA}+\boldsymbol{F}^{AB}+\boldsymbol{F}^{AC} \\ \boldsymbol{F}^{BA}+\boldsymbol{F}^{BB}+\boldsymbol{F}^{BC} \\ \boldsymbol{F}^{CA}+\boldsymbol{F}^{CB}+\boldsymbol{F}^{CC} \end{bmatrix} = \begin{bmatrix} \boldsymbol{X}^{A} \\ \boldsymbol{X}^{B} \\ \boldsymbol{X}^{C} \end{bmatrix}$$

因此，$\begin{bmatrix} \boldsymbol{L}^{AA} & \boldsymbol{L}^{AB} & \boldsymbol{L}^{AC} \\ \boldsymbol{L}^{BA} & \boldsymbol{L}^{BB} & \boldsymbol{L}^{BC} \\ \boldsymbol{L}^{CA} & \boldsymbol{L}^{CB} & \boldsymbol{L}^{CC} \end{bmatrix} = \begin{bmatrix} 1-\boldsymbol{D}^{AA} & -\boldsymbol{D}^{AB} & -\boldsymbol{D}^{AC} \\ -\boldsymbol{D}^{BA} & 1-\boldsymbol{D}^{BB} & -\boldsymbol{D}^{BC} \\ -\boldsymbol{D}^{CA} & -\boldsymbol{D}^{CB} & 1-\boldsymbol{D}^{CC} \end{bmatrix}^{-1}$。

完全消耗矩阵即 $\boldsymbol{L}=(1-\boldsymbol{D})^{-1}$，$\boldsymbol{L}^{AB}$ 代表 N×N 的里昂惕夫逆矩阵，表示 A 国每增加 1 单位消费需求所需要 B 国的中间投入。$\boldsymbol{V}^{A}$（增加值系数矩阵）的每个元素都代表 A 国总产出中的增加值份额。定义增加值系数 $\boldsymbol{V}^{A}=\boldsymbol{V}\boldsymbol{D}^{A}(\boldsymbol{X}^{A})^{-1}$ 为 $\boldsymbol{A}$ 国增加值系数向量，为 $\boldsymbol{A}$ 国直接增加值系数矩阵。

综上所述，$\boldsymbol{VX}$ 代表各国增加值出口矩阵，而 $\boldsymbol{VX}=\boldsymbol{VLF}$，$\boldsymbol{F}$ 作为 N×1 最终需求消费矩阵，就意味着 $\boldsymbol{VL}$（1×N）可表示最终需求的增加值率矩阵。$\boldsymbol{V}^{A}\boldsymbol{L}^{A}$ 的每一列代表了 A 国某行业国内生产品的各国产品增加值率。则 A、B、C 三国完全增加值系数矩阵 $\boldsymbol{VL}$ 为：

$$\boldsymbol{VL} = [\boldsymbol{V}^{A} \quad \boldsymbol{V}^{B} \quad \boldsymbol{V}^{C}] \begin{bmatrix} \boldsymbol{L}^{AA} & \boldsymbol{L}^{AB} & \boldsymbol{L}^{AC} \\ \boldsymbol{L}^{BA} & \boldsymbol{L}^{BB} & \boldsymbol{L}^{BC} \\ \boldsymbol{L}^{CA} & \boldsymbol{L}^{CB} & \boldsymbol{L}^{CC} \end{bmatrix}$$

$$=[\boldsymbol{V}^{A}\boldsymbol{L}^{AA}+\boldsymbol{V}^{B}\boldsymbol{L}^{BA}+\boldsymbol{V}^{C}\boldsymbol{L}^{CA},\ \boldsymbol{V}^{A}\boldsymbol{L}^{AB}+\boldsymbol{V}^{B}\boldsymbol{L}^{BB}+\boldsymbol{V}^{C}\boldsymbol{L}^{CB},\ \boldsymbol{V}^{A}\boldsymbol{L}^{AC}+\boldsymbol{V}^{B}\boldsymbol{L}^{BC}+\boldsymbol{V}^{C}\boldsymbol{L}^{CC}]$$

定义 $\boldsymbol{E}^{AB}$ 为 A 国向 B 国的总出口（包括中间品和最终消费品）向量，根据投入产出表的行向平衡关系，总产出 = 中间需求 + 最终消费。$\boldsymbol{E}^{AB}=\boldsymbol{D}^{AB}\boldsymbol{X}^{B}+\boldsymbol{F}^{AB}$，A 国总出口可表示为：$\boldsymbol{E}^{A}=\boldsymbol{E}^{AB}+\boldsymbol{E}^{AC}=\boldsymbol{D}^{AB}\boldsymbol{X}^{B}+\boldsymbol{D}^{AC}\boldsymbol{X}^{C}+\boldsymbol{F}^{AB}+\boldsymbol{F}^{AC}$。

增加值率矩阵和出口矩阵的乘积 ***VLE*** 矩阵，就可以用来衡量被分解的一国总出口中行业层面的国内增加值含量。

$$\boldsymbol{VLE}=\begin{bmatrix}\boldsymbol{V}^{A}\boldsymbol{L}^{AA} & \boldsymbol{V}^{A}\boldsymbol{L}^{AB} & \boldsymbol{V}^{A}\boldsymbol{L}^{AC}\\ \boldsymbol{V}^{B}\boldsymbol{L}^{BA} & \boldsymbol{V}^{B}\boldsymbol{L}^{BB} & \boldsymbol{V}^{B}\boldsymbol{L}^{BC}\\ \boldsymbol{V}^{C}\boldsymbol{L}^{CA} & \boldsymbol{V}^{C}\boldsymbol{L}^{CB} & \boldsymbol{V}^{C}\boldsymbol{L}^{CC}\end{bmatrix}\begin{bmatrix}\boldsymbol{F}^{AA} & \boldsymbol{F}^{AB} & \boldsymbol{F}^{AC}\\ \boldsymbol{F}^{BA} & \boldsymbol{F}^{BB} & \boldsymbol{F}^{BC}\\ \boldsymbol{F}^{CA} & \boldsymbol{F}^{CB} & \boldsymbol{F}^{CC}\end{bmatrix}$$

$$=\begin{bmatrix}\boldsymbol{V}^{A}\boldsymbol{L}^{AA}\boldsymbol{F}^{A} & \boldsymbol{V}^{A}\boldsymbol{L}^{AB}\boldsymbol{F}^{B} & \boldsymbol{V}^{A}\boldsymbol{L}^{AC}\boldsymbol{F}^{C}\\ \boldsymbol{V}^{B}\boldsymbol{L}^{BA}\boldsymbol{F}^{A} & \boldsymbol{V}^{B}\boldsymbol{L}^{BB}\boldsymbol{F}^{B} & \boldsymbol{V}^{B}\boldsymbol{L}^{BC}\boldsymbol{F}^{C}\\ \boldsymbol{V}^{C}\boldsymbol{L}^{CA}\boldsymbol{F}^{A} & \boldsymbol{V}^{C}\boldsymbol{L}^{CB}\boldsymbol{F}^{B} & \boldsymbol{V}^{C}\boldsymbol{L}^{CC}\boldsymbol{F}^{C}\end{bmatrix}$$

其中，用最终需求 $\boldsymbol{F}$ 来定义一国行业层面的增加值出口，可最终得到上述 ***VLE*** 矩阵，矩阵中对角线上的元素代表了一国的贸易折返值进口的中间品带来的本国增加值回流，而行非对角线上的元素之和就是一国对外增加值出口，列非对角线元素之和表示一国进口增加值（国外价值增值部分）。

7.1.2　估计方法

增加值贸易统计方法不同于传统贸易统计方法，它以贸易增量的测度代替传统贸易总量测算依据，能够更有效地分析全球价值链上各个国家、各个部门之间的产品贸易流向和贸易利益的内在分配机制，能够直接跳出中间品多次跨越国界循环往复的贸易网络，准确、清晰地界定各国在价值链中的地位和真实的贸易利得。增加值统计法为产品内分工的国际贸易环境构建了一个更符合贸易实际，更细化、全面、公正的国际贸易利益测算体系。

本章采用增加值贸易测算方法对我国贸易利益进行研究，在这里有必要解释增加值贸易与贸易增加值（Value-Added in Trade）两个相关又易混淆的概念。在理解增加值贸易与贸易增加值这两个概念时，可以在出口贸易增加值与增加值出口贸易这两个相似又不同的概念的基础上进行辨析：出口贸易增加值将一国出口商品中的本国价值与外国价值进行分解；而增加值出口贸易则在贸易流向的角度，衡量被进口国以直接或间接进口的方式吸收的来自出口国的全部产品和要素价值。两个概念的相同之处在于都排除了一国出口中的国外价值增值部分，从而测算产品在本国加工生产所创造的本国要素价值增加值，都旨在测度一国出口中本国要素的价值含量，因此两种贸易体系都剔除了一国出口中来自国外的价值增值；不同之处在于增加值贸易在测算出口增加值时，充分考虑了一国出口的中间品经国外价值增值后又以进口中间投入的方式折返回本国的价值，而贸易增加值并没有辨别出这一部分，存在部分错误加总（Stehrer，2012）。

Wang、Wei 和 Zhu（WWZ，2013）在国际投入产出模型中各国部门之间的贸易研究基础上，将一国的总出口分解为 16 个价值组成部分，归为出口的国内价值增值、本国折返价值、国外价值增值和纯重复计算 4 个主要价值模块，构建了一个完整的符合现实贸易环境的总贸易核算框架。本章将借鉴 WWZ（2013）总贸易核算法对我国增加值贸易利益进行研究。

7.1.3 增加值贸易框架

克鲁格曼（1995）最早提出了全球价值链的概念，主要是指各个国家在全球化的生产贸易网络中，通过参与国际生产链条中的某个或某些特定环节的生产，最终获得产品价值增值的利益分配。全球价值链上各国的贸易合作活动是一种双向贸易的关系，在对国际经济贸易的增加值进行分解时一般只分析各国的出口数据。

总贸易核算法对一国出口商品的价值来源与贸易流向进行分析，将传统贸易核算体系与国民经济核算体系进行比较研究，构建了一套全球价值链网络上的贸易利益核算框架，即总贸易核算框架。图 7-1 是总贸易核算体系下的国际产品内分工贸易模式。

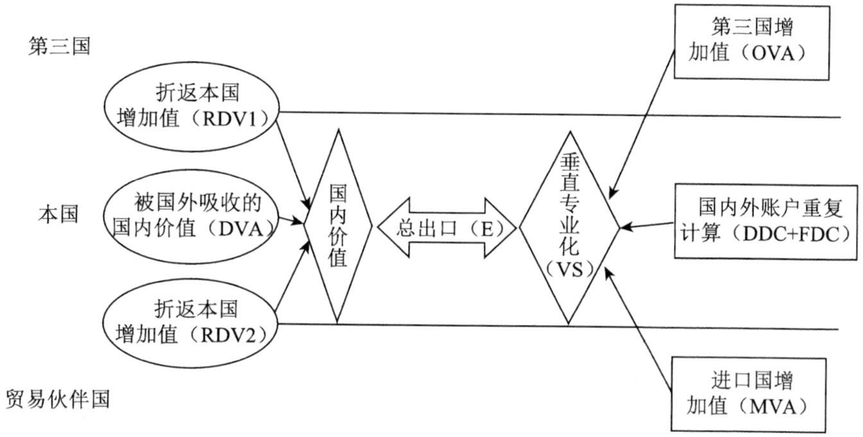

图 7-1　产品内分工与贸易模式

以增加值贸易角度对出口价值进行核算的总贸易核算法将一国出口的贸易价值进行细致分解，包含 4 个主要出口价值部分，即出口贸易增加值结构为出口中被国外吸收的本国价值增值（DVA）、通过进口的中间投入品折返回国的本国价值（RDV）、出口中的国外价值增值（FVA）、中间品贸易跨国流转导致的纯重复计算部分（PDC）。

7.1.4　数据说明

本章数据主要来自对外经济贸易大学全球价值链研究团队构建的 UIBE GVC Index 数据库。截至目前，该数据库中涵盖了 1995—2011 年世界 41 个国家和地区 35 个部门的投入产出数据，构成了各个国家国际贸易的世界投入产出表。与传统贸易投入产出相比，WIOTs 包括了时间上连续的各个国家间各个部门间的双边贸易数据，具有明显的优势和创新性。在世界投入产出表中，中间投入行向量、总产出行向量可以直接获取，中间产品进出口额和最终产品进出口额由中间投入矩阵、最终使用矩阵经简单转化后得到。由此，本章将应用上文中的三国模型对中国进出口产品的增加值来源和贸易流向进行分解，从而分析产品内分工背景下的我国真实贸易利得。主要数据运算处理过程在 Stata 13.0 软件中实现。

7.2 增加值贸易下我国对外贸易利益

7.2.1 增加值贸易下我国出口贸易额

在全球生产网络中，生产要素以中间产品为媒介在国与国之间自由流动，产品的生产过程被细分成若干个工序和生产阶段，分别被全球价值链上的不同国家所承担，国际贸易中各国生产者之间形成了复杂的网络，由此产生了如跨国公司贸易价格转移、进口中间投入品的本国贸易价值折返、中间品多次跨越国界造成的价值重复计算等问题，使得各国、各地区与各部门之间的贸易利益辨别呈现出价值主体难辨别、价值来源多样化、贸易流向不清晰等诸多新特点。传统的以贸易总量为计量口径的统计方法与产品内分工的现实环境不再相符，不能反映各国和地区在全球价值链上产生的真实贸易利得。而增加值贸易统计方法能厘清全球生产网络中各国之间错综复杂的贸易利益关系，使得增加值贸易测算方法更符合全球价值链的贸易现实，且对各国贸易利益的分配机制和在价值链上地位的研究更具客观性和公正性。本章中的总值贸易核算即传统的海关贸易核算，总值出口额即传统贸易海关统计方式下的出口总额。

表 7-2 增加值贸易下我国出口贸易额

年份	总值出口额/亿美元	出口国内增加值/亿美元	出口国外增加值/亿美元	进口国内增加值/亿美元	增加值出口额/亿美元	VAX	RDV占比	国外增加值占比	差异率
1995	1663.5	1402.2	261.3	9.2	1393.0	83.74%	0.55%	15.71%	16.26%
1996	1699.9	1458.0	241.9	10.2	1447.8	85.17%	0.60%	14.23%	14.83%
1997	2054.1	1767.9	286.2	14.1	1753.8	85.38%	0.69%	13.93%	14.62%
1998	2055.8	1793.9	261.9	14.7	1779.2	86.55%	0.72%	12.74%	13.45%
1999	2167.5	1854.5	313.0	17.1	1837.4	84.77%	0.79%	14.44%	15.23%
2000	2776.4	2298.7	477.7	27.8	2270.9	81.79%	1.00%	17.21%	18.21%

续表

年份	总值出口额/亿美元	出口国内增加值/亿美元	出口国外增加值/亿美元	进口国内增加值/亿美元	增加值出口额/亿美元	VAX	RDV占比	国外增加值占比	差异率
2001	2975.6	2486.8	488.8	34.5	2452.3	82.41%	1.16%	16.43%	17.59%
2002	3634.1	2988.4	645.7	50.2	2938.2	80.85%	1.38%	17.77%	19.15%
2003	4830.0	3808.4	1021.6	80.1	3728.3	77.19%	1.66%	21.15%	22.81%
2004	6535.3	4884.1	1651.2	124.6	4759.5	72.83%	1.91%	25.27%	27.17%
2005	8345.4	6200.6	2144.8	162.9	6037.7	72.35%	1.95%	25.70%	27.65%
2006	10593.5	7909.7	2683.8	229.2	7680.5	72.50%	2.16%	25.33%	27.50%
2007	13396.3	10093.3	3303.0	295.0	9798.3	73.14%	2.20%	24.66%	26.86%
2008	15792.9	12201.0	3591.9	353.7	11847.3	75.02%	2.24%	22.74%	24.98%
2009	13311.2	10752.5	2558.7	310.5	10442.0	78.45%	2.33%	19.22%	21.55%
2010	17413.7	13685.1	3728.6	464.9	13220.2	75.92%	2.67%	21.41%	24.08%
2011	20842.1	16309.4	4532.7	574.7	15734.7	75.49%	2.76%	21.75%	24.51%

资料来源：UIBE GVC Index、WIOD数据库、中华人民共和国海关总署（http://www.customs.gov.cn）。

如表7-2所示，我国出口贸易额被分为出口国内增加值和出口国外增加值两个部分，其中，根据总贸易核算框架，出口国内增加值又分为被国外吸收的国内增加值DVA和返回并被本国吸收的国内增加值RDV，2011年总值出口额、增加值出口额、出口国外增加值和进口国内增加值分别为20842.1亿美元、15734.7亿美元、4532.7亿美元和574.7亿美元，较1995年增长了12.5倍、11.3倍、17.3倍和62.5倍。以增加值贸易和总值贸易统计的我国出口贸易额均呈现持续上升的趋势，但总值贸易额的增长幅度略大于增加值出口贸易额的增长幅度，说明以传统海关统计的我国出口贸易额的增长幅度存在一定的高估。2013年，中国对外贸易总额达到4.16万亿美元，超越美国位居世界第一，然而，上述海关数据是以贸易产品的原产地准则为前提条件的，这与全球生产网络的现实严重背离（Dieter，1998）。本章数据也证明，以增加值贸易统计的我国出口贸易额的增速并未像总值贸易描述的那样迅猛。

我国出口的国外价值增值逐年增加且增长迅速，意味着我国参与国际生产分工的程度在加深，越来越多地进口国外中间投入品进行加工生产，不断深入全球化分工合作体系。进口国内增加值即进口国内折返值的绝对值虽然不大，但其增长幅度较大，2011 年相较于 1995 年增长了 62.5 倍。RDV 的提高表明我国出口产品更多地参与全球价值链上游生产环节，显示了我国出口产品贸易结构在不断改善，并且在全球价值链上的地位有所优化。

图 7-2 比较了 1995—2011 年我国增加值贸易出口额和传统海关总值贸易出口额情况。可以明显看出，增加值贸易统计出口额始终小于海关贸易额。这是由于以增加值贸易统计的出口是被进口国吸收的本国增加值，而海关测算出的出口额不仅包括本国被他国吸收的价值，还包括由本国通过进口中间投入品返回国内的价值出口和出口中包含的国外价值增值。受国际金融危机的影响，增加值统计和传统总值统计的出口贸易额于 2009 年急剧下调，凸显了世界经济环境的变化对我国外贸影响很大，2010 年，各种宏观经济政策对国际贸易调整的效果开始显现，各项贸易出口指标迅速回调，至 2011 年创出新高。增加值贸易和总值贸易统计的我国出口额的差异在不断增大，差异率（1-增加值出口额÷总值出口额）由 1995 年的 16.26%扩大至 2011 年的

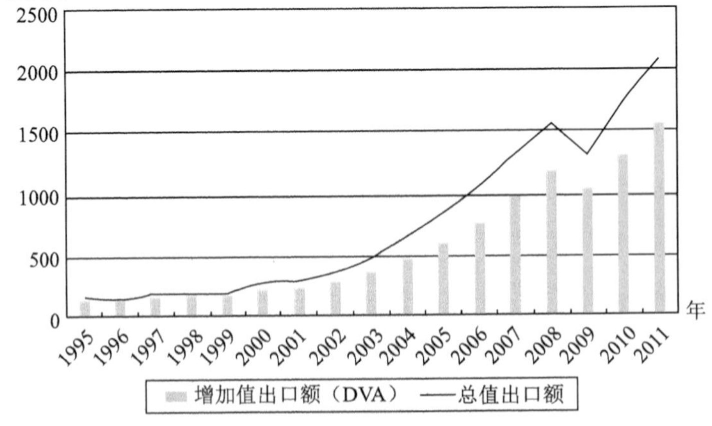

图 7-2　1995—2011 年我国总值与增加值出口额对比

24.51%（见表 7-2），表明出口产品参与国际产品内分工的程度在不断加深，我国正逐渐深入全球产品内分工贸易体系。

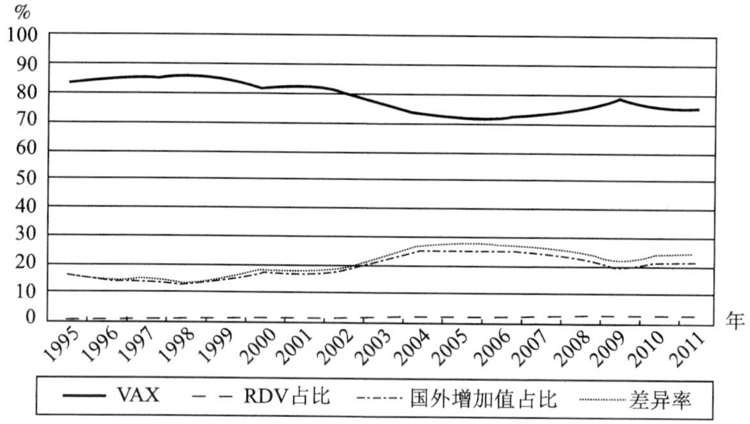

图 7-3　1995—2011 年我国增加值出口结构分析

图 7-3 是我国增加值出口的结构分析图。Johnson 和 Noguera（2012）提出了增加值出口 VAX（国内增加值最终被外国吸收的部分）的概念和度量方法，用来度量增加值出口占总值出口的比重。

从图 7-3 中可以看出，VAX 值整体上呈现明显递减的趋势，1998 年增加值出口占比达到 86.55%，2011 年国内增加值出口占比减少为 75.49%，说明在我国的对外出口商品中，尽管从表面上看我国总值贸易和增加值贸易出口规模增长迅速，但中国增加值成分的真实获利能力却日趋下降，出口贸易规模与实际所获利得不匹配。前文分析认为，海关总值贸易与增加值贸易出口额之间的差异主要在于本国折返增加值和国外增加值的出口。图 7-3 中两指标均呈现出整体缓慢上升的变化趋势。国外增加值占比的变动较为明显，其在出口中的比重从 1995 年的 15.71%上涨到了 2005 年的 25.7%，在此之后有所下降，到 2011 年为 21.75%；本国折返增加值比重也一直在增加，但始终在 3%以下。图 7-3 中的两条折线高低分布明显，也说明海关总值统计与增加值贸易统计的出口额差异主要来源于国外价值增值，显示出我国出口商品生产对国外要素的依赖程度较高，与我国在全球价值链下游低附加值环节的加工贸易比重较高的贸易现实相符。

7.2.2 增加值贸易衡量的双边贸易差额

在对我国双边贸易差额的增加值贸易统计分析中，本章选择中国最大的贸易伙伴经济体——欧盟作为研究对象。为深入分析总值贸易和增加值贸易测算方式下中欧贸易差额，我们定义了两种贸易统计方式下的差异指标，即差异率=1-增加值方式下双边贸易差额÷总值方式下双边贸易差额，表示传统方式统计的贸易差额与增加值贸易统计相比的夸大程度。

表7-3和图7-4是利用总贸易核算法计算的中国出口欧盟增加值贸易差额情况。若仅仅从中国海关总值贸易计算的中欧贸易顺差的绝对量来看，中国对欧盟贸易出现持续顺差的特点，且顺差额保持了较高的增速，1995年为76.89亿美元，而2008年达到967.01亿美元，随后几年受全球金融危机影响稍有下调，2011年达到853.7亿美元，约为1995年顺差值的11倍。因此，以传统海关统计的中欧之间贸易失衡程度较为严重，而基于增加值贸易计算的中欧贸易差额更接近真实贸易状况。相较于传统总值贸易统计下的进出口额，以增加值贸易作为统计口径的贸易进出口额在很大程度上缩小了中欧贸易规模——2011年的中欧贸易顺差值约为1995年的6倍，相较于总值计算的11倍，差距较大。图7-4中也可以明显看出，总值贸易差额远大于增加值贸易差额，且差异率始终保持在30%以上，2003年差异率达到70.4%，也就是说，真实的增加值贸易差额只占海关总值统计差额的1/3。基于增加值贸易统计的双边贸易差额能够还原真实的贸易差额，对双方国际贸易的政策制定具有显著作用。

表 7-3　增加值贸易下中欧贸易差额

年份	中国出口欧盟/亿美元	中国出口欧盟增加值/亿美元	欧盟出口中国/亿美元	欧盟出口中国增加值/亿美元	中欧贸易差额/亿美元	中欧贸易增加值差额/亿美元	差异率
1995	369. 82	254. 93	292. 93	201. 58	76. 89	53. 35	30. 62%
1996	358. 56	248. 50	279. 10	193. 41	79. 46	55. 09	30. 67%
1997	409. 83	277. 85	299. 13	199. 98	110. 70	77. 87	29. 66%
1998	453. 49	311. 71	316. 93	216. 21	136. 56	95. 50	30. 07%
1999	515. 46	354. 09	368. 34	249. 99	147. 12	104. 10	29. 24%
2000	573. 61	363. 70	427. 77	268. 46	145. 84	95. 24	34. 70%
2001	597. 80	384. 97	517. 67	330. 88	80. 13	54. 09	32. 50%
2002	669. 72	424. 05	608. 86	393. 05	60. 86	31. 00	49. 06%
2003	923. 40	561. 91	855. 90	541. 93	67. 50	19. 98	70. 40%
2004	1262. 39	719. 31	1120. 44	669. 76	141. 95	49. 55	65. 09%
2005	1526. 50	874. 73	1121. 12	642. 62	405. 38	232. 11	42. 74%
2006	1987. 11	1139. 84	1423. 66	792. 62	563. 45	347. 22	38. 38%
2007	2618. 72	1506. 98	1748. 95	967. 94	869. 77	539. 04	38. 02%
2008	2995. 75	1772. 34	2028. 74	1164. 06	967. 01	608. 28	37. 10%
2009	2602. 42	1645. 82	1883. 06	1174. 14	719. 36	471. 68	34. 43%
2010	3324. 84	1999. 84	2436. 71	1477. 93	888. 13	521. 91	41. 23%
2011	3951. 82	2317. 92	3098. 12	1841. 45	853. 70	476. 47	44. 19%

资料来源：WIOD 数据库。

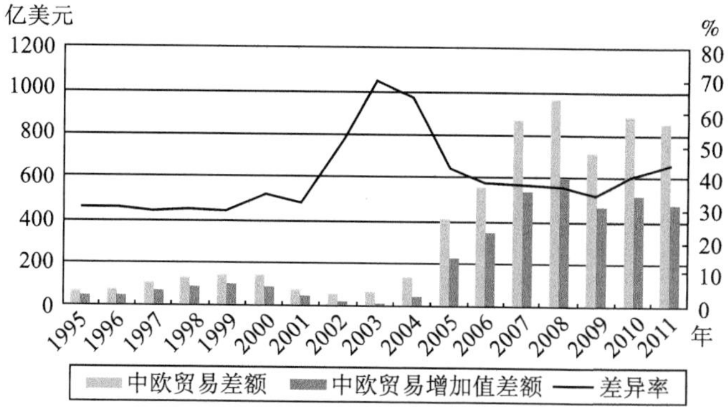

图 7-4　1995—2011 年增加值贸易下中欧贸易差额

如图 7-5 所示，中欧双边贸易规模不断扩大，且总体上保持了快速发展的势头，两种统计方法下的中欧贸易规模和差额的整体趋势表现出明显的一致性，说明总值贸易和增加值贸易两种不同统计方法测算出的中欧双边贸易，在中欧在全球价值链上的分工地位和中欧双边获利格局方面并没有差异。中欧双边贸易出口额于 2009 年波动明显，这与当年全面爆发的“欧债危机”有很大关系，说明这次国际经济震荡对中欧双边贸易产生了巨大影响。图 7-5 中总值贸易纵轴坐标比例是图 7-4 中增加值贸易统计下的 2 倍，但两图中指标的整体趋势一致，说明总值测算下的中欧双边贸易总额与差额约是增加值贸易测算下的 2 倍，故传统总值贸易统计并不能真实地反映中欧贸易中中国的实际贸易利得。贸易双方的增加值贸易测算额均小于海关总值贸易测算额，说明中欧之间中间品贸易占比较大，特别是在中国这种加工贸易多的国家，这两个数字的差异更为显著，相应地，双边贸易结论的差异也会被夸大，容易误导贸易政策走向。

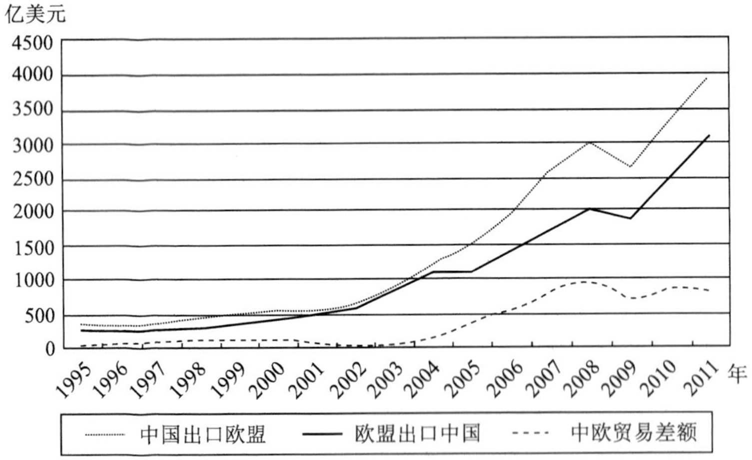

图 7-5　1995—2011 年中国与欧盟总值贸易和增加值规模及差额比较

7.3 增加值贸易下我国贸易利益再分解

7.3.1 出口总额中的增加值分解

本节以中美贸易为例，探讨增加值贸易下我国贸易利益再分解。中国对美国的出口额按总值贸易框架可以分解为境内价值部分和境外价值部分，其中境内价值又包括被境外吸收的境内增加值（DVA）和返回境内的境内增加值（RDV），境外价值部分按主要来源地分为美国、欧盟（28 国）、EA4（中国台湾、日本、韩国、印度尼西亚）以及世界其他国家或地区（ROW）。

在增加值贸易的测算基础上，一国出口中被其他国家吸收的本国价值增加值在出口总额中的占比越大，说明该国通过全球价值网络产生的要素报酬越高、获利能力越强。表 7-4 中，增加值率=（DVA+RDV）÷总出口，可以判断中国出口美国产品的获利能力。整体上，中国的国内价值出现了较为明显的下降趋势。2000 年，国内价值增值为 81.55%，2011 年下降为 77.36%。上述变化说明，在中国对美出口商品中，尽管从表面上看中国的贸易总值和贸易顺差都是提高的，但中国的获利能力却是不断下降的。DVA 在总出口的占比整体表现出下降趋势，由 2000 年的 81.41%下降至 76.65%，意味着总值贸易与增加值贸易两种统计方法下的中国对美贸易出口额的差异在不断加大，也说明中国对美国出口商品参与国际价值链的程度一直在加深，出口中的中间产品的进口在不断增加。中国对美国出口的 RDV 比值持续增加且增长迅速，表明中国对美国出口产品中参与价值链上游的环节增多，导致折返值比重加大，说明我国对美出口产品的贸易结构在不断改进。中国对美国出口中包含了越来越多的美国价值增值，由 2000 年的 2.07%上升到 2006 年的 3.29%，再到 2011 年的 2.67%，表明中美贸易顺差的动因中，美国也有不可推卸的责任，并且美国对中美顺差的影响在不断增强。因此，美国以中国的贸易顺差为借口，对我国国际贸易设置壁垒和实行其他贸易保护性措施是站不住脚的。

表 7-4　中美增加值出口结构分析

年份	国内价值（增加值率）			国外价值		
	总计	DVA	RDV	总计	美国	其他（欧盟、EA4、ROW）
2000	81.55%	81.41%	0.14%	18.44%	2.07%	16.37%
2001	82.41%	82.24%	0.17%	17.59%	2.06%	15.53%
2002	80.96%	80.79%	0.16%	19.04%	2.20%	16.84%
2003	77.26%	77.08%	0.17%	22.74%	2.51%	20.23%
2004	72.90%	72.62%	0.28%	27.08%	3.05%	24.03%
2005	72.60%	72.30%	0.29%	27.38%	3.13%	24.25%
2006	73.25%	72.89%	0.36%	26.73%	3.29%	23.44%
2007	74.11%	73.72%	0.39%	25.87%	3.23%	22.64%
2008	76.47%	75.99%	0.48%	23.51%	2.88%	20.63%
2009	79.95%	79.43%	0.52%	20.04%	2.63%	17.41%
2010	77.71%	77.10%	0.61%	22.27%	2.78%	19.49%
2011	77.36%	76.65%	0.71%	22.62%	2.67%	19.95%

7.3.2　按来源地分类的出口增加值分解

如表 7-5 所示，将中国对美国出口的国外价值部分按主要来源地进行分解。中国对美国出口中的国外增加值占比由 2000 年的 18.44%上升到 2011 年的 22.62%，其中美国、欧盟和 EA4 的国外增加值贡献率较大。图 7-6 显示，EA4 在中国对美国出口的国外价值成分中占比最大。由于我国从事贸易品的最后加工装配环节，东亚产品内分工网络对美国的出口便间接地变换成我国对美国的出口，东亚国家或地区对美国的贸易顺差通过隐藏在我国出口中的国外价值部分间接转移到了我国，变成了我国对美国的贸易顺差。美国与欧盟在国外增加值占比的绝对值虽相对较小，但趋势平稳。说明中国对美国的出口中包含了很多来自其他国家或地区的价值增值，各国或地区在产品分工环节的共同作用造成了中国与美国贸易的有效衔接，然而传统的总值贸易统计无法将各国或地区的贸易增值从全球生产网络中剥离出来，造成本来应该归于价值链上游国家或地区的贸易利益和对美贸易顺差被错误地计量到价值链下游以加工贸易为主的中国。而中国对美国的贸易出口在促进美国贸易利益提升的同时，也带动了欧盟、东亚等其他地区贸易利益的增长，从而在世界贸易中创造了一个多方获利的贸易格局，推动了世界经济的快速发展。

表 7-5　中国对美国出口的国外价值增值分解

年份	总计	美国	欧盟	EA4	ROW
2000	18. 44%	2. 07%	2. 95%	6. 89%	6. 53%
2001	17. 59%	2. 06%	3. 02%	6. 20%	6. 31%
2002	19. 04%	2. 20%	3. 26%	6. 91%	6. 67%
2003	22. 74%	2. 51%	4. 11%	7. 99%	8. 13%
2004	27. 08%	3. 05%	4. 93%	8. 94%	10. 16%
2005	27. 38%	3. 13%	4. 4%	8. 69%	11. 16%
2006	26. 73%	3. 29%	4. 41%	7. 94%	11. 09%
2007	25. 87%	3. 23%	4. 43%	7. 27%	10. 94%
2008	23. 51%	2. 88%	3. 60%	5. 63%	11. 40%
2009	20. 04%	2. 63%	2. 98%	5. 34%	9. 09%
2010	22. 27%	2. 78%	3. 02%	5. 65%	10. 82%
2011	22. 62%	2. 67%	3. 13%	5. 13%	11. 69%

资料来源：根据 WIOD 数据整理得到。

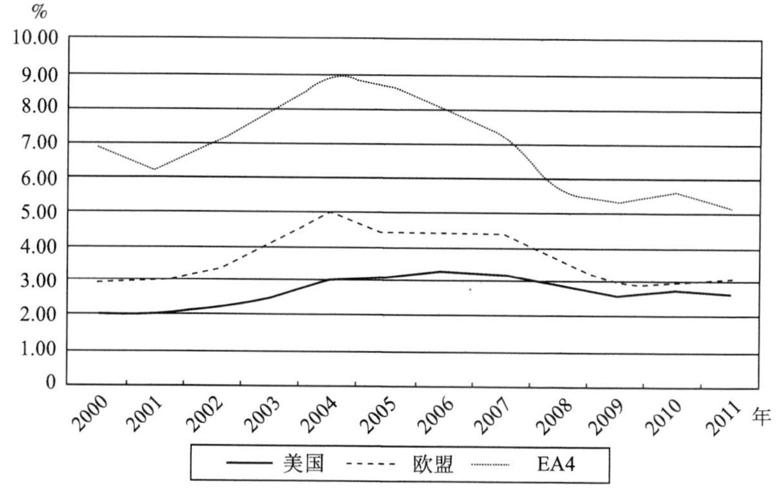

图 7-6　中美贸易出口增加值部分主要国家或地区占比情况

图 7-7 和图 7-8 是中国对美国出口中的中国获利能力与美国获利能力的比较分析。在中国对美国的出口中，中国的获利能力波动较大，由 2000 年的 81.41%下降到 2005 年的 72.3%，之后有所回调，2011 年为 76.65%，整体趋势有所下降，说明我国对美国出口的获利能力不稳定且有所下降，我国获利能力的变动趋势与不断增大的中美贸易顺差不相符。而在中国输美产品中，美国价值增值占比保持着稳中有升的态势，说明在中国对美国出口中，美国的获利能力比较稳定且有所提高，也反映了我国对美国的出口的贸易利益分配趋势是向着对美国有利而对中国不利的方向发展的。

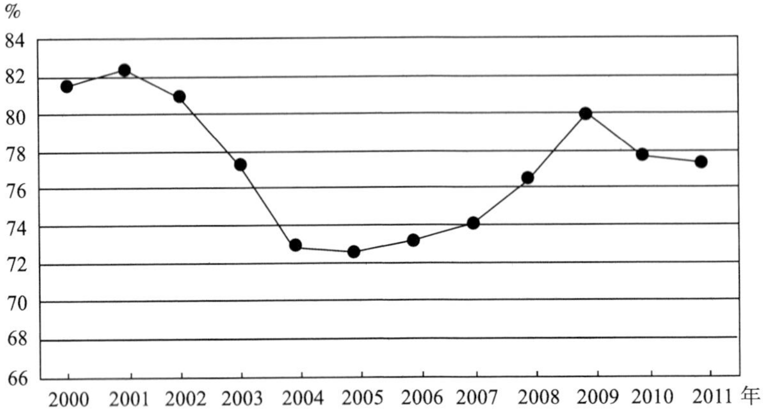

图 7-7 中国对美国出口中中国获利能力

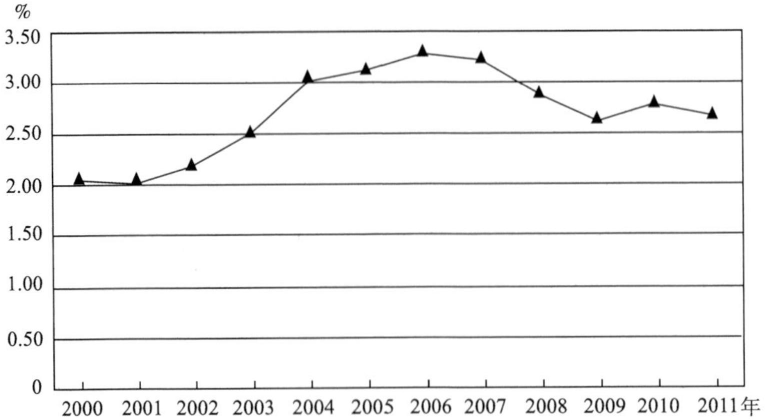

图 7-8 中国对美国出口中美国获利能力

7.3.3　按行业分类的出口增加值分解

表 7-6 显示了行业层面的中国对美国出口增加值分解。从传统贸易统计和增加值贸易统计下的结果来看，中国对美国出口中制造业所占比重都远大于初级产品和资源产品行业以及服务业的占比。但制造业增加值出口占比整体表现出波动下降的趋势，由 1995 年的 75.95%下降到 2011 年的 63.84%，而制造业出口中的国内折返值和包含的国外价值增值比重却呈现出波动上升趋势，说明制造业融入产品内全球生产网络的程度更深，出口的国外价值增加，参与国际生产分工的上游生产阶段有所增加。此外，相较于初级产品和资源产品行业以及服务业，制造业增加值出口占比远小于海关总值出口占比，说明制造业参与全球产品内分工的程度更深，中间投入品的占比较大，更多国家参与到产品价值链生产过程中。生产过程中的价值增值被不断细化到各个国家，所以虽然名义上的出口额比较大，但真正归于出口国的增加值并不多。

表 7-6　中美行业层面增加值分解

年份	初级产品和资源产品行业				制造业				服务业			
	总值出口(E)	增加值出口(DVA)	折返值(RDV)	国外价值(VS)	总值出口(E)	增加值出口(DVA)	折返值(RDV)	国外价值(VS)	总值出口(E)	增加值出口(DVA)	折返值(RDV)	国外价值(VS)
1995	2.38%	2.18%	0.05%	0.15%	94.19%	75.95%	1.23%	17.01%	3.43%	2.93%	0.04%	0.46%
1996	2.64%	2.42%	0.06%	0.16%	94.49%	78.19%	1.50%	14.80%	2.87%	2.49%	0.06%	0.32%
1997	2.27%	2.10%	0.05%	0.12%	95.04%	78.52%	1.68%	14.84%	2.69%	2.34%	0.06%	0.29%
1998	1.56%	1.48%	0.02%	0.06%	91.76%	77.09%	1.44%	13.23%	6.68%	5.94%	0.12%	0.62%
1999	1.19%	1.10%	0.03%	0.06%	92.50%	75.97%	1.53%	15.00%	6.31%	5.56%	0.11%	0.64%
2000	1.69%	1.54%	0.04%	0.11%	90.45%	71.42%	1.65%	17.38%	7.86%	6.74%	0.16%	0.96%
2001	1.01%	0.93%	0.03%	0.05%	89.96%	71.89%	1.55%	16.52%	9.02%	7.83%	0.18%	1.01%
2002	1.03%	0.94%	0.03%	0.06%	88.54%	69.22%	1.59%	17.73%	10.44%	8.97%	0.21%	1.26%
2003	0.72%	0.65%	0.02%	0.05%	91.23%	67.83%	1.85%	21.55%	8.05%	6.72%	0.19%	1.14%

续表

年份	初级产品和资源产品行业				制造业				服务业			
	总值出口(E)	增加值出口(DVA)	折返值(RDV)	国外价值(VS)	总值出口(E)	增加值出口(DVA)	折返值(RDV)	国外价值(VS)	总值出口(E)	增加值出口(DVA)	折返值(RDV)	国外价值(VS)
2004	0.72%	0.64%	0.02%	0.06%	91.08%	63.26%	2.18%	25.64%	8.20%	6.58%	0.22%	1.40%
2005	0.75%	0.66%	0.02%	0.07%	91.19%	63.03%	2.20%	25.96%	8.06%	6.46%	0.22%	1.38%
2006	0.60%	0.53%	0.02%	0.05%	91.86%	64.18%	2.29%	25.39%	7.54%	6.02%	0.21%	1.31%
2007	0.51%	0.45%	0.01%	0.05%	91.34%	64.56%	2.27%	24.51%	8.16%	6.59%	0.23%	1.34%
2008	0.55%	0.49%	0.02%	0.04%	88.91%	65.02%	2.03%	21.86%	10.54%	8.64%	0.27%	1.63%
2009	0.57%	0.53%	0.01%	0.03%	87.48%	67.02%	1.88%	18.58%	11.95%	10.22%	0.29%	1.44%
2010	0.55%	0.50%	0.01%	0.04%	86.79%	64.23%	2.04%	20.52%	12.66%	10.60%	0.34%	1.72%
2011	0.58%	0.52%	0.01%	0.05%	86.75%	63.84%	2.11%	20.80%	12.68%	10.53%	0.35%	1.80%

资料来源：UIBE GVC 数据库。

数据显示，制造业与初级资源类产品的生产比重在不断下降，但服务业的生产份额却明显提高。总值出口统计下服务业的贸易占比由 1995 年的 3.43%上升到 2011 年的 12.68%，增加值贸易统计下服务业的贸易占比由 1995 年的 2.93%上升到 2011 年的 10.53%。在中国对美国的出口贸易中，在制造业比重下降的同时服务业占比出现了较大幅度的攀升，反映了服务业在中美贸易中的地位逐步提高。此外，相较于制造业，初级产品和资源产品行业以及服务业在两种贸易统计方法下的总值出口和增加值出口占比差异非常小，表明这两个行业分类中的贸易增加值大部分来自本国的价值增值，由于这两个行业的自身特点和在生产链条上的特殊地位，这两个行业的商品贸易价值中包含的国外价值较少。而制造业包含的中间品跨越国界的生产阶段较多，各国制造业产品生产的产品内分工合作普遍存在，因此以总值贸易测算的制造业出口额和份额比较容易被夸大。

图 7-9 和图 7-10 分别表示了中国对美国出口的各行业增加值贡献率以及出口中的增加值折返率。可以看出，初级产品和资源产品行业在中国对美国出口中的贸易增加值占比绝对额较小且变化趋势不明显，相较于制造业以及

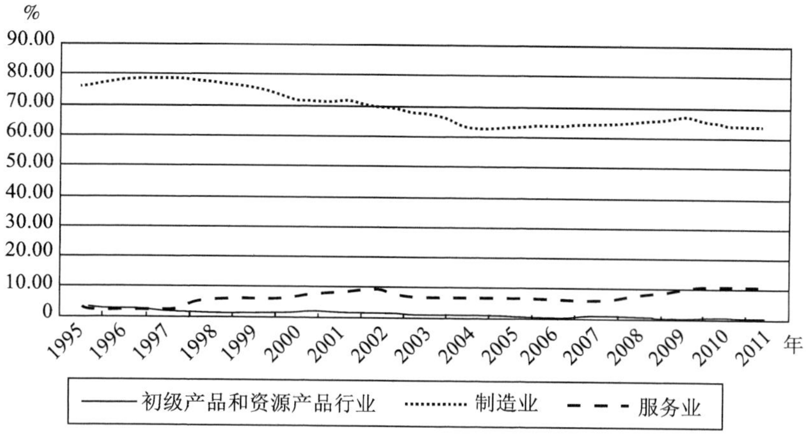

图 7-9　分行业中美贸易价值增值分解

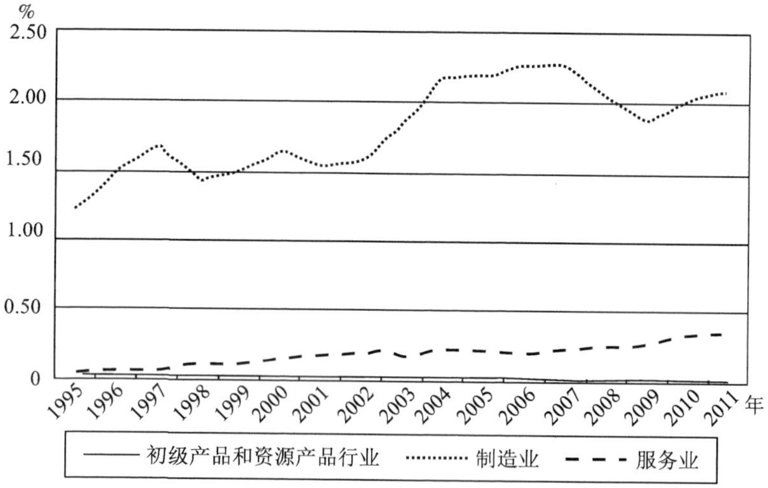

图 7-10　行业层面中美增加值折返率

服务业，发展趋势较为平稳。而制造业和服务业呈现出明显相反的变化趋势：制造业国内价值增值大幅下降，国外价值占比有所提升，说明中国对美出口的制造业产品参与产品内分工程度不断深化，但获利能力显著降低；服务业的国内价值增值占比大幅提高，说明服务业出口获利能力逐渐增强，中国对美国出口贸易利益分配逐渐由制造业向服务业转移，中国对美国的出口贸易结构不断优化。上文中提到，我国对美国出口产品的获利能力不稳定且有所下降，在行业层面的分析中可以看到，中国对美国出口的服务业获利能力虽不断提升，但上升幅度不足以弥补制造业获利能力的下降，这是中国对美国出口获利能力不断降低的主要原因。图 7-10 中，除了初级产品和资源产品行业的出口增加值折返率略有下降外，制造业和服务业都整体呈现出明显的上升趋势。说明中国对美国出口的初级和资源类产品在全球价值链上的地位有所下降，而制造业与服务业参与全球价值链上游的环节增多，在国际产品内分工中的地位逐渐提高。

7.4　小结

本章采用了 UIBE GVC 数据库、WIOD 和 OECD 的世界投入产出数据，根据增加值贸易统计方法，测算了我国对外出口总体经济贸易和双边贸易情况。本章首先基于三国投入产出模型的建立，引出 TiVA 测算方法和增加值贸易分析框架，其次选择中国最大的贸易伙伴——欧盟作为研究对象，衡量 TiVA 体系下的中欧双边贸易差额，最后以中美贸易为例，从总贸易核算框架、来源国和行业层面分析了我国对美国出口的增加值贸易结构特点。

本章的主要结论如下：从总体层面来看，以增加值贸易统计的我国出口贸易额的增速，并未像总值贸易描述的那样迅猛。海关总值贸易与增加值贸易出口额之间差异，主要在于本国折返增加值和国外增加值的出口。我国参与全球价值链的程度加深，在全球价值链上的地位有所优化，但我国增加值出口的真实获利能力在下降，这与我国日益增长的出口贸易规模和巨额国际贸易顺差并不匹配。中国出口表现为大量依赖进口中间品，参与国际价值分工的程度虽在加深，但在全球生产网络中主要从事附加值较低环节的生产，呈现出两头在外、高顺差、低附加值的特征。以传统海关统计分析的中欧之间贸易失衡程度较为严重，以增加值贸易统计的贸易进出口额很大程度上缩小了中欧贸易规模。

中国对美国出口贸易中，出口的国内增加值在总贸易出口中的占比整体呈现出下降趋势，表明中国对美国出口的商品融入价值链的程度在逐渐加深，中间产品在出口产品中的比重增加。中国对美国出口的国内回流价值占比持续增加且增长迅速，说明中国对美国出口产品中参与价值链上游环节增多。此外，中国出口中包含了越来越多的美国价值增值，我国对美国的出口贸易利益分配格局在向着有利于美国、不利于中国的方向发展。从行业层面来看，制造业占中国对美国出口的比重远远大于初级产品、资源产品行业以及服务业，但制造业的增加值出口占比整体呈现出波动下降的趋势。制造业国内价值增值大幅下降，国外价值占比有所提升，中国对美出口的制造业获利能力明显降低。而服务业的国内价值增值占比大幅提高，中国对美国出口的贸易利益分配逐渐由制造业向服务业转移，中美出口贸易结构在不断优化。

第8章　产品内分工对我国产业收益的影响

20世纪五六十年代以来，伴随现代科技的快速发展，产品生产过程的可分性大大增加，尤其是模块化生产（Modular Production）方式的发展极大地提升了中间产品的交易效率，促进国际分工形态经历了从产业间分工到产业内分工，再到产品内分工的不断深化演进。在产品内分工模式下，产品内分工全球生产网络内部的分工合作机制混合了国际市场交易机制和传统的企业内部的指令管理机制，产品内分工全球生产网络体系既缺乏对最终产品贡献的准确的测度机制，又没有整体收益分配的协调系统，造成全球生产网络内部的收益分配被模糊化、神秘化。产品内分工对我国产业收益的影响如何不仅是国际经济领域的一个重要课题，还攸关对我国对外开放质量和效益的评价。

8.1　产品内分工收益分配的相关文献梳理

产品内分工是以科学技术进步和社会生产力发展为基础的国际分工演化的产物，其突出的特征是“完整”的产品生产过程被割裂成不同工序或流程，跨区或跨国分散于特定的地理空间，而特定的地理空间又往往形成某种链节的地理集聚，从而成为既联系又割裂的产品内分工全球生产网络。产品内分工拓宽了经济开放国家或地区的国际分工参与度，但处在产品内分工不同生产环节的企业所获收益却存在较大差异。因此，产品内分工模式下分工利益分配问题，引起了众多学者的兴趣。出于研究视角和立场的不同，对产品内分工与分工利益的关系，学者们研究侧重点各不相同，主要集中在两个方面：一是产品内分工对参与国福利的影响；二是产品内分工条件下参与国直接利益的分配问题。国外学者大多关注前者，而后者更多地引起了我国学者的兴趣。

8.1.1　产品内分工对参与国福利的影响

许多有关产品内分工对参与国福利影响的研究都表明，虽然产品内分工促使了参与其中的各个国家或地区整体福利的提高，但也可能会使得特定要素所有者的利益受到损害。Krugman（1994）在分析国际经济中南方国家对北方国家的贸易冲击时发现，产品的不同工序或流程在全球范围内进行分工生产有可能给各参与方带来双赢的结果。Arndt（1997，1998）认为如果发达国家采用了产品内分工模式，将本国国内的生产环节转移到其他发展中国家，可以推动国内的工人转移到更高级的生产工序从而促使这部分工人的收入提高；与此同时，对生产环节转移的接受国来说，劳动力需求的提高也将会引发其收入的提高，并且因为接收生产环节转移产业的产出和就业都增加了，该国福利将整体提升。Arndt（2004）进一步研究认为，在自由贸易的国际环境之下，参与产品内分工不仅能够减少贸易转移的发生，而且如果该国家加强本国所参与的产品内分工生产环节的比较优势，就可以实现贸易创造，最终促进该国福利水平的整体提高。Jones、Kierzhowski 和 Lurong（2005）指出，在产品内分工的条件下，对劳动力丰富的发展中国家而言，可以通过参与产品内分工中的劳动密集型生产环节而获得更高福利。Munch 和 Skaksen（2005）利用丹麦制造业数据进行研究，发现不同国家在产品生产的不同环节上凭借要素禀赋的差异而具有比较优势，因而产品分割生产能够产生专业化所带来的收益，从而实现比较优势效应。Amiti 和 Wei（2006）从劳动者劳动熟练程度的视角研究产品内分工，得出的结论是参与产品内贸易可以同时促进两国福利的提高，从而实现双赢。Deardorff（2011）研究了世界、国家、特定群体参与产品内分工的福利效应，认为产品内分工的发展可以促进世界的总体福利提升。

部分研究得出产品内分工降低了一国总体福利的结论。Jones 和 Kierzkowski（2000）提出，整体发展水平所限，发展中国家在产品的完整产业链上可能并不具有比较优势，但是可以通过参与产品内分工而发挥自身在劳动力密集环节上的劳动力禀赋的优势，从而获取比较优势带来的分工收益；但是，对那些劳动力较为丰裕的发达国家来说，非熟练的劳动力的工作机会被其他国家所替代从而会遭受到损失，这将有可能损害相应国家的整体福利。Deardorff（2005）借鉴传统贸易利益理论，从次优理论出发分析某国或地区通过参与产品内分工所能获得的贸易利益，结论是产品内分工有利于全球福利的整体提高，但同时也会使得部分国家受益、其他国家受损。Samuelson（2005）假定各国具有相同的要素禀赋，建立了一个 2×2×1 的李嘉图模型，指出发达国家如果通过产品内分工将产品的制造环节转移到具有劳动力禀赋优势的发展中国家，将会恶化发达国家的失业状况，从而减少贸易收益。李树民、曹明福（2005）认为，贸易利益来自价格优势，分工利益来自比较优势和规模优势，在产品内分工环境下，发达国家能够同时获得贸易利益和分工利益，而发展中国家只能获得分工利益而贸易利益则可能受损，总体福利存在损失的可能性。王中华等（2009）在国外学者的研究基础上，在标准贸易理论的框架下进行分析，指出产品内分工增加了世界总体福利，但在特定分工模式下也可能会损害一国的福利。

也有部分学者提出产品内分工对参与国福利的影响存在不确定性。Kohler（2001）构建了完全竞争的两部门、两要素的开放经济模型，研究产品内贸易对要素价格乃至国家福利的影响，认为产品内分工将使得原生产国的工资降低，同时收入分配效应将提高资本的收益，两种力量的对比使得产品内分工对原生产国的整体福利的影响并不确定。Kohler（2004）、Egger（2005）的研究也表明产品内分工对相关国家的收入分配影响并不明确。胡昭玲（2006）认为，产品内分工对收入分配的影响是不确定的，但在通常情况下将会对世界贸易增长、国际技术扩散和贸易利益产生积极的影响。干春晖、黄亮（2010）在产品内分工的前提条件下，运用合作博弈中的夏普利值方法构建了国际贸易收益分配模型，研究了要素不可流动和要素可流动两种情景下的收益分配状况，认为产品内分工导致相关国家的总体收益上升，但是收益的分配并不均衡。在要素不可流动情景下，如果一个国家的技术水平非常落后，其参与分工后将会增加本国的净福利，但在要素可流动情景下则不然。

8.1.2　产品内分工下参与国收益的分配

杜义飞、李仕明（2004）提出，在产品内分工全球生产网络中具有控制权的一方在收益分配的博弈过程中能够获得比较大的收益，然而如果双方同时独自拥有定价权时则达不到利润最大化的目标。张纪（2006）研究了产品内分工全球生产网络中的利益分配，结论是产品内分工中不同环节的市场结构状况是收益的决定因素。宋玉华、朱思敏（2008）提出在产品内分工的价值链上，各个国家依据所处地位的不同，实现不同的价值增值，获得不均等的利益分配。在价值链上处于高端的国家，具有市场势力（market power），其生产活动具有较高的附加值，获利较多；位于价值链低端的国家，缺乏市场势力，生产活动的附加值较低，获利有限。李国学（2009）以中间品供应商和最终品制造商为例，分析了资产专用性投资对产品内分工全球生产网络收益分配的影响，认为在双方都进行资产专用性投资的情况下，全球生产网络的净利润取决于专用性投资的生产力效应与契约摩擦所造成的效率损失之间的比较，参与产品内分工企业的收益份额与其在全球生产网络中的重要程度和专用性投资比例正相关，如果两家企业在这些方面程度相同，则收益在二者之间平均分配。

综上所述，产品内分工的收益效应是分工得以产生的基础和进一步发展的原动力，一个国家在产品内分工全球生产网络中的影响力乃至地位，在一定程度上决定了它能够获得的收益。从现有文献上看，大多数对产品内分工收益效应的探讨仍然停留在理论分析的层面，多数是讨论国家层面的收益效应，相对而言，存在实证研究较少的问题，也较少讨论产业层面的收益效应。改革开放以来，中国积极参与全球分工，目前我国的许多产业已经在产品内分工全球生产网络中承担着重要角色，研究中国产业在产品内分工中的收益效应具有较高的学术价值。接下来，本章将利用中国机电产业的省际面板数据，实证检验参与产品内分工对我国产业收益的影响。

8.2 产品内分工产业收益实证分析

8.2.1 样本数据与变量设置

本章为了增加样本容量、提高计量模型的解释力，选取中国机电业6个年度①、26个省份②的省际平行面板数据为样本，样本的总容量为156个（见表8-1）。为了减少个别极值对计量结果的影响，对所有变量作了对数变换。

本章计量经济模型相关变量如下。

（1）盈利能力

该变量为被解释变量，用机电产业利润率来表征。数据来源为国研网统计数据库所提供的《工业统计数据库》，变量名标示为 *Pret*。

（2）产品内分工参与程度

本章采用加工贸易比重法（Feenstra 和 Hanson，1996），即我国各省机电产业的加工贸易额占总贸易额的比重来表征产品内分工参与程度。该变量的数据来源为国研网统计数据库所提供的《对外经济贸易》数据库。该数据库中的产业分类采用标准海关编码，机电产业数据选自“第16类85章——电机、电气、音像设备及其零附件”数据。变量名为 *Cafi*，该变量及其后的变量均为模型的解释变量。

（3）赫克歇尔—俄林要素禀赋指数

假定劳动力要素为 L，资本要素为 K，那么 K/L 就是赫克歇尔—俄林要素禀赋指数。该变量的数据来源为国研网统计数据库所提供的《工业统计数据

① 本章的对外贸易数据来源于国研网《对外经济贸易数据库》，该数据库数据时序区间为2001—2008年；产业数据来源于国研网《工业统计数据库》，该数据库数据时序区间为2003—2010年。取二者交集，本章所有变量数据时序区间为2003—2008年。

② 由于台湾、香港、澳门、甘肃、青海、宁夏、新疆和内蒙古数据存在缺失，因此，本章仅选取了26个省份的数据。

库》。本章中用各地区机电产业的资产总计来表征资本存量 K，用各地区机电产业的全部从业人员年平均人数来表征劳动力存量 L。变量名为 *Hoet*。

（4）技术要素

本章选取各省区研发经费内部支出与主营业务收入的比值来表征技术要素，该变量的数据来源为《中国高技术产业统计年鉴（2009）》，变量名为 *Ierdr*。

（5）人力资本要素

本章选取各省区职业技术培训注册学生数与总人口的比值来表征人力资本要素，该变量的数据来源为《中国高技术产业统计年鉴（2009）》，变量名为 *Navte*。

（6）区位因素

区位因素是企业在考虑生产布局时的外部约束条件。从市场供求、人口、资源等要素的空间分布上看，不同的区域的状况差异悬殊，因而企业在不同区域组织生产的收益也就存在差别，这将直接影响企业的空间布局。因此，产品内分工价值链的空间延伸必然要受到投资目的地生产要素和市场的地理分布、生产要素、运输成本、投资环境等诸多区位因素的影响。然而，由于统计部门没有专门针对区位因素的公开统计数据，区位因素的量化比较困难。本章采用货运量总计与同年度地区生产总值的比例来表征区位因素，该变量的数据来源为《中国统计年鉴》，变量名为 *Vgdp*。

表 8-1　变量的描述性统计结果

变量	组	平均值	标准差	最小值	最大值	观察值
Pret	overall	0. 0535	0. 4973	-0. 9066	1. 3601	N=138
	between		0. 4516	-0. 6964	0. 8411	n=23
	within		0. 2239	-0. 5722	0. 8636	T=6
Cafi	overall	-1. 0767	0. 7796	-4. 2687	-0. 1546	N=138
	between		0. 6532	-2. 3064	-0. 1878	n=23
	within		0. 4422	-3. 0390	0. 0501	T=6

续表

变量	组	平均值	标准差	最小值	最大值	观察值
Hoet	overall	3.8348	0.4280	2.6597	4.9343	N=138
	between		0.3978	2.8367	4.7222	n=23
	within		0.1741	3.1500	4.7138	T=6
Ierdr	overall	4.6585	0.6508	2.1703	6.1319	N=138
	between		0.5838	3.0686	5.8358	n=23
	within		0.3068	3.7602	6.0248	T=6
Navte	overall	-3.4083	0.9179	-6.0527	-1.7560	N=138
	between		0.8840	-5.8278	-2.1205	n=23
	within		0.2956	-5.3542	-2.5840	T=6
Vgdp	overall	2.2330	0.4377	0.6714	3.6211	N=138
	between		0.4005	1.3087	3.3716	n=23
	within		0.1912	1.5358	2.7353	T=6

注：采用 Stata 12.0 计算。

8.2.2 计量模型设定与解释

依据扩展赫克歇尔—俄林模型和样本数据特征，本章所使用的计量模型为面板数据回归模型：

$$\boldsymbol{Y}_{it}=\boldsymbol{\alpha}+\boldsymbol{X}_{it}\boldsymbol{\beta}+u_i+\varepsilon_{it}\quad(i=1,\ 2,\ \cdots,\ N;\ t=1,\ 2,\ \cdots,\ T)\qquad(8-1)$$

α 代表样本的总截距；i 代表横截面维度；t 代表时间维度；$\boldsymbol{Y}_{it}$ 是模型的被解释变量，其含义为产品内分工参与程度，$Y_{it}=Itelv_{it}$；$\boldsymbol{X}_{it}$ 是一个 $1\times k$ 维的解释变量观测值矩阵，$\boldsymbol{X}_{it}=(Cafi_{it},\ Hoet_{it},\ Ierdr_{it},\ Navte_{it},\ Vgdp_{it},\ cons_{it})$；$\boldsymbol{\beta}$ 是一个 $k\times 1$ 的系数矩阵，$\boldsymbol{\beta}=(\beta_1,\ \beta_2,\ \beta_3,\ \beta_4,\ \beta_5)$；$v_{it}=u_i+\varepsilon_{it}$ 为回归模型的复合误差项，其中 u_i 为样本所内含的省份特性，如在模型中被忽略的要素结构、市场因素等个体效应；ε_{it} 为随着时间或个体变化而变化的剩余随机扰动因素。

在随机效应模型中，u_i 与可观测的自变量 $\boldsymbol{X}$ 之间不存在相关性，可以看作一个个体间随机分布的、不随时间变化而变化的随机常量。在固定效应模型中，每个个体的截距可合并为$f_i=\alpha+u_i$，因此可将式（8-1）改写为：

$$\boldsymbol{Y}_{it}=f_i+\boldsymbol{X}_{it}\beta+\varepsilon_{it} \tag{8-2}$$

u_i 与可观测的自变量 $\boldsymbol{X}$ 之间存在相关性，但对于每个省份而言仍然是一个不随时间变化的随机常量。

8.2.3　面板模型检验与筛选

（1）固定效应显著性检验

本章使用 Stata 12.0 软件对机电产业计量模型进行了固定效应显著性检验。

机电产业计量模型的固定效应显著性检验结果表明，F 统计量为 20.75，假设概率为 0.0009。按照判定规则，样本间差异由抽样误差所导致的概率小于 0.01。因此，在 1%显著性水平上拒绝零假设，根据检验结论，我们认为模型选择固定效应模型优于混合回归模型。

（2）豪斯曼检验

本章使用 Stata 12.0 软件，对机电产业计量模型进行了豪斯曼检验。

豪斯曼检验的结果中假设概率为 0.0000，依据判定规则，在 1%显著性水平上拒绝零假设，认为模型选择固定效应模型优于随机效应模型。

综上所述，按照固定效应显著性检验和豪斯曼检验的结论，选定固定效应模型为最终选用的回归模型。

8.2.4　模型计量结果与分析

使用 Stata 12.0 软件对计量模型进行拟合，相关计算结果如表 8-2 所示。按照前文的检验和判定，固定效应模型为优选模型。从模型回归结果来看，模型中全部 t 值均通过了显著性水平检验，所有解释变量均显著，解释变量系数符号全部符合预期特征，表明选定的计量模型具有较强解释力。

表 8-2　机电产业计量模型回归结果

解释变量	混合回归模型	随机效应模型	固定效应模型
Cafi	-0.2723*** (-5.92)	-0.1450*** (-4.45)	-0.1271*** (-3.83)
Hoet	0.3539*** (5.12)	0.6457*** (8.40)	0.7422*** (8.99)
Ierdr	0.0809* (1.85)	0.1184*** (2.74)	0.1352*** (3.02)
Navte	-0.0155 (-0.57)	0.0567 (1.38)	0.1183** (2.54)
Vgdp	0.5252*** (8.70)	0.4949*** (7.30)	0.4378*** (6.22)
const	-3.1996*** (-7.43)	-4.0424*** (-9.02)	-4.1337*** (-8.91)
模型评价指标体系	F (5144) = 41.86 Prob>F = 0.0000 R-squared = 0.32994	Wald chi2 (5) = 159.43 Prob>chi2 = 0.0000 r-sq: within = -0.5565 between = 0.3954 overall = 0.4244	F (5120) = 32.43 Prob>F = 0.0000 R-sq: within = 0.5457 beween = 0.2637 overall = 0.3121

注：采用 Stata 12.0 计算。*、**、*** 分别表示 10%、5%、1%显著水平。

从表 8-2 计量模型拟合结果来看，在所有解释变量中，解释变量产品内分工参与程度（*Cafi*）变量系数为负，赫克歇尔—俄林要素禀赋指数（*Hoet*）、技术要素（*Ierdr*）、人力资本要素（*Navte*）和区位因素（*Vgdp*）的系数均为正。产品内分工参与程度为负，表明产品内分工给我国机电产业带来的收益效应为负，我国该产业在参与分工过程中产业收益下降。赫克歇尔—俄林要素禀赋指数的系数为正数，说明资本要素禀赋越高，该产业的发展越快，其获得分工收益也越高。人力资本要素系数为正数，表明人力资本条件越好，越有利于获得产品内分工收益。技术要素系数为正数，表明加大产业的研发投入可以促进产业收益率的提高。区位因素的系数为正数，说明区位优势越好的地方，相应的产业收益率也越高。

从计量结果上推断，伴随我国机电产业产品内分工参与程度的加深，利润率却出现了下降的趋势，这在一定程度上反映了我国机电产业在全球生产网络内部利益分配中处于不利地位。但是我们也应该看到，跨国公司之所以主导产品内分工全球生产网络，其根本目的还是在于追求更高的利润，并提高其国际竞争力，在分工利益的博弈中我国机电产业显然并不占优。然而，利润微薄并不说明我国产业没有获得收益，机电产业嵌入全球分工，从而获得了更大的市场，增大了生产规模，获取了学习经验的渠道，从长期来看对我国机电产业的发展是非常有益的。我国机电产业近年来的快速发展无疑也证明了这一推断。

8.3　小结

在产品内分工模式下，产品内分工全球生产网络内部的分工合作机制混合了国际市场交易机制和传统的企业内部的指令管理机制，产品内分工全球生产网络体系既缺乏对最终产品贡献的准确的测度机制，也没有整体收益分配的协调系统，造成全球生产网络内部的收益分配被模糊化、神秘化。从上游的品牌、研发、设计到下游的装配，完整的产品内分工全球生产网络中，所有的价值创造环节必须在时间和空间上协调一致、紧密配合，才能够共同完成产品的生产。从全球价值链运行上看，价值链环节紧密衔接、缺一不可；但从分工利益的分配上看，价值链环节则地位悬殊、差异巨大。产品内分工的收益效应是分工得以产生的基础和进一步发展的原动力，一个国家在产品内分工全球生产网络中的影响力乃至地位，在一定程度上决定了它能够获得的收益。改革开放以来，中国积极参与全球分工，目前我国许多产业已经承担了产品内分工全球生产网络中的重要角色，研究中国产业在产品内分工中的收益效应具有较高的学术价值。本章利用中国机电产业的省际面板数据，实证检验参与产品内分工对我国产业收益的影响。实证研究结果表明，随着我国机电产业产品内分工参与程度的加深，利润率出现了下降趋势，这在一定程度上反映了我国机电产业在全球生产网络内部利益分配中处于不利地位。

本章对我们的启示是，当前，我国在全球生产网络中地位“尴尬”。从纵向来看，主导产品内分工的发达国家跨国公司凭借科技、知识、品牌优势，构建知识产权壁垒，为发展中国家企业价值链升级设置障碍。从横向来看，在全球生产网络内部的同一环节中，为了获取分工参与机会，我国不得不与一些与我国资源禀赋相近的发展中国家企业展开激烈的竞争。从全球生产网络内部的收益分配机制上看，竞争越激烈的价值链条收益越低，具有某种壁垒的垄断环节则收益较高。由于产品内分工全球生产网络内部不同环节的“定位”遵循相应的工序和流程所具有的要素密集特征与资源禀赋的比较优势相互匹配的原则，因此，我国必须加强教育、鼓励创新，从根本上改变我国当前的禀赋结构，才能够提高我国的国际分工地位，获得更高的分工收益。

第9章 产品内分工对我国制造业收入的影响

随着经济全球化不断向前推进，跨国投资、贸易的自由化、便利化进一步降低了各国的生产成本，国际分工也逐渐进入产品内分工时代。现在，各国都积极参与到全球价值链的生产中，充分发挥自身的比较优势，从事价值链条上某一环节的生产，由传统的“一国生产”逐渐演变为“全球制造”，生产过程也越发分散化、片段化，促使生产链条不断横向、纵向延伸，生产结构也越发复杂。一个国家的某一产业加入产品内分工，一方面，使得其融入全球化生产而获得效益的提升；另一方面，也使该产业的劳动者不得不面临国际范围内其他劳动者的潜在竞争。

9.1 产品内分工对制造业劳动力收益的影响文献综述

全球化的生产活动不仅带动了世界经济的发展，而且深刻影响着参与国家的收益分配。20世纪80年代以来，中国实行了对外开放政策，凭借劳动力以及自然资源禀赋优势，积极融入全球化的生产网络之中，承接了大量的产业转移从事低端加工组装环节，经过几十年的发展，中国进出口贸易额位居世界前列。但与此同时，随着参与全球价值链程度的加深，国内收入差距也在不断扩大，过大的工资收入差距一方面影响了劳动者的福利，另一方面破坏了社会公平。因此，参与全球价值链生产对中国制造业劳动力收益分配的影响，以及不同行业的影响程度差异，逐渐成为国内外学者日益关注的话题。

不同国家基于外包、投资或贸易等方式参与到全球价值链的生产网络中。

Feenstra 和 Hanson（2001）认为，对外贸易会通过垂直专业化分工来影响工资收入。Haskel 和 Slaughter（2001）、邵敏等（2010）研究得出，产生收益差距的重要因素是外资以及技术进步，工资差距将取决于生产率、相对价格与劳动力供给三种效应的对比；同时，外包能够促使贸易成本的降低。Grossman 和 Hansberg（2006）基于中国国情，认为外包能够对中国工业部门工资产生促进作用，但对服务业工资收入的影响却不明显。席艳乐等（2013）从贸易开放和性别工资角度进行了研究。郭炳南（2011）从中国制造业参与全球产品内分工的现实出发，研究制造业所获经济收益问题。王晓磊、陆甦颖（2011）实证研究了参与产品内分工对中国制造业收入分配的影响。

在模型方面，Feenstra 和 Hanson（2001）构建熟练劳动力、非熟练劳动力以及资本等要素的连续中间投入品模型来研究垂直专业化分工对收入分配机制的影响；Grossman 和 Hansberg（2006）采用国际外包模型展开了研究。在实证研究方面，韩军等（2015）采用不同年份中国家庭调查数据（CHIP）、席艳乐（2013）采用中国健康与营养调查数据（CHNS）以及中国城市家庭调查数据（UHS）、李宏兵和赵春明（2015）采用中国工业企业数据库，对产品内分工对工资收入的影响作了实证研究。另外，部分研究者基于产业关联，采用投入产出表来分析参与国际分工与工资差距之间的关系（石慧敏，2016）。林玲、容金霞（2016）采用 WIOD 社会经济统计账户的数据来分析中间品贸易、承接离岸服务外包对国内工资差距的影响。

Feenstra 和 Hanson（1999）、戴魁早（2011）等认为参与全球价值链生产会扩大工资收入差距。发达国家基于生产成本的考虑，把劳动密集型产业逐渐向低成本的发展中国家转移，从而降低了本国对低技术劳动力的需求，与此同时，发达国家和发展中国家都会增加对高技术劳动力的需求，进一步提高工资水平，因此，也就扩大了高技术劳动力和低技术劳动力之间的工资差距。刘瑶（2016）认为，参与全球价值链对发展中国家劳动力收入差距的影响更大，与第三产业相比，对第二产业的影响更大。而 Gonzalez（2015）、林玲和容金霞（2016）则得出相反的结论：参与全球价值链生产活动缩小了技术与非技术劳动力的收入差距。因为参与全球价值链生产后，发达国家将继续处在产业链高端环节，对非技术劳动力的需求下降，但分工会提高其国际竞争力，产生的行业规模效应大大提高了就业水平，劳动力就业增加幅度大于国外对本国非技术劳动力的替代效应，非技术劳动力积极融入全球价值链生产中，工资不平等的现状将有所缩小。Jones 和 Kierzkowski（2001）、Figini 和 Gorg（2006）、李宏兵和赵春明（2014）等认为，鉴于不同国家生产要素禀赋具有异质性，产品生产和参与全球产品内分工模式比较复杂，无法确切衡量参与全球价值链生产对技术和非技术劳动力收入差距的影响。综上所述，现有研究大多认为参与全球价值链将中间品贸易价格变动作为传导机制，引发不同技能工人在产业间移动，对工资差距产生影响，但目前尚未形成统一结论。

9.2　理论研究框架

参与全球价值链进行国际产品内分工的内在动力是：各国要素禀赋的差异、要素价格的变动以及中间产品的跨界流动。本章借鉴 Feenstra 和 Hanson（2001）的理论模型，通过扩展和限定，来分析参与全球价值链对于技术和非技术劳动力收益分配的影响。通过将上述模型扩展成一个连续要素投入品模型，有利于廓清参与全球价值链生产要素流动影响各国收入的机理。该模型假设只存在两个国家：发达国家 A 和发展中国家 B。两个国家均只存在一个由连续中间投入品所组装成的制造业 z，$z \in [0, 1]$，$X(z)$ 为投入品的数量。$AL(z)$、$AH(z)$ 分别表示生产单位投入品所需要的非技术和技术劳动力的数量。在 $[0, 1]$ 区间，$AH(z)/AL(z)$ 显然是非递减的。z 接近于0，则为劳动密集型生产过程；接近于1，则为技术密集型生产过程。L_i、K_i、H_i 表示两国非技术型劳动力、资本投入与技术型劳动力，相应的要素价格分别为 w_i、r_i、q_i。

如果一国的生产成本相对于另一国低，那么两国之间就不会出现贸易和分工。因此，假设两国的相对成本存在相交的点 z_1，此时有 C（W_A，r_A，q_A；z_1）$=C$（W_B，r_B，q_B；z_1），当 C（W_A，r_A，q_A；z_1）$<C$（W_B，r_B，q_B；z_1）时，发达国家会在 $z\in$（z_1，1］进行专业化生产，发展中国家则在 $z\in$［0，z_1］处进行生产。在劳动力市场出清情况下，由市场均衡可以得到发展中国家和发达国家对技术工人的相对需求表达式分别为：

$$D_B(z_1)\frac{\int_0^{z_1}\frac{\delta c}{\delta q^B}X_B(z)\,dz}{\int_0^{z_1}\frac{\delta c}{\delta w^B}X_B(z)\,dz},\quad D_A(z_1)\frac{\int_{z_1}^{1}\frac{\delta c}{\delta q^A}X_A(z)\,dz}{\int_{z_1}^{1}\frac{\delta c}{\delta w^A}X_A(z)\,dz}$$

其中，X（z）[①]表示中间投入品的产量。

从以上劳动需求函数表达式可以看出，要素价格会影响对技术劳动的相对需求，相对工资越低，对技术劳动需求越大。

现在假设资本可以跨越国界流动，如图 9-1 所示，在 z_1 初始状态，当发达国家 A 向发展中国家 B 进行产业转移时，由于发展中国家 B 的资本回报高于发达国家 A，因此伴随着产业的转移，资本会由发达国家 A 流向发展中国家 B。随着资本流入量的增大，资本回报率便会降低。假设其他要素价格保持不变，会出现：$CACA$ 向上移动到 $CA'CA'$，$CBCB$ 下移到 $CB'CB'$，这时等成本交点从 z_1 转移到了 z_2，由图 9-1 可知，［z_1，z_2］转移到了发展中国家，由于该生产阶段的技术含量比发展中国家之前的技术含量要高，因此会增加发展中国家对技术劳动力的需求。同时，与发达国家原有生产阶段相比，由于该生产阶段相对较低，发达国家 A 减少了对非技术劳动力的需求，增加了对技术劳动力的需求。基于上述的理论分析，本章着重从发展中国家的视角去分析参与全球价值链程度对制造业工资变动的影响。

---

① $X(z)=N_i\left\{\min\left[\frac{L(z)}{a_L(z)},\frac{H(z)}{a_H(z)}\right]\right\}^{\theta}[K(z)]^{1-\theta}$

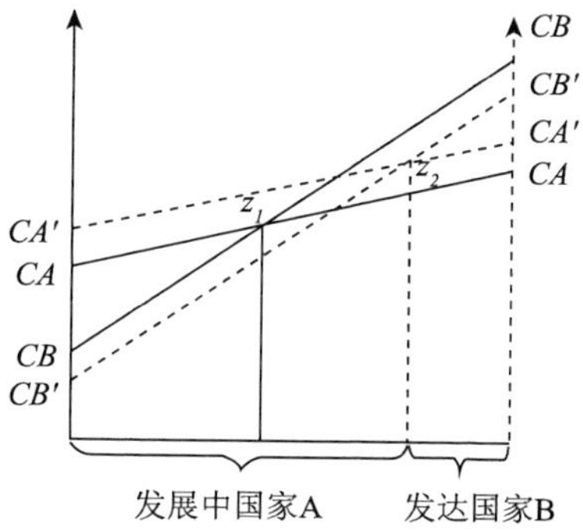

图 9-1　资本流动后两国分工点的变化

9.3　实证研究

根据上文对参与全球价值链影响收入分配机理的分析，本章利用测算的全球价值链参与度指数，实证检验参与全球价值链对中国制造业技术和非技术劳动力工资收入差距的影响。

9.3.1　模型设定

本章采用 Feenstra 和 Hanson（2001）推导出的模型来研究参与全球价值链和收入分配的关系。该模型通过设定生产三要素——资本（K_x）、技术劳动力（H_x）、非技术劳动力（L_x），构建如下生产函数：

$$Y_x = G_x (K_x, H_x, L_x, Z_x) \tag{9-1}$$

式（9-1）中，Z_x表示影响生产的外生机构变量，短期内，假定生产要素K_x不变，那么厂商的最优生产决策将是通过调整生产要素劳动（H_x，L_x）来使得总生产成本最低。据此构造如下生产成本函数：

$$C_x (w_H, w_L, K_x, L_x, Z_x) = \min_{Hx, Lx} (w_H H_x + w_L L_x)$$
$$\text{s. t. } Y_x = G_x (K_x, H_x, L_x, Z_x)$$

将上述成本函数进行对数型泰勒二次式展开，然后求偏导便得到关于生产要素劳动（H_x，L_x）的成本函数：

$$s_{xi}=\alpha_i^x+\sum_{j=1}^{a}\gamma_{ij}^x\ln w_{ji}+\sum_{k=1}^{b}\phi_{ik}^x\ln\mu_k\quad(i=H,\ L)\tag{9-2}$$

式（9-2）中，s_{xi}为劳动力要素 i 的成本份额；μ_k为前定变量，主要包括资本、产出和外生变量等；用 a 来表示在进行最优生产决策条件下所需劳动力数量；用 b 表示前定变量个数。对于上述含有三要素的短期成本函数来说，厂商的最优生产决策也即通过调整劳动力要素（H_x，L_x）来使得总生产成本最低。由式（9-2）可知，技术劳动力的成本是由技术与非技术劳动力工资、总产出、结构变量等因素决定。对式（9-2）取差分处理，得到成本中技术劳动力收益的表达式：

$$\Delta w_{xH}=\varphi_0+\varphi_x+\varphi_k\ln K_x+\varphi_y\ln Y_x+\varphi_z\Delta Z_x\tag{9-3}$$

本章在 Feenstra 和 Hanson（2001）的模型基础上进行变量的扩展，结合技术进步等因素，通过引入代表行业特征的虚拟变量，建立如下模型来实证研究中国制造业全球价值链参与度和收益分配的关系。

$$\begin{aligned}\ln w_{it}=&\beta_0+\beta_1\ln Pat\_f_{it}+\beta_2RD_{it}+\beta_3\ln RCA_{it}+\beta_4\ln Y_{it}\\&+\beta_5\ln KY_{it}+\alpha_1D_1+\alpha_2D_2+\varepsilon_{it}\end{aligned}\tag{9-4}$$

式（9-4）中，$w_{it}=w_{iH}/w_{iL}$表示 t 年 i 行业技术与非技术劳动力相对工资；Pat_f_{it}为 t 年 i 行业全球价值链参与度；RD_{it}代表 t 年 i 行业技术投入产出比；RCA_{it}为 t 年 i 行业增加值显示性比较优势指数；Y_{it}表示 t 年 i 行业总产出水平；KY_{it}表示为 t 年 i 行业资本投入产出比。

依据要素密集程度的不同，OECD 把制造业进一步划分为劳动密集型行业、资本密集型行业、技术密集型行业。① 为表示不同的行业特性，本章引入虚拟变量：$D_1=1$ 表示劳动密集型行业，$D_1=0$ 表示其他行业；$D_2=1$ 表示技术密集型行业，$D_2=0$ 表示其他行业。β_0为估计系数；ε_{it}为随机干扰项。

---

① 劳动密集型行业包括食品制造及烟草加工业、纺织业、服装皮革羽绒及其制造品业、木材加工及家具制造业、造纸印刷及文教用品制造业；资本密集型行业包括石油加工炼焦及核燃料加工业、非金属矿物制造品业、金属冶炼压延加工业、金属制品业；技术密集型行业包括化学工业、通用专用设备制造业、交通运输设备制造业、电气机械及器材制造业、通信设备计算机及其他电子设备制造业、仪器仪表及文化办公用机械制造业。

9.3.2　样本数据与变量设置

在传统贸易的研究背景下，Hummels 等（2001）采用投入产出方法将一国的出口通过矩阵运算进一步分解为国内附加值和国外附加值，再进一步将国内附加值分解为直接出口的国内附加值和间接出口的国内附加值，并借此来衡量一国参与全球价值链的水平。学者 Koopman 等（2010）在 Hummels 等（2001）学者的基础上，基于国家间投入产出表构建两大指标，一个用以衡量一国总行业或细分行业的全球价值链参与程度，另一个用以衡量一国总行业及其细分行业全球价值链的参与地位。本章使用的 KPWW 方法不仅可以反映一国在出口中所获取的真实贸易情况，有效避免传统贸易数据重复计算问题，还能解决大量的转出口和复出口问题，较好地反映以“加工贸易”为主的发展中国家和大量出口高附加值中间品的发达国家的全球价值链分工地位。

本章数据主要来自对外经济贸易大学全球价值链研究团队构建的 UIBE GVC Index 数据库。本章计量经济模型相关变量介绍如下：

（1）全球价值链参与程度指数

Koopman 等（2010）学者构建参与程度指数用以衡量一国总行业或细分行业的全球价值链参与程度。该指数的计算公式如下：$G_{xn}=I_{xn}/T_{xn}+F_{xn}/t_{xn}$。其中，$x$ 表示具体的某行业，n 表示具体的某国家，G_{xn}表示 n 国 x 行业在全球价值链中的参与水平，I_{xn}表示 n 国 x 行业间接出口的国内附加值，F_{xn}表示 n 国 x 行业出口的国外附加值，T_{xn}表示 n 国 x 行业的总出口。G_{xn}值越大，表明 n 国 x 行业融入全球价值链的程度越高。数据主要来自对外经贸大学全球价值链研究院所发布的 UIBE GVC 指标体系。变量名为 Pat_f_{it}。

（2）制造业研发投入指标

RD_{it}为制造业研发投入指标，代表行业研发强度。该指标用该地区工业企业研发人员数占当地工业总就业人数的比重表示。$RD_{it}=RL_{it}/L_{it}$，其中 RL_{it}为 i 地区 t 时期的工业企业研发人员数，L_{it}表示 i 地区 t 时期的工业总就业人数。工业企业研发人员数与工业总就业人数来自《中国科技统计年鉴》。

（3）增加值显示性比较优势指数

RCA_{it}表示增加值显示性比较优势指数，以此来衡量该行业竞争力。传统的显示性比较优势指数（Revealed Comparative Advantage Index，RCA）是指某国（地区）的某种行业出口总额占其总出口额的比重和世界总出口额中该行业出口额的比重的比值。一般认为，RCA 大于 1，表示一国在这一行业上的国际竞争力较强；RCA 小于 1，则表示一国在这一行业上的国际竞争力较弱。但传统的 RCA 包含了国外附加值，会导致国际竞争力被高估。因此，本章基于附加值贸易的视角，借鉴王直等（2017）的改进方法，只保留国内附加值部分，用以衡量一国某行业的国际竞争力。改进后的全球价值链显示性比较优势指数公式为：$R_x^n=\frac{D_x^n}{D^n}/\frac{D_x^w}{D^w}$。其中，$D_x^n$ 是 n 国 x 行业出口的国内附加值所占比重，D_x^w 表示整个世界 x 行业出口的国内附加值所占比重，D^n 表示 n 国总体行业出口的国内附加值所占比重，D^w 表示世界总体行业出口的国内附加值所占比重。该指标数据来自 UIBE GVC 指标体系数据库。

（4）行业增加值

Y_{it}表示行业增加值。在全球价值链生产和分工体系下，一国出口行业产生的国内增加值，其实质就是将里昂惕夫投入产出表拓展至多国情形，形成了世界投入产出表。本章借鉴 Koopman（2014）构建的投入产出模型，并利用世界投入产出表数据，从产业层面计算中国的出口贸易国内增加值。该指标用来反映行业发展的总体情况，数据来自 WIOD 数据库。

（5）资本产出比

KY_{it}为资本产出比（capital-output ratio），即资本存量与增加值的比值，通常作为资本产出效率的考量指标，揭示了资本与产出之间的联系。资本产出比的倒数，即为资本生产率。由于技术能够起到节约资本的作用，在其他要素保持不变的情况下，技术进步能够使得同样的资本投入创造出更高的产出增量。因此，资本产出比是被视作考察一国或地区经济发展水平，尤其是生产技术水平的重要参数。该指标反映行业资本深化程度，其数据来自 WIOD

数据库。

9.3.3 结果分析

鉴于中国国民经济行业分类方法的不同以及其他制造业和回收加工业等行业的数据缺失，为保持数据统计口径的一致性，对部门数据进行相应的合并，选取 2000—2014 年中国制造业 13 个行业的面板数据进行回归分析。为降低异方差并保证数据平稳性，对相关变量进行取对数处理。

根据所建立的模型，采用 Stata 12.0 进行面板回归分析，回归结果如下表所示。首先对固定效应和随机效应模型的筛选，对模型进行豪斯曼检验，结果表明拒绝不存在系统性差异的原假设，故选择固定效应模型分析更有效，表 9-1 均为采用固定效应回归结果。

表 9-1　模型回归结果

变量名称	模型 1	模型 2	劳动密集型	资本密集型	技术密集型
Pat_f	0.4745***	0.4491***	0.4684***	0.4740***	0.4608***
	(0.0415)	(0.0443)	(0.0408)	(0.0452)	(0.0422)
RD	0.0016**	0.0014*	0.0016**	0.0017*	0.0015*
	(0.0006)	(0.0007)	(0.0006)	(0.0007)	(0.0006)
RCA	−0.3837***	−0.4413***	−0.3632***	−0.4615***	−0.4038***
	(0.0661)	(0.0695)	(0.065)	(0.0707)	(0.0672)
Y	0.1913***	0.1616***	0.1978***	0.1664***	0.1701***
	(0.0344)	(0.0353)	(0.0339)	(0.0367)	(0.0340)
KY	0.1730**	0.2629***	0.1576**	0.2450***	0.2286***
	(0.0604)	(0.0617)	(0.0595)	(0.0642)	(0.0597)
D_1		−0.4944***	−0.3424		
		(0.1244)	(0.1828)		
D_2		−0.4639***		−0.2445	
		(0.1236)		(0.1279)	

续表

变量名称	模型 1	模型 2	劳动密集型	资本密集型	技术密集型
D_3					0.4888*** (0.1215)
const	-5.0431*** (0.2643)	-4.7758*** (0.2778)	-4.9721*** (0.2633)	-4.9302*** (0.2862)	-5.2185*** (0.2610)
N	130	130	130	130	130
R 方	0.9092	0.9005	0.9103	0.9012	0.9054

注：***、**和*分别表示在 1%、5%和 10%的水平下显著，括号内的数值为标准差。

通过对比模型 1 和模型 2 可知，在加入虚拟变量以后，各变量显著性发生改变。对于中国制造业技术与非技术工资收入差距影响最为显著的变量为：全球价值链参与度、增加值竞争力比较优势指数、行业总产出指数，其中全球价值链参与度和行业总产出指数符号为正，表明两个变量对于中国制造业技术与非技术劳动力工资收入差距影响为正，并且全球价值链参与程度对收入差距的影响程度要比行业总产出的影响程度大。增加值显性竞争力比较优势指数符号为负，表明竞争力越强，越有助于缩小劳动力相对工资收入差距。在加入表示行业特性的虚拟变量之后，研发强度、资本密度两个变量符号为正，且显著性发生改变，说明研发强度、资本密度均对中国制造业技术与非技术劳动力工资收入差距影响有正向效应，要素密集度等行业特性影响中国制造业技术与非技术劳动力工资收入差距的正向效应程度。

从上述回归结果来看，实证结果印证了 Feenstra 和 Hanson（2001）的观点：参与全球价值链扩大了发展中国家劳动力相对收入差距。

为进一步研究不同要素密集度下参与全球价值链对收入差距的影响，上表列出了不同要素密集度下不同行业面板回归结果。由表可知：对于劳动密集型行业来说，全球价值链参与度、增加值比较优势指数、行业总产出均在1%的水平上显著，说明上述因素对技术劳动力与非技术劳动力收入分配差距的影响更大；研发强度和资本密度在 5%的水平下显著，说明它们对技术劳动力与非技术劳动力收入分配差距的影响相对小些。对于资本和技术密集型行业来说，全球价值链参与度、增加值比较优势指数、行业总产出、资本密度均在 1%的水平下显著，说明上述因素对技术劳动力与非技术劳动力收入分配差距的影响更大；研发强度在资本密集型和技术密集型行业仅通过了 10%的显著性检验，说明与在劳动密集型行业相比，它在资本和技术密集型行业对技术劳动力与非技术劳动力收入分配差距的影响更小。

基于王直等（2013）对增加值的分解，以及嵌入到出口产品中的增加值跨越国境的次数是否大于 1，把参与全球价值链程度指数进一步分解为简单和复杂参与度指数，分别对简单全球价值链参与度和复杂全球价值链参与度进行回归分析，结果如表 9-2 所示。

表 9-2　不同类型参与度回归结果

变量名称	全球价值链	简单全球价值链参与度	复杂全球价值链参与度
Pat_ f	0.4745*** (0.041)		
RD	0.0016** (0.000)	0.0015* (0.0006)	0.0015* (0.0007)
RCA	0.3837*** (0.066)	−0.3555*** (0.0661)	−0.3890*** (0.0697)
Y	0.1913*** (0.034)	0.2014*** (0.0345)	0.1909*** (0.0362)
KY	0.1730** (0.060)	0.1471* (0.0061)	0.1825** (0.0635)
Pat_ f_ s		0.4956*** (0.0441)	
Pat_ f_ c			0.3913*** (0.0038)
const	−5.0431*** (0.264)	−4.7830*** (0.2859)	−4.8151*** (0.2988)

续表

变量名称	全球价值链	简单全球价值链参与度	复杂全球价值链参与度
N	130	130	130
R 方	0.9092	0.9096	0.8971

注：***、**和*分别表示在 1%、5%和 10%的水平下显著，括号内的数值为标准差。

从表 9-2 可以看出，对于简单和复杂全球价值链参与度来说，简单全球价值链参与度指数（*Pat_ f_ s*）、复杂全球价值链参与度指数（*Pat_ f_ c*）、增加值竞争力比较优势指数、行业总产出指数均在 1%的水平上显著，其中简单全球价值链参与度指数、复杂全球价值链参与度指数、行业总产出指数符号均为正，说明上述变量对中国制造业行业技术与非技术劳动力工资收入差距的影响为正，并且全球价值链参与度对工资收入差距的影响程度要比行业总产出大。增加值显性竞争力比较优势指数符号为负，说明行业的竞争力越强，越有助于缩小劳动力相对工资收入差距。研发强度和资本密度两个变量仅仅在 10%水平下显著，说明研发强度以及资本密度对拉大中国制造业技术和非技术劳动力工资收入差距的正向效应不是很明显。

对比上述模型可以看出，简单全球价值链参与度指数、复杂全球价值链参与度指数均有助于扩大技术劳动力与非技术劳动力工资收入差距，简单全球价值链参与度对扩大技术劳动力与非技术劳动力工资收入差距贡献更大。因此，可知中国制造业参与全球价值链生产确实拉大了技术与非技术劳动力工资收入差距，同时传统制成品生产在拉大技术劳动力与非技术劳动力工资收入差距中贡献更大，中间品生产贡献相对较小。

9.3.4 主要研究结论

第一，从整体来看，中国制造业全球价值链参与度受全球金融危机的影响很大。2008 年以前，中国制造业全球价值链整体、简单、复杂参与度都在逐渐提高，2008—2009 年全球金融危机期间全球价值链参与度指数明显下降，2011 年以后全球价值链参与度逐渐恢复增长态势。该变化趋势说明，中国制造业参与全球价值链的程度越深，所受外部冲击越大。

第二，分行业来看，2000—2014 年多数行业参与全球价值链程度均有所增加，平均参与度指数、简单参与度指数和复杂参与度指数均表现出同样的趋势，说明多数行业融入全球价值链生产网络的程度在逐步加深。

第三，与研发强度、资本密度、行业总产值相比，全球价值链参与度才是中国制造业技术与非技术劳动的工资收入差距扩大的主要原因。竞争力越强的行业，越有助于缩小劳动力相对收入差距。

第四，按照要素密集程度对制造业进行划分，可以发现：全球价值链参与度对技术与非技术劳动的工资差距影响不同，参与度对资本密集型行业工资收入差距影响最大；对劳动密集型和技术密集型行业来说，参与度对它们的收入差距的影响差别不大；把全球价值链参与度进一步分解为简单全球价值链参与度和复杂全球价值链参与度，对比发现简单全球价值链参与度在拉大技术与非技术工资收入差距方面贡献更大。

9.4　小结

全球化的生产活动不仅带动着世界经济的发展，还深刻影响着全球价值链参与国家的收益分配。一个国家的某一产业加入产品内分工，一方面使其融入全球化生产，获得了效益的提升；另一方面也使该产业的劳动者不得不面对国际上其他劳动者的潜在竞争。本章首先对相关文献综述进行了研究与提炼，把握国内外专家的研究成果，借鉴其研究经验，结合本章特点进行取舍，为本章的研究提供了方法指导。其次，建立理论研究框架，对借鉴的理论模型进行分析，得出参与全球价值链进行国际产品内分工的内在动力是各国要素禀赋的差异、要素价格的变动以及中间产品的跨界流动。最后，进行实证研究，为本章的结论提供经验支撑。根据全球价值链影响收入分配的机理分析，并利用所测算的全球价值链参与度指数，检验参与全球价值链对中国制造业技术和非技术劳动力工资收入差距的影响。

本章实证研究主要结论是：第一，从整体来看，中国制造业全球价值链参与度受全球金融危机的影响很大，并且，中国制造业参与全球价值链的程度越深，所受外部冲击越大。第二，分行业来看，多数行业融入全球价值链生产网络的程度在逐步加深。第三，全球价值链参与度是中国制造业技术与非技术劳动的工资收入差距扩大的主要原因。竞争力越强的行业，越有助于缩小劳动力相对收入差距。第四，全球价值链参与度对于技术与非技术工资差距影响不同，参与度对资本密集型行业工资收入差距影响最大；对劳动和技术密集型行业来说，参与度对其收入差距的影响相差不大；把全球价值链参与度进一步分解为简单全球价值链参与度和复杂全球价值链参与度，对比发现简单全球价值链参与度在拉大技术与非技术工资收入差距方面贡献更大。

第 10 章　产品内分工对我国产业技术创新的影响

20 世纪五六十年代以来，科学技术高速发展，科技进步带来的运输和信息成本的大幅降低，推动了以国际贸易、国际投资为基础的全球化生产，最终将国际分工活动的边界从完整的产品，细化到产品内部的工序或环节，从而带来国际分工的新形态——产品内分工。科技进步推动了产品内分工的产生和发展，产品内分工全球网络的有效运转也依赖于分工参与者对现代科技的应用和创新。发展中国家参与产品内分工的技术创新条件无疑是吸引产品内分工研究者的一个重要课题。

10.1　问题的提出

作为一种更发达和细致的国际分工形态，产品内分工对每一家参与企业提出了更高的技术要求。在产品内分工模式下，由于生产分散化，跨国公司为了保证生产的有序高效进行，要求价值链条上的企业具备一定科技水平，以适应更加复杂的现代化生产，这便是发展中国家企业参与产品内分工的技术创新条件。

从现有的相关研究文献上看，对产品内分工与技术创新之间关系的研究，大多关注于产品内分工对技术创新外溢的影响，较少从发展中国家视角关注企业参与产品内分工的技术创新条件。跨国公司吸收发展中国家企业参与产品内分工的目的，在于通过将相应的工序和流程配置到资源禀赋具有比较优势的发展中国家，从而提高产品的竞争力、获取更高的分工利益。本章以中国机电产业为研究样本，对发展中国家企业参与产品内分工的技术创新要素条件进行了实证检验。对该问题的研究，将有助于我们理解跨国公司与发展中国家的技术创新联系渠道，从而为我国更好地利用跨国公司的技术创新外溢提供认识基础。

10.2 产品内分工技术转移效应的实证分析

技术创新的方式通常分为两种：一种是技术引进；另一种是自主创新。为了研究发展中国家参与产品内分工的技术创新要素条件，本章构建了基于中国机电产业省际面板数据的计量经济模型，研究的基本思路是：设定技术创新因素的两个不同状况，然后检验这两种因素对中国各地区机电产业产品内分工参与程度的影响。

10.2.1 样本数据与变量设置

本章为了增加样本容量，提高计量模型的解释力，选取中国机电产业 6 个年度[①]、26 个省份[②]的省际平行面板数据为样本，样本的总容量为 156 个。为了减少个别极值对计量结果的影响，对所有变量作了对数变换。本章计量经济模型相关变量介绍如下：

（1）产品内分工参与程度

根据数据的可获得性和研究需要，本章采用加工贸易比重法（Feenstra 和 Hanson，1996），即我国各省机电产业的加工贸易额占总贸易额的比重来表征产品内分工参与程度。该变量的数据来源为国研网统计数据库提供的《对外经济贸易数据库》。该数据库中的产业分类采用标准海关编码，数据选自“第

① 本章的对外贸易数据来源于国研网《对外经济贸易数据库》，该数据库数据时序区间为 2001—2008 年；产业数据来源于国研网《工业统计数据库》，而该数据库数据时序区间为 2003—2010 年。取二者交集，本章所有变量数据时序区间为 2003—2008 年。

② 由于台湾、香港、澳门、甘肃、青海、宁夏、新疆和内蒙古数据存在缺失，因此，本章仅选取了 26 个省份数据。

16 类 85 章——电机、电气、音像设备及其零附件”数据。变量名为 *Itelv*，该变量为模型的被解释变量。

（2）技术创新因素

产品内分工模式下，产品价值链中的每个生产环节被放到最有利于获得竞争优势的地点，产品内分工的主要特点便是各国凭借各自的要素禀赋优势参加国际分工。技术创新分为技术引进和自主创新两种类型，通常，产品内分工网络中的劳动密集型、资本密集型生产环节对技术引进能力更为关注，而技术密集型生产环节则对自主创新能力更加倚重。本章选择各省份研发经费内部支出占主营业务收入比重表征自主创新能力，变量名为 *Ierdr*；选择各省份技术引进经费支出占主营业务收入比重表征技术引进吸收能力，变量名为 *Etirpb*。上述两个变量的数据来源均为《中国高技术产业统计年鉴》，该变量及其后变量均为模型的解释变量。

（3）赫克歇尔—俄林要素禀赋指数

本章采用赫克歇尔—俄林要素禀赋指数来反映赫克歇尔—俄林要素禀赋理论中的狭义的生产，假定劳动力要素为 *L*，资本要素为 *K*，那么 *K/L* 就是赫克歇尔—俄林要素禀赋指数。该变量的数据来源为国研网统计数据库提供的《工业统计数据库》。本章中用各地区机电产业资产总计来表征资本存量 *K*，用各地区机电产业的全部从业人员年平均人数来表征劳动力存量 *L*。赫克歇尔—俄林要素禀赋指数的变量名分别为 *Hoeem*。

（4）盈利能力

盈利能力的变量名为 *Preem*，用利润率来表征。数据来源于国研网《工业统计数据库》。

10.2.2　计量模型设定与解释

依据样本数据特征，本章所使用的计量模型为面板数据回归模型：

$$\boldsymbol{Y}_{it}=\alpha+\boldsymbol{X}_{it}\boldsymbol{\beta}+u_i+\varepsilon_{it}\quad(i=1,\ 2,\ \cdots,\ N;\ t=1,\ 2,\ \cdots,\ T)\qquad(10-1)$$

α 代表样本的总截距；i 代表横截面维度；t 代表时间维度；Y_{it} 是模型的

被解释变量，其含义为产品内分工参与程度。在自主创新计量模型中，$\boldsymbol{Y}_{it}=Itst_{it}$；$\boldsymbol{X}_{it}$是一个 $1\times k$ 维的解释变量观测值矩阵，$\boldsymbol{X}_{it}=$（$Ierdr_{it}$，$Hoeem_{it}$，$Preem_{it}$，$cons_{it}$）。在引进吸收计量模型中，$\boldsymbol{Y}_{it}=Itst_{it}$；$\boldsymbol{X}_{it}$代表一个 $1\times k$ 维的解释变量观测值矩阵，$\boldsymbol{X}_{it}=$（$Etirpb_{it}$，$Hoeem_{it}$，$Preem_{it}$，$cons_{it}$）。$\boldsymbol{\beta}$ 是一个 $k\times 1$ 的系数矩阵，$\boldsymbol{\beta}=$（β_1，β_2，β_3，β_4，β_5）。$v_{it}=u_i+\varepsilon_{it}$为回归模型的复合误差项，其中 u_i 为样本所内含的省份特性，如在模型中被忽略的要素结构、市场因素等个体效应；ε_{it}为随着时间或个体变化而变化的剩余随机扰动因素。

在随机效应模型中，u_i 与可观测的自变量 $\boldsymbol{X}$ 之间不存在相关性，可以看作一个个体间随机分布的，不随时间变化而变化的随机常量。在固定效应模型中，每个个体的截距可合并为$f_i=\alpha+u_i$，因此可将式（10-1）改写为：

$$\boldsymbol{Y}_{it}=f_i+\boldsymbol{X}_{it}\boldsymbol{\beta}+\varepsilon_{it} \qquad (10-2)$$

u_i 与可观测的自变量 $\boldsymbol{X}$ 之间存在相关性，但对于每个省份而言仍然是一个不随时间而变化的随机常量。

10.2.3 面板模型检验与筛选

（1）固定效应显著性检验

本章使用 Stata 12.0 软件对机电产业计量模型进行了固定效应显著性检验。

自主创新计量模型的固定效应显著性检验结果表明，F 统计量为 30.17，假设概率为 0.0000。按照判定规则，样本间差异由抽样误差所导致的概率小于 0.01。在 1%显著性水平上拒绝零假设，根据检验结论，我们认为模型选择固定效应模型优于混合回归模型。

引进吸收计量模型的固定效应显著性检验结果表明，F 统计量为 23.89，假设概率为 0.0000。按照判定规则，样本间差异由抽样误差所导致的概率小于 0.01。因此，在 1%显著性水平上拒绝零假设，根据检验结论，我们认为模型选择固定效应模型优于混合回归模型。

（2）豪斯曼检验

本章使用 Stata 12. 0 软件，对机电产业计量模型进行了豪斯曼检验。

自主创新计量模型豪斯曼检验的结果中假设概率为 0. 0014，依据判定规则，在 1%显著性水平上拒绝零假设，认为模型选择固定效应模型优于随机效应模型。

引进吸收计量模型豪斯曼检验的结果中假设概率为 0. 0648，依据判定规则，在 10%显著性水平上拒绝零假设，认为模型选择固定效应模型优于随机效应模型。

综上所述，按照固定效应显著性检验和豪斯曼检验的结论，选定固定效应模型为最终选用的回归模型。

10. 2. 4　模型计量结果与分析

使用 Stata 12. 0 软件对自主创新计量模型和引进吸收计量模型进行了拟合，相关计算结果分别如表 10-1 和表 10-2 所示，我们将固定效应、混合回归、随机效应模型的拟合结果都列出在表中，按照前文的检验和判定，固定效应模型为优选模型。从模型回归结果来看，模型中全部 t 值均通过了显著性水平检验，所有解释变量均显著，解释变量系数符号全部符合预期特征，表明选定的计量模型具有较强解释力。

综合自主创新和引进吸收计量模型的拟合结果，我们可以得到如下结论：*Ierdr*（自主创新能力）的系数为负，表明我国机电产业的产品内分工参与程度与各地区创新能力成反比。*Etirpb*（引进吸收能力）的系数为正，表明我国机电产业的产品内分工参与程度与各地区技术引进吸收能力成正比。*Hoeem*（赫克歇尔—俄林要素禀赋指数）的系数为正，说明产品内分工的参与度与该指数是正相关的，由于机电产业具有资本密集型产业的特征，说明从我国该产业存在的资本要素优势是其参与产品内分工的原因。*Preem*（盈利能力）的系数为负，则表明在当前的分工条件下，我国机电产业低收益所导致的较低的成本正是该产业能够被引入产品内分工网络的原因。

表 10-1 自主创新计量模型回归结果

解释变量	混合回归模型	随机效应模型	固定效应模型
Ierdr	0. 2584** (2. 12)	-0. 1626* (-1. 61)	-0. 2266** (-2. 17)
Hoeem	0. 2085 (0. 96)	0. 6691*** (4. 13)	0. 7584*** (4. 55)
Preem	-1. 4480*** (-7. 28)	-0. 4637*** (-2. 66)	-0. 3145* (-1. 75)
const	-3. 6098*** (-3. 36)	-3. 2754*** (-3. 99)	-3. 2950*** (-3. 96)
模型评价指标体系	F (3146) = 18. 09 Prob>F = 0. 0000 R-squared = 0. 2456	Wald chi2 (3) = 58. 09 Prob>chi2 = 0. 0000 R-sq: within = 0. 3290 between = 0. 0225overall = 0. 0699	F (3122) = 20. 46 Prob>F = 0. 0000 R-sq: within = 0. 3347 between = 0. 0001 overall = 0. 0307

注：采用 Stata 12. 0 计算。*、**、***分别表示 10%、5%、1%显著水平。

表 10-2 引进吸收计量模型回归结果

解释变量	混合回归模型	随机效应模型	固定效应模型
Etirpb	0. 2076*** (5. 56)	0. 0842*** (2. 79)	0. 0636** (2. 04)
Hoeem	0. 4804** (2. 36)	0. 5765*** (3. 08)	0. 6242*** (3. 14)
Preem	-1. 6133*** (-8. 81)	-0. 9342*** (-4. 96)	-0. 7574*** (-3. 74)
const	-3. 7866*** (-4. 99)	-3. 8478*** (-5. 35)	-3. 9358*** (-5. 28)
模型评价指标体系	F (3146) = 37. 98 Prob>F = 0. 0000 R-squared = 0. 3882	Wald chi2 (3) = 57. 11 Prob>chi2 = 0. 0000 R-sq: within = 0. 2963 between = 0. 4150 overall = 0. 3464	F (3111) = 15. 87 Prob>F = 0. 0000 R-sq: within = 0. 3002 between = 0. 3725 overall = 0. 3077

注：采用 Stata 12. 0 计算。*、**、***分别表示 10%、5%、1%显著水平。

10.3　小结

跨国公司吸收发展中国家企业参与产品内分工的目的，在于通过将相应的工序和流程配置到资源禀赋具有比较优势的发展中国家，提高产品的竞争力，进而获取更高的分工利益。本章以中国机电产业为研究样本，对发展中国家企业参与产品内分工的技术创新要素条件进行了实证研究。技术创新的方式通常分为引进吸收和自主创新两种。为了研究发展中国家参与产品内分工的技术创新要素条件，本章构建了基于中国机电产业省际面板数据的计量经济模型，设定技术创新因素的两种不同状况，检验这两种因素对中国各地区机电产业产品内分工参与程度的影响。

实证研究得到如下结论：我国机电产业的产品内分工参与程度与各地区创新能力成反比，而与各地区技术引进吸收能力成正比。从研究结论上推断，在跨国公司主导的产品内分工全球生产网络中，跨国公司产业链延伸到发展中国家的目的，在于将相应的工序和流程所具有的要素密集特征与具有相应资源禀赋比较优势的发展中国家“匹配”。对具有技术密集特征的产业而言，通常会按照特定价值链节对技术创新的实际需求来选择承接地，在产品内分工全球生产网络中，发展中国家企业的角色是“制造”，这一角色决定了跨国公司对其技术创新能力的要求是引进吸收而非自主创新。

我们必须清醒地认识到，创新是发展中国家企业实现价值链升级的根本动力。通过参与产品内分工全球生产网络，加强与全球生产网络内核心企业的技术协作与交流，积极吸收来自产品内分工网络的技术扩散，是我国企业提高科技创新能力的一个重要渠道。我国只有加强教育、鼓励创新，才能从根本上改变我国当前的禀赋结构；只有改变禀赋结构，才能从根本上提高我国的国际分工地位，进而获得国家竞争优势。

第 11 章　我国制造业全球价值链地位分析

与以往的国际分工形式相比，产品内分工是一种更为细致、高效的国际分工方式。产品内分工为发展中国家企业参与全球价值链、拉动自身经济发展创造了新的机遇，但是，全球价值链的不平衡性也决定了发展中国家企业在其中处于从属地位，甚至面临价值链“低端锁定”的风险。基于全球价值链发展的国际背景和中国制造业发展“大而不强”的国内背景，测定中国制造业在全球价值链中所处的地位，对明晰中国装备制造业整体实力、探索我国装备制造业发展的路径具有重要的理论和实践价值。

11.1　全球价值链相关理论梳理

11.1.1　全球价值链理论

价值链理论由 Porter（1985）提出，该理论指出：企业的所有活动不外乎是由产品设计、生产销售、产品分销以及产品支持环节构成，上述各个环节可以用一个价值链条来表示。各个环节之间是相互关联的。该理论经由 Kogut 和 Gereffi（1994）等的发展，由最初价值增加链到全球的商品链，发展到今天的全球价值链理论。全球价值链理论认为：一条完整的价值链条不仅包括生产中的人、物，还包括产品的设计与研发、生产销售等环节。企业所处价值链环节的不同，其产生的价值是不同的。在产品的设计研发阶段，需要企业进行大量的人力以及物质资本的投入。在产品的生产阶段，则需要大量的普通劳动力从事产品的组装与加工。当产品生产出来流入市场，则需要专职人员进行产品品牌的管理以及后续的销售服务。

按照“微笑曲线”理论（施振荣，1992），产品的设计研发、品牌管理、销售服务环节为价值链的高端环节，因为这样的阶段一般具有高投入与高产出的特点，能够创造比较高的附加值。与此相对应的，产品的加工组装则是价值链的低端环节，本环节一般生产相对简单，对技术要求相对较低，创造的附加值也较低。总的来说，在价值链上处于低端环节的企业多为劳动密集型企业，从事组装环节；在价值链上处于高端环节的企业多为资本技术密集型企业，从事前端的产品设计研发以及末端的产品品牌管理和售后服务。

11.1.2　全球价值链地位理论

20 世纪 80 年代后，国际分工出现新的变化，世界各国经济关系日趋紧密，国际贸易以及利益分配错综复杂，各国在价值链上位置和参与度的测算评估等变得愈加困难。各个国家在以中间品贸易多次穿越国界构建的全球分工网络中对应着不同的价值创造，产品内分工模式逐步成为新兴的分工形式。随着产品内分工的不断细化，国家之间的竞争优势和获利能力直接取决于价值链上各个工序价值的创造。由于全球价值链上的不同位置体现出的是不同的价值链“话语权”，因此国家融入全球价值链的路径、参与度及所处的位置将直接决定其获利能力。

11.1.3　全球价值链长度测算机制

Dietzen 等（2007）与 Inomata（2008）最先利用平均传导长度（APL）指数测算欧盟和亚洲一些主要经济体的价值链长度。Romero 等（2009）利用平均传导长度来测定生产分割程度和经济复杂度。Fally（2011，2012）把生产分割长度定义为从产品生产到产品被消费的生产阶段数，并使用产品生产序列加权平均数表示。在此基础上，利用单个国家的投入产出模型计算出美国的生产阶段数，结果显示生产阶段数呈现下降的趋势。

Fally（2013）基于投入产出模型测算了国家行业层面价值链生产长度。随着中国逐步融入国际分工体系，中国制造业在全球经济中的地位不断提高，马风涛（2015）依据 Fally 提出的计算方法对中国各行业价值链生产长度进行了测算及趋势分析。倪红福等（2016）利用中国数据测度中国参与全球生产分割的情况并对其影响因素作了实证分析，结果显示，中国参与全球生产的阶段数呈现出阶段性特征。加入 WTO 后，中国制造业生产分割长度快速增加，但是日、美等发达国家参与全球生产的阶段数呈现下降的趋势，而且发达国家制造业外迁趋势很明显。近年来，Wang 等（2017a）提出前后向参与度指标，以此来刻画各国参与全球价值链生产的程度。Wang 等（2017b）又构建了全球价值链平均生产长度以及相对上游度两个位置指标来刻画全球价值链的嵌入特征。依据上述定义，Wang 等（2017）对 44 个国家和地区 56 个部门全球价值链生产长度进行测度，结果表明：整体上全球价值链生产长度在逐渐增长，但具体到不同国家和行业则呈现出不同的变化趋势。

11.1.4 全球价值链地位分析

Koopman 等（2008，2010，2012）在贸易增加值核算的框架下构建了全球价值链地位指标，开创性地评估一个国家所处全球价值链的位置以及参与全球价值链的程度。该方法的核心思想是一国参与全球产品内分工，使同时成为中间品的需求方和供给方。需求方用出口产品中蕴含的增加值来衡量，供给方则用间接增加值来衡量。如果一个国家在参与全球产品内分工生产中更多地充当着中间品需求者的角色，则该国在价值链上处于上游阶段；相反，如果该国更多地扮演中间品供给者的角色，那么该国则处于价值链的下游阶段。Koopman（2014）利用构建的全球价值链地位以及参与度指数来研究一个国家对应产业所处国际分工的现状。王直、魏尚进等（2013）进一步将 Koopman 等（2014）提出的贸易流分解法由国家层面扩展至行业层面，总结出分析国际分工中各个工序环节价值创造的总贸易核算法。

王岚（2014）采用这种方法，测度中国制造业不同行业融入全球价值链生产后对其国际分工地位的影响，结果显示，纺织、橡胶等低技术制造行业在融入全球价值链后，国际分工位置明显得到提升；中高技术行业如电子、机械等在融入全球价值链后，位置被锁定在低端。周升起、兰珍先、付华（2014）通过测算 1992—2009 年中国制造业整体以及分行业全球价值链地位指数发现，制造业不同行业中，与资本技术密集型行业相比，劳动密集型行业在全球价值链上的位置明显比较高；与其他国家进行横向比较，该特征也存在；对 15 年间中国制造业位置变化数据进行分析，中国制造业位置变化呈现出“L”形演变特征。

11.1.5　全球价值链上游度演进机制

Fally（2011）与 Antras 等（2012）在国际分散化生产工序的基础上进一步提出上游度的定义以及测度的具体方法，并用生产工序与最终产品的距离来表示。Fally（2011）在封闭经济条件下，构建了一个线性多元一次方程系统来测度各产业的上游度。Antras 等（2012）则在构建产品距离指数的基础上，延伸 Fally（2011）的测算思想，最终形成新的上游度测度方法。该方法立足于投入产出表来研究开放型经济产业分工行业上游度，在不考虑进出口的情况下，经过数理推导证实其构建的方法与 Fally 的方程体系是一致的。Fally 等（2013）提出了多国一般均衡模型，将各国参与价值链长度指标测算拓展至多国情形。Ju 和 Yu（2015）借助世界各国的投入产出表数据，测算中国制造业 2002—2007 年全球价值链上游度水平，结果发现，行业上游度水平越高，越需要更多的资本。马风涛（2015）基于世界投入产出表对中国制造业上游度演进机制进行实证分析后发现，生产效率、增加值水平、研发投入和劳动力熟练程度对制造业上游度的提高有促进作用。苏杭、李化营（2016）基于中国制造业行业数据，研究中国制造业行业上游度水平与其国际竞争力水平的关系。陈晓华、刘慧（2016）采用 35 个经济体 1997—2011 年的投入产出表数据，测度国际分散化生产工序上游度，并研究了影响上游度的因素。鞠建东、余心玎（2014）基于中国制造业行业面板数据以及海关数据，测度了上游度水平，据此了解中国制造业所处全球价值链的位置以及获益水平。

王金亮（2014）基于 Antras 等（2012）提出的方法，利用 2002 年中国投入产出数据，测算了中国制造业不同行业的上游度，并与西方发达国家进行横向比较，结果显示中国制造业在全球价值链上的位置仍处于低端环节。刘祥和、曹瑜强（2014）也利用该方法测算了“金砖四国”——中国、巴西、俄罗斯和印度的上游度指数，通过横向比较得出，无论是在整体层面还是在分行业层面，中国与其他三国相比，所处全球价值链的位置最高，但是在个别行业如教育、计算机等的相对位置比较低，处于劣势。鉴于此，中国要更加注重经济发展方式的转变，发展具有行业比较优势的产业，并注重资本与技术的积累，努力提升中国各行业在全球价值链上的位置。

11.2 全球价值链生产长度分析

11.2.1 全球价值链生产长度的测算

本章借鉴 Fally（2013）以及 Wang 等（2017b）的研究，将某一行业的“生产链长度”定义为该行业从最初的增加值投入到最终消费品的形成所经历的平均生产阶段数量，即该部门增加值被计算为总产出的次数。因此，某国某行业所生产的产品的全球价值链长度可以用以下公式来表示：

$$N_{im}=1+\sum_{jn}\mu_{jnim}N_{jn} \tag{11-1}$$

其中，m 表示所属国家，i 表示对应行业所生产的产品，N_{im} 表示国家 m 对应行业所生产产品 i 的全球价值链长度。类似地，可以定义 N_{jn} 为国家 n 对应行业所生产产品 j 的全球价值链长度。根据定义可知，N_{im} 和 N_{jm} 即是所属国家在产品生产过程中经历的生产阶段数。用 μ_{jnim} 表示所属国家 m 所生产一单位产品 i 时需要投入的国家 n 的产品 j 的价值。

由全球价值链生产长度的定义，可以把该指数看作某一产品在生产过程中所经历的生产阶段的加权平均值，所取的权重即是每个生产阶段贡献的增加值。由于对所属国家的每一行业每一种产品，均可得到上述的一个方程式，因此，联立方程组即可得到唯一解。

鉴于此，如果一个国家生产的产品为最终产品，那么该产品在本国所经历的生产阶段就为 1 个，因此，可以据此定义该产品的全球价值链生产长度为 1。但是，如果所属国家生产的产品不是最终产品，即在生产过程中需要投入本部门的其他产品或者需要投入其他国家生产的中间产品，那么，该产品在生产的过程中，所经历的生产阶段数就大于 1，该产品的全球价值链生产长度就大于 1。全球价值链生产长度取决于所需要的中间产品在该产品生产过程中的重要性，以及这些中间产品在提供给本部门需要之前所经历的生产阶段数。因此，可以用全球价值链生产长度指数来表示本部门融入国际分工的程度，指数越大，表明本部门融入国家分工程度越深。

矩阵运算后，可以用下述公式来表示具体的全球价值链的生产长度：

$$\boldsymbol{N}=\boldsymbol{\mu}\ (\boldsymbol{I}-\boldsymbol{A})^{-1} \tag{11-2}$$

式中，$\boldsymbol{N}$ 表示所属国家对应部门所生产的产品的全球价值链生产长度的列向量；用 $\boldsymbol{\mu}$ 来表示单位列向量；用 $\boldsymbol{I}$ 表示单位矩阵；用 $\boldsymbol{A}$ 表示世界投入产出系数矩阵；$(\boldsymbol{I}-\boldsymbol{A})^{-1}$ 为里昂惕夫逆矩阵。由公式可以利用 WIOD 所提供的数据，计算出不同国家不同行业的全球价值链生产长度。

11.2.2　中国制造业全球价值链生产长度具体数据分析

由 Wang 等（2017b）的研究，将某一行业的“生产链长度”定义为该行业从最初增加值投入到最终消费品的形成所经历的平均生产阶段数量，即该部门增加值被计算为总产出的次数，并进一步对全球价值链生产长度进行分解，分为国内价值链生产长度和国外价值链生产长度。

利用 WIOD 数据库中国制造业行业数据测算出 2000—2014 年中国制造业各行业全球价值链长度，结果如表 11-1 所示。2000—2014 年，中国制造业全球价值链平均生产长度由 3.076 延长至 3.524，说明中国制造业参与全球价值链的程度在不断加深，产品生产更多地需要来自价值链上游阶段的中间投入品。

从水平值来看，2000 年，“石油加工、炼焦及核燃料”“化学品和化工产品”“基本金属”等行业是全球价值链生产长度较长的行业，分别为 4.0232、

3.8789 和 3.8541，表明上述行业生产的产品至少要经历 3.8 个阶段。2014 年，全球价值链生产长度较长的三个行业分别是"纸浆、纸张制品""石油加工、炼焦及核燃料""化学品和化工产品"，其全球价值链生产长度分别为 4.3877、4.4184 和 4.4321，说明上述行业在生产过程中需要至少 4.3 个工序分工阶段。相反，2000 年全球价值链生产长度较短的行业分别是"食品、饮料和烟草制造业""其他运输设备""医药产品"，2014 年分别是"医药产品""家具制品、其他制造业""其他运输设备"，这些行业产品生产经历的工序阶段数较少，即从原材料供应到最终产品完成需要较短的距离。

从增长幅度来看，2000—2014 年中国制造业全球价值链长度平均增幅为 14.5%，其中增幅较大的行业为"食品、饮料和烟草制造业""电子与光学设备""纺织原料制品、皮革制品"，增幅分别为 36.71%、35.51%、28.09%。同时"食品、饮料和烟草制造业""木材、木材产品和软木""纺织原料制品、皮革制品""纸浆、纸张制品"等行业全球价值链生产长度一改 2002 年之前的下降态势，逐渐呈现出平稳增长的趋势。原因是中国在 2001 年成功入世，中国制造业各行业积极参与全球价值链，生产过程中投入越来越多的中间品。与此同时，各行业之间的联系也变得越发密切，中间品贸易增多，促使全球价值链长度变长。

表 11-1 2000—2014 年中国制造业行业全球价值链平均生产长度

部门名称	2000 年	2002 年	2004 年	2006 年	2008 年	2010 年	2012 年	2014 年
食品、饮料和烟草制造业	1.9612	1.8731	2.0437	2.2822	2.3862	2.4862	2.6063	2.6813
纺织原料制品、皮革制品	2.2159	2.0719	2.1292	2.2575	2.4661	2.6068	2.7471	2.8384
木材、木材产品和软木	3.2130	3.0695	3.2607	3.5330	3.5042	3.5413	3.6483	3.7446
纸浆、纸张制品	3.6862	3.6263	3.8679	4.1092	4.1646	4.2419	4.3149	4.3877
印刷和复制、出版	3.3212	3.2717	3.3052	3.4890	3.4791	3.5802	3.6926	3.7828
石油加工、炼焦及核燃料	4.0232	3.8820	4.0141	4.2428	4.2692	4.2530	4.3592	4.4184
化学品和化工产品	3.8789	3.7040	3.8014	4.0272	4.1379	4.2105	4.3629	4.4321
医药产品	2.2159	2.1120	2.2801	2.4423	2.4134	2.3153	2.2993	2.3348

续表

部门名称	2000 年	2002 年	2004 年	2006 年	2008 年	2010 年	2012 年	2014 年
橡胶和塑料制品	3.5437	3.4267	3.4466	3.5906	3.6815	3.7911	3.8551	3.9545
非金属矿物制品业	2.8293	2.6320	2.6398	2.7343	2.7263	2.7310	2.8009	2.8415
基本金属	3.8541	3.6636	3.6912	3.8257	3.7985	3.7128	3.7750	3.8584
金属制品	3.1394	2.9689	3.0264	3.2222	3.2275	3.2095	3.2334	3.3408
电子和光学设备	2.3441	2.3117	2.4092	2.5806	2.4073	2.9199	3.0369	3.1765
电气设备	2.7869	2.7120	2.5893	2.7260	2.7721	2.8465	2.8751	2.9837
机械产品	2.5492	2.5321	2.4867	2.6486	2.6808	2.6807	2.6493	2.7761
交通运输设备制造业	2.8062	2.7877	2.4440	2.5788	2.5992	2.6164	2.4888	2.6135
其他运输设备	2.1373	2.1418	2.0003	2.0747	1.9983	1.9047	1.8746	2.0600
家具制品、其他制造业	2.3421	2.1600	1.7659	2.2641	2.0372	2.2064	2.2173	2.3372

资料来源：根据 WIOD 原始数据计算得到。

从表 11-1 中可以发现，2009—2011 年中国制造业部分行业全球价值链生产长度出现缩短的迹象。缩短比较明显的行业有“医药产品”“纺织原料制品、皮革制品”“其他运输设备”，缩短幅度分别为 5.35%、4.68%、3.14%。全球金融危机引发的经济衰退致使国外中间品供给下降以及本国国内中间品贸易的波动均可能是中国制造业全球价值链生产长度变短的原因。

鉴于此，为了进一步探寻中国制造业全球价值链生产长度变化情况，需要对制造业全球价值链生产长度进行国内外分解以找出确切原因。

11.2.3　中国制造业全球价值链长度分解

依据 WIOD 提供的不同国家和行业详尽的中间投入品信息，对中国制造业全球价值链生产长度进行分解，分为国内生产长度部分和国外生产长度部分。

表 11-2 给出了 2000—2014 年中国制造业各行业全球价值链国内生产长度。可以看出，大多数行业全球价值链国内生产长度部分在 2000—2014 年整体呈现增长态势，在 2009—2011 年出现不同程度的下降态势。另外，从全球价值链国内生产长度绝对水平来看，2014 年，国内生产长度较长的行业有

“石油加工、炼焦及核燃料”“纸浆、纸张制品”“化学品和化工产品”等，国内生产长度较短的行业有“医药产品”“食品、饮料和烟草制造业”“其他运输设备”等行业。加入世贸组织以后，中国制造业全球价值链国内生产长度均出现积极增长的态势，主要原因是中国对外开放程度的进一步扩大和国内行业间限制的降低，使各行业之间的合作日益密切，国内中间品贸易迅速发展，使中国制造业多数行业全球价值链国内生产长度变长。

表 11-2　2000—2014 年中国制造业各行业全球价值链国内生产长度

部门名称	2000 年	2002 年	2004 年	2006 年	2008 年	2010 年	2012 年	2014 年
食品、饮料和烟草制造业	1.8507	1.7624	1.8705	2.0358	2.1300	2.2579	2.3818	2.4551
纺织原料制品、皮革制品	2.3040	2.1516	2.2335	2.4778	2.6362	2.7880	2.8947	2.9890
木材、木材产品和软木	3.0732	2.9248	3.0585	3.2839	3.2545	3.3047	3.4161	3.5059
纸浆、纸张制品	3.4862	3.4099	3.6028	3.8011	3.8878	4.0073	4.1159	4.2024
印刷和复制、出版	3.0926	3.0272	2.9829	3.0940	3.1015	3.2445	3.3752	3.4713
石油加工、炼焦及核燃料	3.8389	3.6468	3.6900	3.8403	3.8960	3.9207	4.0394	4.0995
化学品和化工产品	3.6986	3.5032	3.5456	3.7506	3.8664	3.9705	4.1362	4.2048
医药产品	2.1463	2.0396	2.1756	2.3145	2.3020	2.2352	2.2286	2.2621
橡胶和塑料制品	3.5262	3.3843	3.3694	3.5364	3.5876	3.6900	3.7604	3.8568
非金属矿物制品业	2.6579	2.4771	2.4459	2.4994	2.5147	2.5504	2.6198	2.6570
基本金属	3.6377	3.4282	3.3590	3.4379	3.4389	3.4098	3.4880	3.5644
金属制品	2.9865	2.8288	2.8294	3.0014	2.9991	2.9978	3.0258	3.1296
电子和光学设备	2.3701	2.3915	2.8696	3.4652	2.6792	3.5486	3.5646	3.5592
电气设备	2.7810	2.7606	2.5215	2.6146	2.5992	2.6975	2.7124	2.8410
机械产品	2.3500	2.3414	2.2469	2.3547	2.4637	2.4914	2.4374	2.5669
交通运输设备制造业	2.5613	2.5253	2.1335	2.1997	2.2469	2.3329	2.2404	2.3573
其他运输设备	1.9884	1.9479	1.7886	1.8647	1.7934	1.8016	1.7652	1.8970
家具制品、其他制造业	2.5280	2.4194	2.6490	2.8167	2.5816	2.7503	2.8587	2.9821

资料来源：根据 WIOD 原始数据计算得到。

表 11-3 列出了 2000—2014 年中国制造业各行业全球价值链国外生产长度。可以看出，多数行业全球价值链国外生产长度在这期间表现出增长态势，

仅“医药产品”“机械产品”“家具制品、其他制造业”等行业全球价值链国外生产长度在这一时期出现下滑。从长度增幅来看，2000—2014 年，“食品、饮料和烟草制造业”行业增幅达 27. 86%，充分显示出该行业对外部中间品依赖程度大幅增加；“印刷和复制、出版”行业增幅为 20. 48%，体现出该行业对外部印刷出版等中间投入品的大量需求；“纺织原料制品、皮革制品”“石油加工、炼焦及核燃料加工业”“电子和光学设备”等行业全球价值链国外生产长度增幅也都在 15% 以上。上述行业具有较高全球价值链参与度，较多利用外部中间品进行生产，从而其全球价值链国外生产长度部分变长。

表 11-3　2000—2014 中国制造业各行业全球价值链国外生产长度

部门名称	2000 年	2002 年	2004 年	2006 年	2008 年	2010 年	2012 年	2014 年
食品、饮料和烟草制造业	4. 8275	4. 6687	4. 9722	5. 4136	5. 5379	5. 7573	6. 0099	6. 1724
纺织原料制品、皮革制品	3. 9188	3. 6912	3. 7298	3. 9708	4. 2986	4. 3848	4. 5329	4. 6019
木材、木材产品和软木	4. 6631	4. 4597	4. 5983	4. 7960	4. 8975	4. 9935	5. 1098	5. 2593
纸浆、纸张制品	4. 9358	4. 8758	5. 2663	5. 6105	5. 6632	5. 5885	5. 4574	5. 4971
印刷和复制、出版	4. 5211	4. 4686	4. 7596	5. 0989	5. 1799	5. 2121	5. 2954	5. 4471
石油加工、炼焦及核燃料	4. 9907	5. 0613	5. 1228	5. 6306	5. 6133	5. 7331	5. 8740	5. 9612
化学品和化工产品	4. 9146	4. 6745	4. 7755	4. 9819	5. 0779	5. 1818	5. 3695	5. 4396
医药产品	4. 0836	3. 7084	3. 7613	3. 8101	3. 7869	3. 4405	3. 5409	3. 6793
橡胶和塑料制品	4. 4918	4. 4063	4. 4276	4. 4470	4. 6223	4. 7487	4. 7804	4. 9176
非金属矿物制品业	4. 7298	4. 1119	4. 1289	4. 3094	4. 3247	4. 2642	4. 2435	4. 3534
基本金属	4. 9482	4. 8413	4. 8116	5. 0310	5. 0971	5. 2106	5. 2695	5. 3336
金属制品	4. 2763	3. 9923	3. 9934	4. 1157	4. 1588	4. 3100	4. 4247	4. 5475
电子和光学设备	3. 8576	3. 7461	3. 8733	4. 0728	3. 9533	4. 2359	4. 4531	4. 4898
电气设备	4. 2030	4. 0294	4. 0154	4. 1687	4. 3014	4. 3651	4. 3960	4. 4585
机械产品	4. 9377	4. 7552	4. 6918	4. 7389	4. 6567	4. 6678	4. 6500	4. 7848
交通运输设备制造业	5. 2592	5. 0944	4. 6022	4. 6317	4. 6772	4. 9468	4. 8558	4. 9902
其他运输设备	4. 4261	4. 2956	4. 1720	4. 2800	4. 1107	4. 6360	4. 6161	4. 5933
家具制品、其他制造业	4. 6374	4. 3037	3. 5417	4. 2985	3. 9479	4. 0694	3. 9232	3. 9140

资料来源：根据 WIOD 原始数据计算得到。

由图 11-1 可知，2000—2014 年中国三次产业全球价值链平均长度逐渐增长。通过对制造业全球价值链生产长度的分解可知，中国制造业全球价值链平均生产长度以及国内外生产长度均变长，中国制造业全球价值链国内生产长度要大于国外生产长度。同时发现，2009—2011 年，中国制造业全球价值链平均长度、国内生产长度、国外生产长度均出现不同程度的下降，特别是 2009—2010 年，中国制造业国内生产长度比国外生产长度下降得更明显，原因可能是中国制造业受到的外部冲击被均摊到其他国家，但是经济危机带来的内部冲击不能被分担，因此对国内生产长度部分影响比较大。

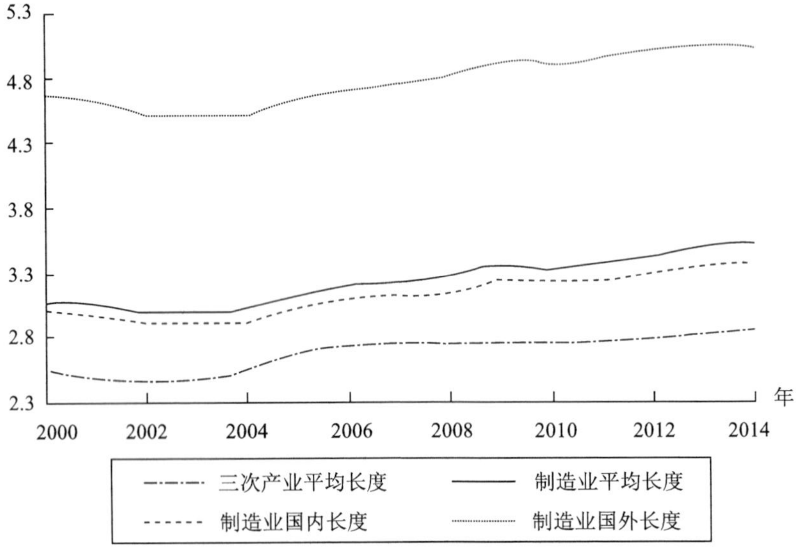

图 11-1　2000—2014 年中国制造业全球价值链长度变化趋势

11.3　中国制造业行业上游度分析

11.3.1　全球价值链上游度的测算

Fally（2013）将一国某产品在全球价值链生产中的上游度指标表示为该产品与最终产品的距离，即该产品从生产端到最终需求端所要经历的阶段数目。据此定义 m 国 i 产品的上游度指数为：

$$D_{im} = 1 + \sum_{jn} \varphi_{jnim} D_{jn} \tag{11-3}$$

式（11-3）中，D_{im}为 m 国 i 产品上游度指数，表示 i 产品距离最终产品的产品内分工生产阶段数；φ_{jnim}表示 m 国 i 产品作为 n 国 j 产品的中间品所投入生产的价值在 i 产品总产出中所占比重。$\varphi_{jnim} = U_{imjn} Y_{jn} / Y_{im}$。式中，$U_{imjn}$表示每生产一单位 n 国 j 产品所需的 m 国 i 产品的价值，Y_{im}则是 m 国 i 产品的生产总值。根据 Antras 等（2012）测算的方法，对每种产品进行处理，联立方程组求出唯一解。

依据上述定义，如果产品在全球价值链中属于最终品，则该产品上游度为 1；如果产品在全球价值链中作为中间品被其他部门利用来进行后续生产，那么该产品生产与最终品之间就会存在生产的间隔，上游度大于 1，具体上游度指数值取决于该产品被用作中间品的比例以及该产品的下游部门距离最终消费需求的生产阶段数目。因此，一种产品的上游度指数值增大，说明该产品更多地作为中间品被其他行业使用，产品生产处于价值链上游阶段；若该产品上游度指数变小，则说明其更多地充当最终品被消费者使用，该产品对应的行业处于全球价值链的下游位置。另外，对比全球价值链生产长度定义，可知上游度采用产品与最终需求之间的距离来度量产品全球价值链上的长度，因此其也可以作为长度指标去衡量某部门所具有的全球价值链生产长度。

11.3.2　中国制造业行业上游度具体数据分析

从上游度绝对值水平来看，“纸浆、纸张制品”“石油加工、炼焦及核燃料”“化学品和化工产品”等行业上游度水平较高，2014 年，上游度分别达到 4.3877、4.4184、4.4321，说明上述行业生产的产品在到达最终消费者之前要经历超过 4 个生产阶段，同时上述行业也多为其他行业提供中间产品。相反，“医药产品”“其他运输设备”“家具制品、其他制造业”等行业上游度水平比较低，2014 年分别为 2.3348、2.0600 和 2.3372，说明上述行业生产的产品到达最终消费者仅需 2 个多生产阶段，这些部门较少为其他行业提供中间品，因此产品与终端距离较近。

表 11-4　2000—2014 年中国制造业行业上游度

部门名称	2000 年	2002 年	2004 年	2006 年	2008 年	2010 年	2012 年	2014 年
食品、饮料和烟草制造业	1.9612	1.8731	2.0437	2.2822	2.3862	2.4862	2.6063	2.6813
纺织原料制品、皮革制品	2.2159	2.0719	2.1292	2.2575	2.4661	2.6068	2.7471	2.8384
木材、木材产品和软木	3.2130	3.0695	3.2607	3.5330	3.5042	3.5413	3.6483	3.7446
纸浆、纸张制品	3.6862	3.6263	3.8679	4.1092	4.1646	4.2419	4.3149	4.3877
印刷和复制、出版	3.3212	3.2717	3.3052	3.4890	3.4791	3.5802	3.6926	3.7828
石油加工、炼焦及核燃料	4.0232	3.8820	4.0141	4.2428	4.2692	4.2530	4.3592	4.4184
化学品和化工产品	3.8789	3.7040	3.8014	4.0272	4.1379	4.2105	4.3629	4.4321
医药产品	2.2159	2.1120	2.2801	2.4423	2.4134	2.3153	2.2993	2.3348
橡胶和塑料制品	3.5437	3.4267	3.4466	3.5906	3.6815	3.7911	3.8551	3.9545
非金属矿物制品业	2.8293	2.6320	2.6398	2.7343	2.7263	2.7310	2.8009	2.8415
基本金属	3.8541	3.6636	3.6912	3.8257	3.7985	3.7128	3.7750	3.8584
金属制品	3.1394	2.9689	3.0264	3.2222	3.2275	3.2095	3.2334	3.3408
电子和光学设备	2.3441	2.3117	2.4092	2.5806	2.4073	2.9199	3.0369	3.1765
电气设备	2.7869	2.7120	2.5893	2.7260	2.7721	2.8465	2.8751	2.9837
机械产品	2.5492	2.5321	2.4867	2.6486	2.6808	2.6807	2.6493	2.7761
交通运输设备制造业	2.8062	2.7877	2.4440	2.5788	2.5992	2.6164	2.4888	2.6135
其他运输设备	2.1373	2.1418	2.0003	2.0747	1.9983	1.9047	1.8746	2.0600
家具制品、其他制造业	2.3421	2.1600	1.7659	2.2641	2.0372	2.2064	2.2173	2.3372

资料来源：根据 WIOD 原始数据计算得到。

通过对比中国制造业全球价值链生产长度变化趋势，可以发现，2009—2011 年多数行业上游度水平出现下降趋势，表明中国制造业行业上游度同样会受到外部冲击的影响。

11.3.3　按照研发密度细分的制造业行业上游度分布

依据行业研发密度的不同，OECD 将制造业细分为高端技术产业、中端技术产业、低端技术产业三类行业。[1] 图 11-2 为 2000—2014 年三类行业上游度分布。由图 11-2 可知，2000—2014 年中国制造业低端技术产业上游度指数由 2.6472 上升到 3.1374，中端技术产业上游度指数由 3.3738 上升到 3.6830，高端技术产业上游度指数由 2.9658 上升到 3.1768，说明三类行业生产阶段数都在增加，逐步向全球价值链上游移动。由此说明，伴随着中国经济改革的深入，产业升级已见成效。

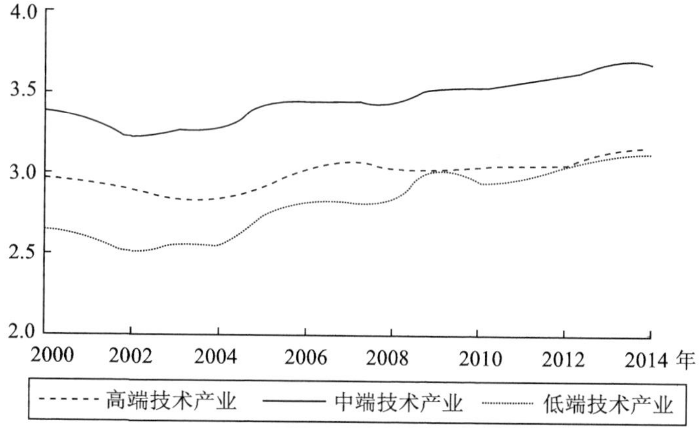

图 11-2　2000—2014 年中国高中低端技术制造业行业上游度变化趋势

由图 11-2 可知，2000—2003 年三类行业上游度指数均为下降态势，原因是加入 WTO 后，中国出口规模不断扩大，积极参与国际分工，受到了来自世界各国制造业的冲击。整体来看，中国制造业主要是靠承接发达国家产业转移，从事加工组装等低端下游工序来融入全球价值链生产，因此，距离最终产品需求阶段数比较小。

2009 年之后，三类行业上游度指数再次表现出不同程度的下降趋势，说明随着参与全球价值链生产网络的深入，出口规模以及制造业的发展受到来

① 高端技术产业包括通用设备、专用设备、交通运输、电气机械及器材、通信电子、仪器仪表及文化办公用机械、化工医药等行业；中端技术产业包括石油加工、炼焦及核燃料加工业、橡胶、塑料、非金属矿物、黑色金属冶炼、有色金属冶炼和金属制品等行业；低端技术产业包括食品加工制造、饮料、烟草、纺织、服装、皮革、木材、家具、造纸、印刷和文体用品及其他制造业。

自外部的不利冲击。2008 年全球金融危机以后，以美国为首的发达国家积极推行“再工业化”战略，引发新一轮对高端制造业的竞争，同时，新兴经济体也在积极寻求本国工业的发展，依托丰富的自然资源和廉价的劳动力给中国传统制造业带来了一系列挑战。面对新的机遇与挑战，中国也积极寻求突破，提出“中国制造 2025”发展战略，通过提升产品内在附加值，促使产业向“微笑曲线”两端跃迁，最终实现中国产业升级。

11.4 中国制造业全球价值链参与度分析

11.4.1 全球价值链参与度的测算

王直等（2013）拓展了 Koopman 等（2010）的方法，对贸易增加值以及最终产品作进一步分解，更清晰地区分出参与全球价值链生产活动以及非参与全球价值链生产活动，并在此基础上提出了一套新的衡量全球价值链参与程度的指标体系 GVC_ Participation Indexes。该指标体系相对于 VS、VS1（Hummels et al.，2001）具有以下优点：①VS、VS1 等指标忽略了全球价值链生产活动的一部分，而新指标考虑了全球价值链生产活动复杂性，使得整个生产活动更加完整；②VS、VS1 是基于总出口核算的，存在高估参与价值链生产的部分；③VS、VS1 指标体系不能够区分简单价值链参与活动和复杂价值链参与活动。王直等（2013）提出的 KWWZ 方法对增加值分解如下：

$$Va'=\hat{V}BY=\underbrace{\hat{V}LY^{D}}_{(1)-V\_D}+\underbrace{\hat{V}LY^{F}}_{(2)-V\_RT}+\underbrace{\hat{V}LY^{F}LY^{D}}_{(3a)-V\_GVC\_S}+\underbrace{\hat{V}LY^{F}(BY-LY^{D})}_{(3b)-V\_GVC\_C} \quad (11-4)$$

其中，(1) $-V\_D$ 表示在国内生产和嵌入国内最终产品不涉及国际贸易部分的增加值；(2) $-V\_RT$ 表示嵌入最终产品中对外出口的增加值部分，也即传统贸易部分的增加值；按照嵌入出口产品的增加值跨越边境的次数是否大于 1，可区分简单价值链参与生产活动和复杂价值链参与生产活动；$(3a)$ $-V\_GVC\_S$、$(3b)$ $-V\_GVC\_C$ 分别对应简单参与价值链生产活动的增加值和复杂参与价值链生产活动的增加值。通过增加值和最终产品的分解公式，很容易区分出参与全球价值链生产活动的部分，并以此构建基于前向关联关系全球价值链参与度的表达式：

$$GVCPt\_\ f=\frac{V\_\ GVG}{Vn'}=\frac{V\_\ GVC\_\ S}{Vn'}+\frac{V\_\ GVC\_\ G}{Vn'} \tag{11-5}$$

Va'表示在生产活动中产生的总的增加值；$V\_\ GVC$ 表示嵌入中间品出口里面的总的国内增加值。

11.4.2　中国制造业全球价值链参与度具体数据分析

基于世界投入产出表中中国制造业相关数据，利用全球价值链参与度公式计算出中国制造业基于前向关联的平均全球价值链参与度指数以及简单全球价值链参与度指数、复杂全球价值链参与度指数。参与度指数具体变化趋势如图 11-3 所示。

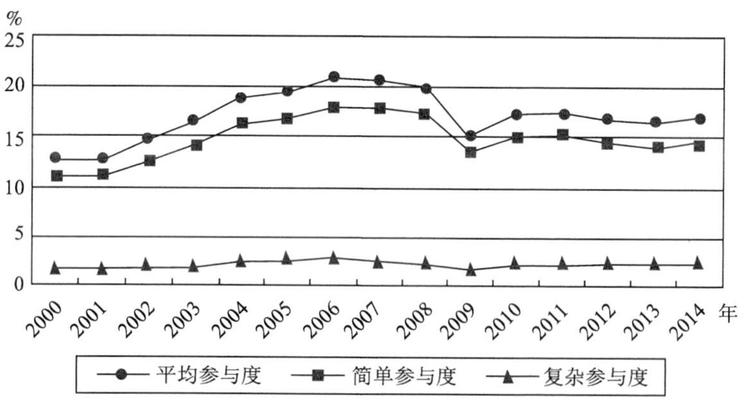

图 11-3　2000—2014 年中国制造业全球价值链参与度指数

从图 11-3 可以看出，中国制造业平均参与度整体上呈现波动上升的趋势，说明在经济全球化大背景下，中国制造业参与全球价值链的程度在不断加深。

同时，简单参与度与中国制造业平均参与度变化趋势高度趋同，相反，复杂参与度变化趋势不明显。从变化趋势上可以看到，2000—2007 年三种全球价值链参与度指数均表现为上升趋势，2008—2009 年出现下降，随后又表现出上升趋势，并在 2011—2012 年再次出现小幅下降；这与 2008—2009 年全球金融危机对各国经济冲击的变化基本一致，参与全球价值链程度越深，中国制造业的发展受到外部的冲击也越大。对比三种参与度指数数据可以看出，简单参与度贡献了大部分中国制造业平均参与度，说明中国制造业参与全球价值链的生产活动多以简单的加工组装为主，所生产的产品多为制成品，中间品生产活动占比较少。

表 11-5　中国制造业各部门前向全球价值链参与度指数

部门名称	2000 年	2002 年	2004 年	2006 年	2008 年	2010 年	2012 年	2014 年
食品、饮料和烟草制造业	3.15%	3.26%	4.51%	5.57%	5.58%	4.92%	4.70%	4.72%
纺织原料制品、皮革制品	9.09%	10.38%	13.44%	14.16%	12.54%	12.02%	11.69%	12.27%
木材、木材产品和软木	9.27%	9.63%	13.77%	17.34%	15.44%	13.09%	13.20%	13.22%
纸浆、纸张制品	13.66%	14.91%	16.21%	17.34%	16.87%	16.54%	17.84%	17.89%
印刷和复制、出版	13.08%	14.33%	14.75%	15.67%	15.03%	14.30%	14.31%	13.57%
石油加工、炼焦及核燃料	16.15%	15.66%	20.88%	20.53%	20.43%	16.70%	15.89%	15.71%
化学品和化工产品	16.62%	19.18%	23.85%	26.55%	25.52%	22.08%	20.47%	20.54%
医药产品	3.58%	4.67%	7.08%	9.11%	8.95%	8.57%	6.38%	5.79%
橡胶和塑料制品	17.86%	19.26%	23.92%	28.66%	25.34%	22.03%	21.51%	21.20%
非金属矿物制品业	7.27%	8.90%	10.31%	10.80%	9.70%	8.73%	9.29%	9.17%
基本金属	16.11%	16.07%	22.30%	23.32%	21.28%	16.17%	15.64%	16.27%
金属制品	14.38%	16.70%	22.87%	27.28%	25.48%	19.98%	18.20%	18.32%
电子和光学设备	18.35%	21.28%	24.77%	27.64%	26.36%	27.73%	24.82%	27.04%
电气设备	14.41%	16.47%	18.98%	21.22%	19.34%	17.75%	17.47%	18.48%
机械产品	7.30%	8.37%	10.93%	13.75%	14.81%	13.04%	12.74%	13.13%
交通运输设备制造业	6.93%	7.85%	9.87%	12.34%	12.04%	8.62%	7.86%	8.11%
其他运输设备	8.33%	9.59%	11.00%	12.30%	12.34%	6.45%	5.80%	7.13%
家具制品、其他制造业	7.24%	7.82%	11.03%	12.64%	12.92%	12.15%	13.89%	15.90%

资料来源：根据 WIOD 原始数据计算得到。

表 11-5 为中国制造业各部门全球价值链参与度，可以看出，各部门全球

价值链参与程度趋势与整个行业基本一致，均表现为稳步上升的趋势。2000 年，中国制造业全球价值链平均参与度指数为 11.27%，到 2014 年增至 14.36%。全球价值链参与度增加说明中国制造业各部门参与到全球价值链生产环节，与世界经济的融合度在逐步加深。从整体参与度水平来看，2000 年全球价值链参与度比较高的三个部门是“电子和光学设备”“橡胶和塑料制品”“化学品和化工产品”，其全球价值链参与度分别为 18.35%、17.86%和 16.62%。较低的三个部门分别是“食品、饮料和烟草制造业”“医药产品”“交通运输设备制造业”。2014 年全球价值链参与度较高和较低的三个部门与 2000 年基本一致。

表 11-6　制造业各部门全球价值链平均参与度以及简单、复杂参与度指数变化

部门名称	平均参与度			简单参与度			复杂参与度		
	2000 年	2014 年	2014 年与 2000 年相比	2000 年	2014 年	2014 年与 2000 年相比	2000 年	2014 年	2014 年与 2000 年相比
食品、饮料和烟草制造业	3.15%	4.72%	49.97%	2.28%	3.11%	36.12%	0.86%	1.61%	86.59%
纺织原料制品、皮革制品	9.09%	12.27%	34.93%	5.10%	7.48%	46.57%	3.99%	4.79%	20.05%
木材、木材产品和软木	9.27%	13.22%	42.66%	6.59%	9.26%	40.39%	2.68%	3.97%	48.27%
纸浆、纸张制品	13.66%	17.89%	30.93%	9.42%	11.81%	25.43%	4.24%	6.07%	43.17%
印刷和复制、出版	13.08%	13.57%	3.67%	9.23%	8.99%	-2.56%	3.86%	4.57%	18.58%
石油加工、炼焦及核燃料	16.15%	15.71%	-2.77%	10.63%	10.00%	-5.90%	5.53%	5.70%	3.24%
化学品和化工产品	16.62%	20.54%	23.63%	10.21%	12.45%	21.95%	6.41%	8.09%	26.32%
医药产品	3.58%	5.79%	61.80%	2.66%	4.42%	66.02%	0.92%	1.37%	49.57%
橡胶和塑料制品	17.86%	21.20%	18.72%	10.96%	13.20%	20.46%	6.90%	8.00%	15.97%
非金属矿物制品业	7.27%	9.17%	26.13%	4.91%	6.82%	38.90%	2.36%	2.35%	-0.48%
基本金属	16.11%	16.27%	0.95%	9.91%	10.16%	2.48%	6.20%	6.11%	-1.51%
金属制品	14.38%	18.32%	27.38%	9.64%	12.22%	26.78%	4.75%	6.10%	28.60%

续表

部门名称	平均参与度			简单参与度			复杂参与度		
	2000 年	2014 年	2014 年与 2000 年相比	2000 年	2014 年	2014 年与 2000 年相比	2000 年	2014 年	2014 年与 2000 年相比
电子和光学设备	18.35%	27.04%	47.34%	8.05%	13.04%	62.05%	10.30%	14.00%	35.86%
电气设备	14.41%	18.48%	28.26%	8.70%	11.49%	32.17%	5.71%	6.98%	22.32%
机械产品	7.30%	13.13%	79.93%	4.64%	8.06%	73.53%	2.65%	5.07%	91.14%
交通运输设备制造业	6.93%	8.11%	17.06%	4.51%	5.18%	14.74%	2.42%	2.93%	21.40%
其他运输设备	8.33%	7.13%	-14.34%	5.29%	4.56%	-13.71%	3.04%	2.57%	-15.44%
家具制品、其他制造业	7.24%	15.90%	119.66%	5.02%	10.61%	111.34%	2.22%	5.29%	138.50%

资料来源：根据 WIOD 原始数据计算得到。

表 11-6 为中国制造业细分行业全球价值链参与度变化，可以看出，2000—2014 年多数部门参与全球价值链的程度均有所增加，平均参与度以及简单、复杂参与度指数表现出增长的趋势，说明多数部门参与全球价值链的程度在加深；“非金属矿物制品业”和“基本金属”部门整体参与度表现为增加趋势，但分解后简单参与度增加而复杂参与度降低，说明上述两个部门简单参与度贡献比复杂参与度贡献大，这两类部门由出口中间品逐渐转向直接出口制成品，更加倾向于传统的贸易形式；“印刷和复制、出版”部门则正好相反，表明该部门正在由传统的制成品贸易出口形式逐渐转向中间品贸易出口形式；“石油加工、炼焦及核燃料”部门由于简单参与度指数大幅减少，影响到该部门整体平均参与度，说明该部门正在逐渐退出传统出口制成品的贸易形式，但同时中间品出口的贸易形式增长速度较慢；“其他运输设备”部门无论是平均参与度还是简单、复杂参与度指数均表现为下降趋势，说明该行业正逐渐退出全球价值链生产网络，专注于国内产品分工。

11.5　中国制造业位置影响因素分析

11.5.1　模型设定

基于 Antras 等（2012）人的研究，本章利用 2000—2014 年中国制造业行业面板数据，建立多元回归模型，对影响中国制造业行业上游度的因素进行实证分析，模型如下：

$$UPSTR_{it}=\beta_0+\beta_1DV_{it}+\beta_2RD_{it}+\beta_3ZY_{it}+\beta_4PRO_{it}+\beta_5RCA_{it}+\varepsilon_{it} \qquad (11-6)$$

其中，$UPSTR_{it}$表示 i 部门在 t 年的上游度水平；β_0 为常数项；DV_{it}表示 i 部门生产的产品中蕴含的国内增加值比例，以此来衡量 i 部门创造国内增加值的能力；RD_{it}表示 i 部门在 t 年投入的研究开发费用占总产出的比重，用来衡量 i 部门研发能力；ZY_{it}表示 i 部门在 t 年资源禀赋状况，用来衡量 i 部门拥有的资源的丰裕程度；PRO_{it}表示 i 部门在 t 年人均产出水平，用来衡量 i 部门劳动生产率；RCA_{it}为 i 行业 t 年的显性比较优势指数，用来度量 i 部门的竞争能力；ε_{it}为随机扰动项。

11.5.2　数据来源

本章所采用数据来自 WIOD 数据库以及对外经贸大学全球价值链研究院构建的 UIBE GVC 指标体系。WIOD 数据库涵盖了 27 个欧盟国家、13 个其他国家和地区 1995—2014 年的投入产出数据表，包括 35 个行业、59 个门类的中间品和最终品的进出口、增加值等数据；UIBE GVC 指标体系提供了衡量全球价值链主要指标的数据，包括全球价值链生产长度、位置、参与度等，以及贸易增加值分解数据。上游度 $UPSTR_{it}$和增加值比例 DV_{it}数据来自 UIBE GVC 指标体系；研发投入 RD_{it}数据来源于《中国工业经济统计年鉴》；自然资源禀赋 ZY_{it}用世界投入产出数据库中采矿产业总产出占制造业比重的自然对数表示，数据来自 WIOD 数据库；劳动生产率 PRO_{it}用行业分组全部国有及规模以上非国有工业企业的行业工业总产值除以行业全部从业人员年平均人数表示，数据来源于《中国工业经济统计年鉴》；显示性比较优势指数 RCA_{it} 通过中国制造业各行业贸易数据计算得到，数据来源于 WIOD 数据库和《中国工业经济统计年鉴》。

11.5.3 结果分析

由于中国国民经济行业分类标准与 WIOD 分类标准存在一定的差异，同时部分行业数据存在缺失，为保持口径统一，依据前人研究，对部分行业数据进行合并处理，最终选取 13 个行业数据进行面板回归分析。为了有效地消除异方差并保持序列平稳性，将变量取对数。依据所建立的多元回归模型式（11-6），使用 Stata 11.0 进行面板数据回归分析，结果如表 11-7 所示。

由豪斯曼检验结果可知，选择随机效应模型更加合理，但是为了对比不同模型的结果，表 11-7 中依旧列出三种模型回归结果。

表 11-7 模型回归结果

变量	固定效应模型	随机效应模型	混合 OLS 模型
ln*DV*	0.1781*** (0.0304)	0.176*** (0.0301)	0.1781*** (0.0304)
ln*RD*	0.0173* (0.0102)	0.0168* (0.0102)	0.0173* (0.0102)
ln*ZY*	-0.0696*** (0.0175)	-0.0655*** (0.0171)	-0.0694** (0.0175)
ln*PRO*	0.0480*** (0.0091)	0.0494*** (0.009)	0.0480*** (0.0091)
ln*RCA*	-0.1393*** (0.0297)	-0.1318*** (0.0291)	-0.1393*** (0.0297)
常数项	1.0410*** (0.0544)	1.0349*** (0.0896)	1.0410*** (0.0544)

续表

变量	固定效应模型	随机效应模型	混合 OLS 模型
样本数	195	195	195
行业数	13	13	13
R^2	0.7152	0.7662	0.7421

注：***、**和*分别表示在 1%、5%和 10%的水平下显著，括号内的数值为标准差。

从表 11-7 可以看出，产品中蕴含的国内增加值比例、研发投入水平、资源要素禀赋、行业的劳动生产率水平以及行业显性比较优势等变量均对中国制造业行业上游度水平有不同程度的影响。对比三个模型可以发现，国内增加值比例变量系数符号均为正，通过 1%的显著性水平，表明两个变量之间存在高度相关关系，通过提高一国产品中蕴含的国内增加值，能够显著提升该行业的上游度。鉴于此，提高中国制造业行业上游度水平则需要提升产品中蕴含的国内增加值比例，增加本国价值含量。研发投入水平的提高能够提升中国制造业行业上游度，因此，增加研发投入能促使中国制造行业向上游度水平较高的具有核心技术的中间产品工序端移动。资源禀赋估计结果为负，且通过 1%的显著性检验。符号与预期相反，可能是因为中国制造业多以进口中间零部件并加工组装的方式参与国际分工体系，由于缺乏核心技术，多数行业依旧依靠劳动力和资源禀赋从事“微笑曲线”低端生产，因此在全球价值链上的位置依旧比较低，上游度水平也比较低。行业的劳动生产率水平和行业上游度水平正相关，在 1%的水平下显著，说明提高劳动生产率水平，能够促使中国制造业生产出更多的中高端产品，提升行业上游度。显性比较优势指数为负，说明行业竞争力水平和行业上游度水平呈反向变动关系。行业上游度水平提升，使得该行业更多从事中间品的生产，在向上游攀升的过程中，与已经处于这个阶段的其他国家行业相比不具有优势，本国竞争力水平下降，因此，本国行业要想提升自身的竞争力水平，必须通过自主创新，努力掌握核心技术，顺应市场的变化，实现产业的升级。

11.6 小结

基于全球价值链发展的国际背景和中国制造业发展“大而不强”的国内背景，测定中国制造业在全球价值链中所处的地位，对于明晰中国装备制造业整体实力、探索我国装备制造业发展的路径具有重要的理论和实践价值。本章首先对全球价值链理论、全球价值链地位理论、全球价值链长度测算机制、全球价值链地位分析、全球价值链上游度演进机制等相关理论进行了梳理。其次，对全球价值链生产长度进行了测算，并对中国制造业全球价值链长度进行了分解。再次，对全球价值链上游度进行测算，并对中国制造业行业上游度具体数据以及按照研发密度细分的制造业行业上游度分布进行分析。与此同时，进行了中国制造业全球价值链参与度的分析。最后，进行了中国制造业位置影响因素的分析。

通过分析，得出以下主要结论：第一，中国制造业整体全球价值链生产长度在逐渐增长，全球价值链参与度在不断提高，产品的生产更多地需要投入上游阶段所生产的中间品。第二，随着中国经济的发展，中国制造业的产业升级已经初见成效。但从整体上看中国制造业距离最终产品的需求阶段数比较小。中国制造业高技术、中技术、低技术三类行业在全球金融危机中，全球价值链位置均受到不同程度的影响。第三，中国制造业全球价值链简单参与度在2001—2014年的变化趋势基本一致，而中国制造业全球价值链复杂参与度变化不明显。简单参与度指数贡献了中国制造业整体参与度指数的绝大部分。复杂全球价值链参与度指数比较小，这说明中国制造业主要靠简单的加工组装环节融入全球价值链中。2000—2014年，中国制造业行业参与度指数和整体参与度指数变化趋势基本一致，呈现出上升的趋势。参与度指数比较高的部门多为资本与技术密集型部门；参与度指数比较低的部门多为劳动密集型部门。第四，国内增加值比例、研发投入、资源要素禀赋、劳动生产率以及行业显性比较优势指数对行业上游度有不同程度的影响。第五，参与度的提高能够增加中国制造业的收益，进而助推中国制造业贸易升级。

第12章　中国对外贸易失衡发展现状

21世纪以来，随着产品内分工的发展，形成了新的世界经济格局和全球贸易利益分配方式。中国的贸易失衡是我国参与当前产品内分工国际条件下的必然结果，这与全球经济中的资本和商品逆向流动“双循环”机制密切相关。中国贸易失衡是全球经济失衡的一部分，因此，我们必须把对中国贸易失衡发展趋势的探索，置于全球经济失衡的框架之下。中国贸易失衡是全球经济失衡的组成部分和外在表现，缓解中国的贸易差额造成的贸易摩擦，必须通过价值链升级、对外投资等方面的努力。

12.1　中国贸易失衡背景分析

12.1.1　中国贸易失衡的文献综述

21世纪以来，随着工业化进程的加速和参与全球产品内分工的深入，以中国为代表的新兴经济体与以美国为代表的发达经济体之间的贸易差额越来越大，中国等新兴经济体顺差，美国等发达经济体逆差，即全球贸易失衡。1994年至今，中国已经持续25年贸易顺差，使我国逐渐成为全球贸易保护主义的最大受害者和主要的针对目标。而美国自1982年以来，连续37年贸易逆差，使美国成为新贸易保护主义的策源地。中美两国之间的外贸失衡现象并非孤立存在，自2000年以来，主要新兴工业化经济体与发达经济体之间巨额逆差与顺差并存的现象、两者逆向而动的关系也与中美两国之间的关系如出一辙。学术界对此现象的解释是，在产品内分工条件下，中国等新兴经济体与发达经济体处于产品内分工的不同环节和地位，而这种阶段上的不同则使得两种经济体之间的贸易失衡成为必然。

中国贸易失衡的原因成为学术研究的热点。一些学者认为，中国巨额贸易顺差的根本原因是人民币汇率过低。卢锋（2006）通过计算中国外汇储备的均衡水平与实际增长的关系，指出人民币汇率被低估是中国贸易失衡的原因。贺力平等（2008）研究后认为，中国的汇率体制是国际收支“双顺差”的主要原因，若要解决中国的贸易失衡则必须对中国的汇率体制进行改革。此外，不少学者将研究对象扩展到中国的整个经济体制。肖耿（2007）认为，中国国内的金融体制不完善是外部失衡的原因，仅通过调整人民币汇率来调整经济外部失衡是舍本逐末的方式。余永定、覃东海（2006）认为，中国经济的出口导向型发展模式，是中国多年“双顺差”的根本原因，中国国内的要素市场扭曲了资源配置导向，政府过多的干预尤其是地方政府盲目引进外资造成了中国经济外部失衡，即中国经济发展模式导致资源成本发生“扭曲”，导致中国贸易和国际收支失衡。

有一部分学者基于产品内分工视角，剖析全球产业分工格局，并对中国贸易失衡进行研究。卢锋（2006）从不同国家分工的角度分析了中国贸易失衡的原因，认为从表面上看，中国的贸易失衡与加工贸易密切相关，但深层次原因则是全球生产网络布局下产品内分工造成的生产专业化分工。谭人友等（2015）认为，中国改革开放以来引进外资及中国劳动力廉价的比较优势决定了中国在产品内分工价值链中扮演着组装者和加工者的角色，这就决定了中国的加工贸易创造贸易顺差的贸易格局。刘兵权、刘建江（2015）认为，中国过于注重加工贸易的发展导致国家的产业结构畸变，进一步导致贸易结构不合理，并导致“双顺差”。

学者们对中国贸易失衡的研究精彩纷呈，但上述研究成果主要专注于对贸易、金融与产业结构的分析，而从商品和资本逆向流动“双循环”机制入手探索中国贸易失衡，则更加符合当前产品内分工的国际经贸环境。跨国公司在中国对外贸易出口中占有重要地位，2015 年外资企业出口额为 10047. 3 亿美元，占我国出口总额的 44. 2%。

12.1.2　1978—2016 年中国贸易运行的基本特征

1978 年改革开放以来，我国对外贸易总额持续攀升，贸易收支状况经历了贸易逆差，贸易顺差、逆差交替出现，持续贸易顺差并逐渐扩大的演变过程（见表 12-1）。大致可以分为四个阶段。

1978—1989 年为贸易持续逆差阶段。12 年中有 10 年处于逆差，累积逆差总额为 468.4 亿美元，年均逆差为 39 亿美元，在该阶段贸易逆差额变化起伏较大，反映了当时中国工业化水平较低，工业制成品等物质产品相对匮乏需要进口的状态。

1990—1996 年为贸易顺差稳步增长阶段。除了 1993 年出现了 122.2 亿美元的贸易逆差外，其余年份均为贸易顺差，累积顺差总额为 433 亿美元，年均顺差为 61.86 亿美元。中国从贸易逆差逐步推进到贸易平衡并渐进步入顺差阶段，贸易顺差整体规模不大，反映该阶段我国经济结构日趋合理，生产关系逐步理顺，生产力逐渐开始释放。

1997—2004 年，贸易顺差稳步增长，顺差规模相对平稳，累积顺差总额为 2476.3 亿美元，年均顺差为 309.54 亿美元。1998 年中国正式加入 WTO，对外开放规模日益扩大，劳动力、土地等生产要素的比较优势初步体现，顺差规模相对均衡。

2005 年至今为贸易顺差高速增长阶段。2005—2016 年，累积贸易顺差总额为 33496.9 亿美元，年均贸易顺差为 2791.41 亿美元。贸易顺差规模急速增长，除了 2009 年、2010 年、2011 年三年受美国次贷危机的影响，美欧经济整体衰退，进口减少，导致我国贸易顺差有所降低之外，其余年份整体出口状态良好，反映我国经济发展动力强劲，出口能力进一步增强。

总体来看，我国的进出口规模不断扩大，虽然贸易顺差的增长率有所波动，但是货物贸易顺差规模的持续扩大，已经成为中国对外贸易发展的显著特征。

由表 12-1 可知，我国货物贸易总额于 2009 年达到最低点，受美国次贷危机和欧债危机的影响，世界经济低迷、衰退，我国货物出口的主要目的地——欧美等发达经济体经济不振、消费降低、从我国进口减少。说明当时我国经济外贸依存度过高，出口贸易伙伴数量少、结构单一，我国的劳动力等生产要素的供给成本都不再低廉，我国货物出口贸易中依靠低成本优势的传统加工贸易之路逐渐走到了尽头。因此，我国必须加快产业结构调整，促进产业结构的优化升级，鼓励科技创新，提高出口产品的附加值。我国的货物贸易进口于2009年到达最低点之后，2015年到达次低点，2016年略有回升。我国迫切需要进口高科技产品、引进高新技术产业，但是欧美等发达经济体严格限制高科技产品对中国的出口，加大了我国的贸易失衡，降低了我国货物贸易进口的总量和增速。

表 12-1　1978—2016 年中国进出口贸易情况

年份	出口总额/亿元	进口总额/亿元	差额/亿元	出口总额/亿美元	进口总额/亿美元	差额/亿美元
1978	167.6	187.4	-19.8	97.5	108.9	-11.4
1980	271.2	298.8	-27.6	181.2	200.2	-19
1985	808.9	1257.9	-449	273.5	422.5	-149
1990	2985.8	2574.3	411.6	620.9	533.5	87.5
1991	3827.1	3398.7	428.5	718.4	637.9	80.5
1992	4676.3	4443.3	233	849.4	805.9	43.6
1993	5284.8	5986.2	-701.4	917.4	1039.6	-122.2
1994	10421.8	9960.1	461.8	1210.1	1156.2	53.9
1995	12451.8	11048.1	1403.7	1487.8	1320.8	167
1996	12576.4	11557.4	1019	1510.5	1388.3	122.2
1997	15160.7	11806.6	3354.1	1827.9	1423.7	404.2
1998	15223.5	11626.1	3597.4	1837.1	1402.4	434.8
1999	16159.8	13736.5	2423.3	1949.3	1657	292.3
2000	20634.4	18638.8	1995.6	2492	2250.9	241.1
2001	22024.4	20159.2	1865.3	2661	2435.5	225.5
2002	26947.9	24430.3	2517.6	3256	2951.7	304.3
2003	36287.9	34195.6	2092.3	4282.3	4127.6	254.7
2004	49103.3	46436.8	2667.6	5933.3	5612.3	321

续表

年份	出口总额/亿元	进口总额/亿元	差额/亿元	出口总额/亿美元	进口总额/亿美元	差额/亿美元
2005	62648.1	54273.7	8374.4	7619.5	6599.5	1020
2006	77597.9	63376.9	14221	9689.8	7914.6	1775.2
2007	93627.1	73296.9	20330.2	12200.6	9561.2	2639.4
2008	100394.9	79526.5	20868.4	14306.9	11325.6	2981.3
2009	82029.7	68618.4	13411.3	120161.1	10059.2	1956.9
2010	107022.8	94699.5	12323.3	15777.5	13962.5	1815.1
2011	123240.6	113161.4	10079.2	18983.8	17434.8	1549
2012	129359.3	114801	14558.3	20487.1	18184.1	2303.1
2013	137131.4	121037.5	16094	22090	19499.9	2590.2
2014	143883.8	120358	23525.7	23422.9	19592.4	3830.6
2015	141166.8	104336.1	36830.7	22734.7	16795.6	5939
2016	138419.3	104967.2	33452.1	20976.3	15879.3	5097.1

注：①本表 1978 年为外贸业务统计数，1980 年起为海关进出口统计数。
②货物进出口差额负数为逆差。

图 12-1 为我国货物贸易总额及增速，货物贸易总额由相应年份的数据加总得到；图 12-2 为我国货物贸易差额及增速，相应年份的货物出口总值减去相应年份的货物进口总值，实际上就是我国的货物贸易顺差值。

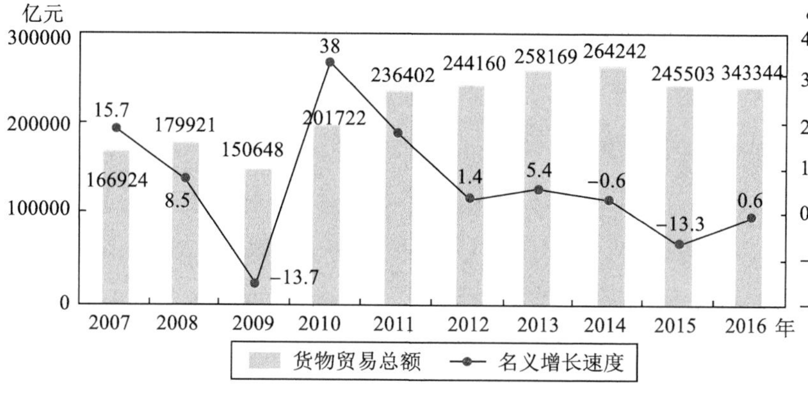

图 12-1　2007—2016 年中国货物贸易总额及增速

资料来源：国家统计局。

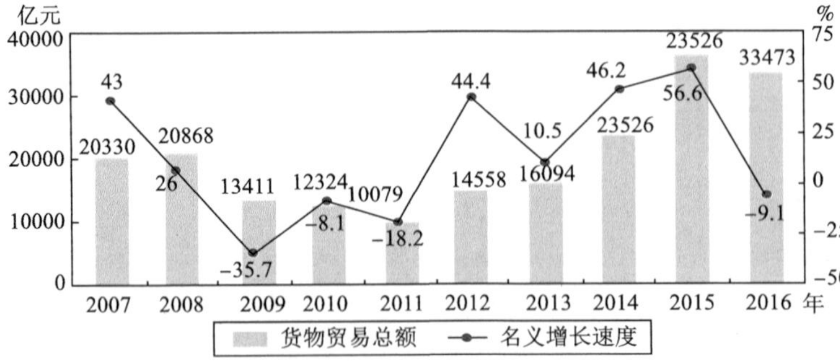

图 12-2　2007—2016 年中国货物贸易差额及增速

资料来源：国家统计局。

12.2　中国贸易失衡现状

1994 年和 1995 年两年中国在财政、税收、金融和贸易领域的一系列改革，为中国经济的发展提供了强大的动力基础，使中国经济发展模式转变为出口导向型，极大地推动了中国对外贸易出口，获得了大量的顺差，特别是在 2001 年中国加入 WTO 后，欧美国家恰好处于全球生产网络调整期，将大量的生产片段转移至中国，使得中国的贸易顺差急剧扩大。

12.2.1　进出口结构

自改革开放以来，随着经济的高速增长，中国的进出口贸易额增长更为迅猛，目前已成为世界第一大贸易国。回顾其历程，可以划分为三个阶段：一是贸易平衡阶段（1978—1993 年）。这一阶段，贸易额相对较小，外贸在国民经济中的带动作用有限，贸易顺差和逆差交互出现。二是温和贸易顺差阶段（1994—2004 年）。随着中国经济体制改革的深化，中国经济转变为出口导向型发展模式，出口逐步超过进口，贸易顺差虽经历了 1998 年亚洲金融危机的波折，但依然能保持稳步增长。三是贸易顺差阶段（2005 年以后）。2005 年后，随着中国参与国际产品内分工的程度越来越深，贸易顺差快速扩大，2008 年金融危机后，中国经济致力于从出口导向型向内需型转变，贸易顺差增长速度有所下降。图 12-3 为 1990—2015 年中国贸易进出口总额与贸易差额示意图。从图 12-3 中可以看到，2008 年之前，出口增速始终超过进口增速，2008 年后，进口增速则超过了出口增速。这一现象是否能长期化，目前来说尚未有定论。

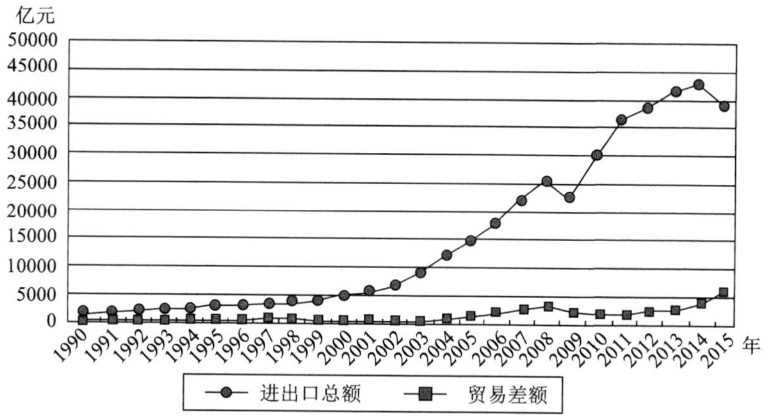

图 12-3　1990—2015 年中国进出口总额与贸易差额

12.2.2　贸易方式

中国贸易失衡与中国参与国际产品内分工密切相关。20 世纪 90 年代后期，随着跨国公司将部分生产环节转移到中国本土，中国加工贸易迅猛发展，在 2000 年前后，中国成为跨国公司垂直生产一体化的重要环节，加工贸易在中国的贸易中占据了重要地位。据统计，2000—2015 年，加工贸易份额在中国对外贸易中一直超过 50%。有学者认为，中国的这种加工贸易占主导的贸易方式使得通过汇率调整贸易顺差的方式作用有限。Jahangir（2007）认为，中国的贸易统计特别是对加工贸易的统计主要是为了税收，这与传统的国际贸易分类明显不同。中国的加工贸易主要有两类：一类是来料加工，即传统国际贸易分类中的加工贸易。中国企业与国外购买方和供应商同时签订相关合同，企业无须办理进口税或增值税，企业仅仅获得加工费，产品由国外的合作方销售。另一类是进料加工。这种贸易方式与前一种的显著区别是国内加工企业拥有产品的销售权。国内企业可以通过进料加工不断提升国内增值部分，而来料加工的国内价值部分通常是固定的，二者的本质区别就在于国内价值量的大小，国内价值量大则认为是进料加工，反之则认为是来料加工。

图 12-4 显示了中国进料加工与来料加工的发展历程。从 2002 年开始，我国的进料加工贸易发展速度远超过来料加工贸易，截至 2011 年，进料加工贸易规模是来料加工贸易规模的 5.5 倍左右。这说明目前中国的加工贸易中国内价值部分越来越大，而传统国际贸易分类中的加工贸易在中国加工贸易中的比重持续降低。研究者们通常认为这一现象主要是两个原因造成的：一是国内供给量的快速扩大增加了中间产品的进口替代。近年来，外商对华直接投资迅猛增加、中国贸易政策逐步与世界接轨等，使中国国内的生产能力大大增强，当资本积累和技术成熟后，国内产品在技术和成本上的优势逐步显现，替代了大量的进口产品。二是国内生产要素价格不断上涨。21 世纪初，中国国内要素价格特别是劳动力价格较低，一直是中国贸易发展的比较优势，但是随着中国经济的快速增长以及供给的不断增加，中国国内的要素价格快速攀升，供给成本大大增加。参与产品内分工全球生产网络带来的“干中学”

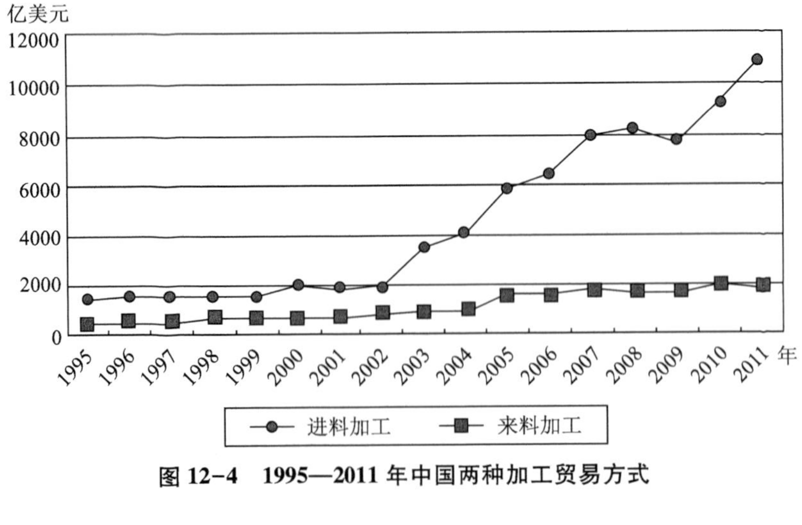

图 12-4　1995—2011 年中国两种加工贸易方式

和技术外溢效应使中国企业获得了部分生产技术，并通过模仿迅速地采取了本土化战略，目前，通过模仿来学习国外技术在中国企业中成为一种普遍行为。这些技术学习和创新行为形成了替代进口的产业优势，使加工贸易中的国内部分迅速超过国外部分。

12.2.3　贸易产品

从表 12-2 中可以看到，2015 年，工业制成品已成为中国贸易顺差的主要商品，具体来说可分为三类：一是加工贸易产品，主要是高新技术电子类产品和机电类产品；二是生活类产品，有服装等纺织品、家具类和鞋袜，从贸易方式上看这类商品出口以一般贸易占多数；三是资源类产品，其主体是贵金属和钢铁类，这一类产品中中国主要出口冶炼后的金属制成品，进口铁矿、石油等原材料。通过上述分析，可以清晰地看到中国贸易的进出口结构特征：主要出口消费类产品，主要进口中间品和资源类原材料产品。Dani（2006）认为，从商品的技术含量考察世界各国的出口结构，中国与很多发达国家的出口结构是类似的，说明通过 30 多年来的加工贸易方式，中国的技术水平大为提升，已经掌握了部分高新技术产品的生产技术。然而，与发达国家相比，中国在产品内分工中的地位依然居于劣势。大量研究表明，虽然中国参与到高科技产品的生产之中，但是核心技术依然掌握在发达国家手中，中国的企业从事的仅仅是高科技产品生产中技术含量低、成本低的部分，依靠的是中国的廉价劳动力优势。Xing（2010）研究了苹果手机的生产分工和布局：中国在 iPhone 的生产布局中处于低端环节，主要从事组装生产，而真正具有复杂技术含量的生产环节均在美国、日本等发达经济体完成，在这种生产和贸易布局条件下，苹果手机的贸易造成了中国贸易的进一步失衡，加大了中国贸易的差额。

表 12-2　2015 年中国进出口产品结构

排名	贸易顺差前五位	顺差额/亿美元	贸易逆差前五位	逆差额/亿美元
1	机械制品	3597.89	矿产品	2660.72
2	纺织品	2761.47	贵金属制品	656.84
3	钢铝制品	893.76	动植物产品	447.75
4	建筑材料	460.30	塑料橡胶制品	68.54
5	皮革制品	239.23	木材及制品	58.28

资料来源：《中国统计年鉴 2016》。

从上文的分析中可以得出如下结论：虽然中国贸易顺差巨大，但贸易的主导权依然在发达国家手中。主要原因是中国依然处于产品内分工的价值链低端环节，出口产品的技术含量较低。当发达国家经济出现问题时，会不可避免地波及中国的贸易出口，贸易出口的弹性低。例如 2008 年国际金融危机发生后，贸易顺差排名前 6 位的商品的贸易顺差余额均出现大幅下滑，机电产品和高新技术产品贸易顺差则较为稳定，因为虽然出口下滑，但与此相关的中间品进口也随之减少。

12.2.4　贸易地理方向

从贸易地理方向来看，中国的贸易顺差对象呈现出不同的特点：中国香港始终是中国贸易顺差最大的去向，美国是中国贸易顺差最为稳定的方向，欧盟是中国贸易顺差增长最快的地区。图 12-5 显示，美国和欧盟是中国贸易顺差的主要方向，而除香港外的亚洲地区为中国的贸易逆差来源地。这种贸易地理方向充分反映了中国在国际产品内分工中的地位，即从亚洲其他国家和地区进口中间产品，加工后出口到欧美地区。令人关注的是，随着中国的技术进步，中国与不同贸易伙伴之间的顺差发展速度出现了很大的差异。根据历年《中国统计年鉴》，2003—2015 年，中美之间的贸易顺差增长了 346.1%，中欧之间贸易顺差增长了 496.5%，而中国与其他亚洲国家和地区的贸易逆差仅增长了 14.2%。这说明了中国的贸易顺差中国内价值部分不断提升的事实。

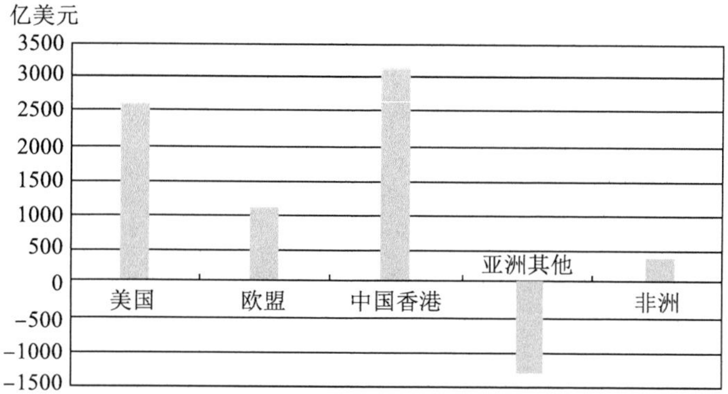

图 12-5　2015 年中国贸易差额主要地理方向

在与亚洲的贸易中，值得注意的是两类不同的贸易失衡：一方面，内地和香港的贸易顺差快速增长，已经超过中美之间贸易顺差，中国香港成为最大贸易顺差来源地，2015 年贸易顺差达到 3177.2 亿美元，较 2003 年增长了 387.6%；另一方面，中日和中韩之间则存在巨额的贸易逆差。

从已有的研究来看，大多数学者认为内港贸易顺差之所以如此巨大，其主因是转口贸易。香港是国际金融中心和自由港，贸易中间商将从中国内地进口的商品在香港进行分类，然后利用其信息优势，将产品出口到世界各地，大幅降低了包括交易费用在内的各种成本。

本研究还发现，中国与美国之间的贸易顺差和内地与香港的贸易顺差有趋同的趋势，尤其是 2005 年以来，二者几乎波动相同，周期基本一致。尽管二者周期基本相同，但 2005 年后内港贸易顺差增长幅度超过了中美贸易顺差的增长幅度。很多学者认为原因是其中的热钱效应。目前为止，中国始终没有放开对资本项目的严格管制，其他国家和地区的资本套利模式在中国并不适用，然而外商依然可以通过经常性项目兑换资本项目，使得套利资本可通过贸易账户自由流动，但这种套利行为需要对中国的国情和金融、贸易制度有充分的了解，在这一方面香港的企业比欧美企业具有天然的优势。2005 年后内港贸易便利化程度不断提升，使得这种套利行为交易成本越来越低，而人民币升值预期又为这种套利行为提供了强大的动力，故内港贸易顺差迅速超过了中美贸易顺差。

中国贸易差额具有自身独特的结构特征：一是贸易顺差持续性强，这是由中国在国际产品内分工中的地位决定的，顺差产品主要是加工贸易品和消费类商品，不改变中国在产品内分工中的环节和地位，这种贸易顺差很难改变；二是贸易顺差中的国内价值部分不断提升，其原因是随着中国经济的发展，国内加工能力不断增强，人力等成本不断增长，提高了中国国内产品的进口替代能力；三是中国的贸易顺差中有热钱效应，内港贸易是其主要通道。中国贸易的结构特征决定了中国贸易差额的发展趋势，对其进行调整必须考虑上述因素。

12.3 中国贸易失衡形成原因分析

12.3.1 国际产业转移和外商直接投资

随着发达国家的产业升级，“去工业化”的步伐加快，制造业加速从发达国家向发展中国家转移。从20世纪90年代开始，国际资本对中国东南沿海的投资增加，在东亚地区逐步形成了以其他国家或地区为原材料和零部件的供应方，以中国为加工组装中心和出口地，以欧美为产品的技术研发中心和主要的产品出口目的地的生产格局。东亚经济体中的其他国家和地区在中国设立外资（港澳台资）企业，外资（港澳台资）企业流入中国境内的资金形成了中国资本账户顺差。外资（港澳台资）企业促进了中国加工贸易的发展，我国从日本、韩国和东亚其他国家或地区进口原材料、辅料、零配件等，在我国本土加工组装，然后按照发达经济体规划好的销售渠道，主要经中国香港等地转口到美欧等发达国家。这样，中国对欧美的出口贸易中包含了中国从日本、韩国、东南亚、中国台湾“承接”的贸易顺差转移。

国际商品贸易和外商直接投资是商品和生产要素国际转移、流动的结果。

自 1992 年以来，中国吸收外商直接投资的规模在发展中国家一直居于前列。外商直接投资对资金流入国的出口贸易有两个方面的促进作用：一是直接效应，通过外商直接投资企业自身的出口，增加资金流入国的出口贸易额；二是间接效应，外商直接投资企业的发展，带动了当地相关产业的生产链条，增加了出口贸易产品的种类和供应数量。

如图 12-6 所示，2016 年和 2017 年我国实际使用外资金额大体相同，实际使用外资金额基本无增长。如图 12-7 所示，我国外商投资企业出口总值 2016 年 5—11 月大体持平，11 月后出口总值开始大幅提升，到 2017 年 2 月恢复平稳状态，2017 年 11 月出口总值增加。因为外商投资企业是以出口加工贸易为主，原材料和零部件多从东亚国家和地区进口，因此外商投资企业的进口总值变化方式和出口总值变化方式大体相同。

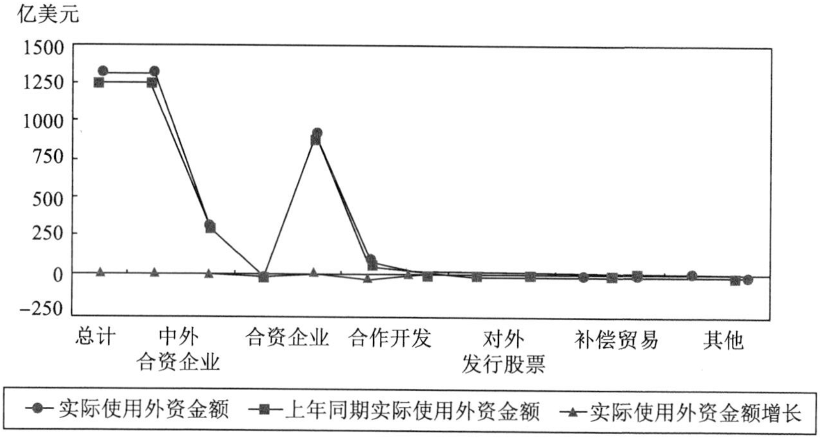

图 12-6　2017 年中国吸收外商直接投资

外商投资企业的大量设立，带来了国外相对先进的技术和管理经验，推动了我国劳动密集型加工制造业的发展，带动了上下游相关产业的设立，完善了我国的产业链网络，使我国不再进口一些传统进口产品，转而从外商投资企业采购，因此外商直接投资对我国的产品进口产生了替代效应，使我国的直接进口数量降低，增大了中国的贸易顺差。

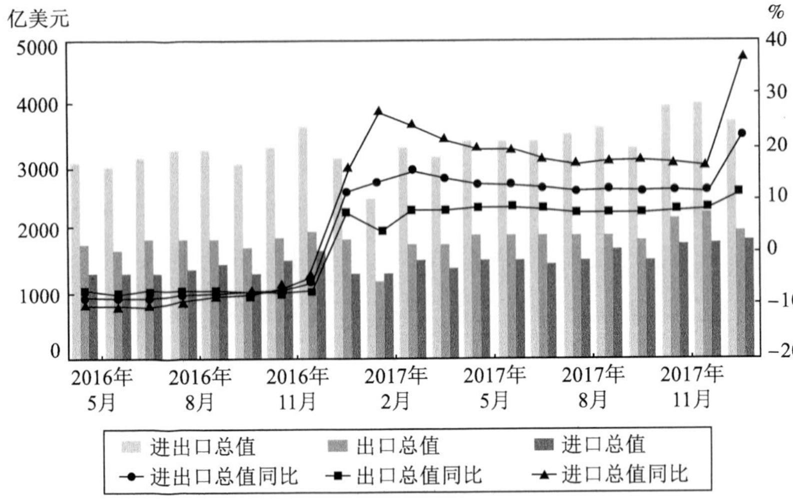

图 12-7　外商投资企业进出口统计

资料来源：中华人民共和国商务部。

12.3.2　美国高新技术产品对华出口管制

美国高新技术产业实力非常雄厚，规模位居世界第一，占世界高新技术产品贸易的 1/3 以上。根据比较优势原理，美国应该对中国出口技术密集型产品，中国对美国出口劳动密集型产品。这样，中美贸易就可以达到大体的贸易平衡。

事实上，美国在高新技术产品方面，严格限制对华出口。美国不仅严格限制对我国军用和军民两用商品的出口，一些完全属于民用的高科技产品也限制对华出口，甚至严格限制一些欧盟、日本等国也同样拥有的产品和技术的对华出口，严重阻碍了美国高科技产品在中国的销售。因此，美国在高新技术产品方面对华出口的严格限制，恶化了中美贸易失衡状况。

12.3.3　生产要素禀赋差异和服务贸易的弱出口属性

根据经济学中的比较优势理论，Barattieri（2010）指出，由于各个国家的比较优势不同，在不同经济体之间形成了专业化分工，以中国为代表的发展中经济体和以美国为代表的发达经济体在生产要素禀赋上存在显著差异，导致双方的比较优势不同，因此，产业结构和贸易产品的进出口都各具特点。发达经济体从发展中经济体进口劳动密集型产品和资源密集型产品，同时出口技术密集型产品和服务产品，而发展中经济体则恰好相反，从而达到双方贸易的整体平衡。

由于消费水平和收入状况密切相关，在收入水平较低的阶段，消费支出主要集中在食物等生活必需品方面，此时恩格尔系数比较高。随着经济的发展和收入水平的提升，人们会逐步增加对高端消费品的购买量。由于中国对外贸易出口集中在劳动密集型的生活必需品方面，而美国出口主要集中在技术密集型的高端产品方面，因此，中国货物的出口量大于进口量，具体表现就是货物贸易顺差。

表 12-3 展示了世界服务贸易进出口统计数据。美国 2005—2014 年服务贸易出口的年均增长率是 8%，进口年均增长率是 6%，说明美国的服务贸易发展势头良好。从服务贸易总量来看，美国 2014 年服务贸易出口额为 6860 亿美元，进口额为 4540 亿美元，显示了美国服务贸易顺差的状态。中国 2005—2014 年服务贸易出口的年均增长率是 11%，进口年均增长率是 18%，说明我国服务贸易进口量逐渐增加。中国 2014 年服务贸易出口额为 2220 亿美元，进口额为 3820 亿美元，显示了中国服务贸易逆差的状态。美国的出口优势体现在服务贸易方面，首先，服务贸易属于高端消费品，需要一定的经济基础作为消费支撑，中国目前所处的经济发展阶段消费数量有限；其次服务贸易的出口属性比较弱，贸易开放和自由化程度较低，而知识产权和影视文化产品等服务性产品的输出又具有隐蔽性，从海关的统计数据上不容易体现，导致专注于服务业出口的美国在服务出口上的盈余不足以弥补其在制成品进口上的赤字，而日本、德国和中国的情况刚好相反，也是中国持续货物贸易顺差的原因之一。

表 12-3　2014 年世界服务出口和进口分地区情况

地区	出口					进口				
	金额/亿美元	增长率				金额/亿美元	增长率			
	2014 年	2005—2014 年	2012 年	2013 年	2014 年	2014 年	2005—2014 年	2012 年	2013 年	2014 年
世界	48615	7%	3%	5%	4%	47405	7%	4%	6%	5%
北美洲	7930	7%	5%	5%	3%	5930	6%	4%	3%	3%
美国	6860	8%	4%	5%	3%	4540	6%	4%	3%	4%
中南美洲	1560	9%	6%	2%	4%	2030	12%	6%	7%	1%
巴西	400	12%	5%	-2%	6%	87	17%	7%	7%	5%
欧洲	23490	6%	0%	7%	5%	19880	6%	-1%	8%	5%
欧盟（28 国）	21530	0%	0%	8%	5%	18100	0%	0%	8%	5%
德国	2670	6%	-3%	8%	5%	3270	5%	-2%	13%	1%
英国	3290	4%	1%	3%	4%	1890	1%	2%	4%	-1%
法国	2630	6%	0%	7%	4%	2440	7%	0%	14%	6%
荷兰	1560	0%	-4%	8%	11%	1650	10%	-4%	6%	8%
爱尔兰	1330	5%	12%	9%	10%	1420	2%	3%	16%	8%
独联体	1100	10%	9%	9%	-8%	1690	12%	18%	15%	-4%
俄罗斯	660	10%	7%	12%	-5%	1190	13%	19%	18%	-5%
乌克兰	140	4%	4%	2%	-35%	120%	6%	10%	11%	-23%
非洲	940	6%	7%	-4%	3%	1690	10%	2%	1%	5%
埃及	190	3%	12%	-16%	7%	160	6%	18%	-4%	11%
南非	140	3%	2%	-6%	0%	150	3%	-11%	-7%	-5%
尼日利亚	10	0%	-10%	-7%	-22%	220	15%	0%	-8%	9%
亚洲	12360	10%	8%	3%	5%	13490	9%	8%	4%	6%
中国	2220	11%	17%	-4%	8%	3820	18%	18%	17%	16%
日本	1580	5%	-3%	1%	19%	1900	4%	5%	-8%	12%
印度	1540	13%	5%	2%	4%	1240	11%	4%	-3%	-1%
新加坡	1330	12%	7%	4%	2%	1300	10%	9%	4%	0%
韩国	1060	9%	14%	0%	3%	1140	8%	6%	1%	4%
中国香港	1070	9%	8%	7%	2%	780	4%	3%	0%	2%
澳大利亚	520	6%	3%	0%	0%	620	8%	6%	3%	-7%

资料来源：WTO、UNCTAD、中国商务部。

如图 12-8 所示，按照最终产品的市场价值统计一个国家的进口和出口规模总值的贸易统计法，使贸易数据部分失真，夸大了中国贸易顺差的规模。在生产、贸易全球化的大背景下，计算进出口总值的统计方法忽视了产业链上各环节的增加值，并没有清晰地统计出一国出口产品的本土含量和进口含量，无法真实地反映出一个国家的贸易利得和产业竞争力。第一，以美国为例，美国使用原产地规则，把经由中国香港转口到美国的中国内地产品统计为美国从华进口，但并不把经由香港转口到中国内地的美国产品统计为美国对华出口；第二，美国作为全球最大的服务业出口国，其产品的竞争力远远超过中国，但服务贸易进出口的海关监控有难度，绝大部分都没有纳入海关的监控范围；第三，现有统计体系基于贸易总值而非增加值测算国际贸易差额，而中国出口产品中绝大部分都是加工贸易，大大夸大了中国的贸易顺差。

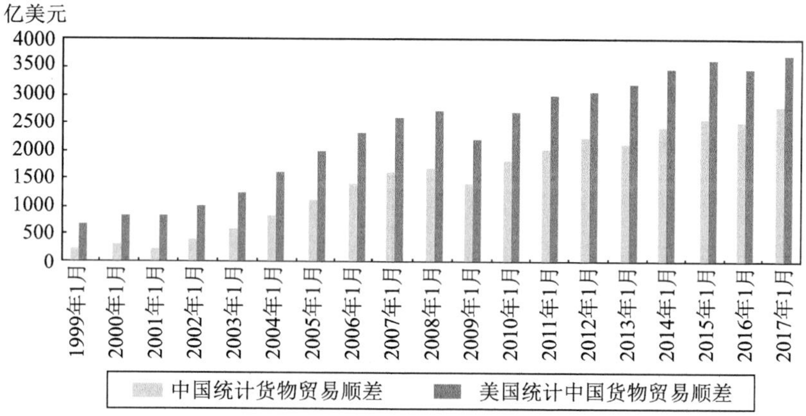

图 12-8　中美双方对贸易统计数字分歧

资料来源：Wind、美国经济分析局、恒大研究院。

12.3.4　我国软盯住美元的汇率制度选择

Flood 和 Marion（2002）认为，东亚各贸易顺差国，如果选择自由浮动汇率制度，会使全球资本流动加速，使各国对抗汇率波动和货币风险的能力降低。所以东亚各国包括中国实行的是软盯住美元的有限的浮动汇率制度，可以通过经常项目顺差，积累外汇储备，从而降低外部环境不稳定的负面影响。Mckinnon 和 Schnabl（2009）从内部平衡角度分析了中国对汇率制度的选择，认为只有人民币币值稳定，中国政府才能增加社会消费和居民福利，从而提高国内居民的消费能力。

由于美元是世界主要储备货币，外围国家都存在货币错配。存在货币错配国家的主要国际金融风险在于无法用本币在国际市场自由流动支付和进行国际结算。美元路径依赖是货币错配的表现形式，国际大宗交易和贸易活动主要用美元结算，经济全球化过程中任何新加入的经济体的最优选择都是以美元为主要的国际结算货币。在货币错配恐慌和美元路径依赖的国际背景之下，为了保持本国产品在国际市场上的竞争力，中国人民银行采取本币适当贬值的策略并维持本币汇率的相对稳定，采取限制汇率浮动的措施，实行出口导向型经济发展战略，实现本国经常账户顺差。像当时的德国和日本那样，等到本国经济实现对发达国家的赶超、我国的金融制度建设和市场反应机制更成熟之后，再采取更为浮动的汇率制度。所以，我国现阶段的经济发展状态决定了我国采取软盯住美元的浮动汇率制度的必要性，我国的汇率制度选择在一定程度上导致了对外贸易的失衡。

12.3.5 消费需求不足与某些行业生产能力过剩并存

在开放经济条件下，宏观经济学的基本恒等式为：

$$Y=C+I+G+NX \tag{12-1}$$

$$S=Y-C-G \tag{12-2}$$

可推导出：

$$NX=Y-C-G-I=S-I \tag{12-3}$$

其中，Y 为国民收入；C 为居民消费支出；I 为投资支出；G 为政府购买支出；NX 为净出口；S 为国民储蓄（包括私人储蓄和政府储蓄）。

式（12-3）表明，一国的净出口等于一国的储蓄与投资的差额。国民收入为该国消费、投资、政府购买支出和净出口之和。储蓄为国民收入与居民消费支出和政府购买支出的差。当一国的储蓄大于投资时，则该国净出口为正，贸易收支上体现为顺差；当一国的储蓄小于投资时，则该国净出口为负，贸易收支上体现为逆差。

所以，从国民收入恒等式的角度来看，国内储蓄的增加如果不能被国内部门的投资吸收，国内资源就会流动到国外进行配置。

李扬（2005）提出，若一国储蓄小于投资，则该国的贸易差额表达形式为贸易赤字，即货物贸易出现逆差而金融贸易为顺差，经济发达国家通过成熟的金融市场进口别国储蓄，实现宏观经济均衡。若储蓄大于投资，该国就会以贸易顺差形式出口本国储蓄，实现宏观经济均衡。

我国储蓄大于投资，大量储蓄来源于对外贸易中的货物贸易顺差。我国储蓄率过高的原因在于：首先，我国自改革开放以来，对外贸易的飞速发展形成了大量的贸易顺差，高速的经济增长使我国的居民收入快速增加，恩格尔系数逐渐趋于合理，财产性收入日益增加，人民生活日渐富足，以上因素叠加使我国的储蓄规模日益扩大。其次，我国人口年龄结构决定了我国当今的储蓄、投资变化。根据经济学中的生命周期理论，幼年、老年人口比率越高，则消费越高、储蓄越少；青壮年人口比重越高，即劳动人口数量越多，人口赡养率就越低，居民储蓄就越高。现阶段我国处于人口红利末期，青壮年劳动人口出于养老的需求，会增加储蓄，减少消费支出。最后，我国社会保障体系不健全，房价过高对其他消费领域产生了很强的挤出效应，看病难、看病贵、物价高、学前教育和高等教育阶段家庭教育支出过高，再加上投资渠道过少，百姓投机心理强、投资知识匮乏，金融投资领域恶性事件频发，以上因素叠加使老百姓不敢消费。

储蓄高说明我国消费需求不足。国家需求包括国内需求和国外需求，合理的国内消费和对外贸易能促进我国国民经济健康、稳定发展。闭关锁国和对外依存度过高都会给我国经济社会发展带来负面影响。

从表 12-4 和图 12-9 可以看出，我国的对外依存度维持在 50%左右，2008 年国际金融危机之后，我国的对外依存度有所下降，但仍然很高，说明我国内需动力不足、储蓄率过高，我国经济对世界经济的依赖性过强。

表 12-4　2001—2013 年中国对外贸易依存度

年份	对外依存度	年份	对外依存度	年份	对外依存度
2001	38.47%	2006	65.17%	2011	50.1%
2002	42.7%	2007	62.73%	2012	47%
2003	51.89%	2008	57.29%	2013	46%
2004	59.76%	2009	44.24%		
2005	63.22%	2010	50.57%		

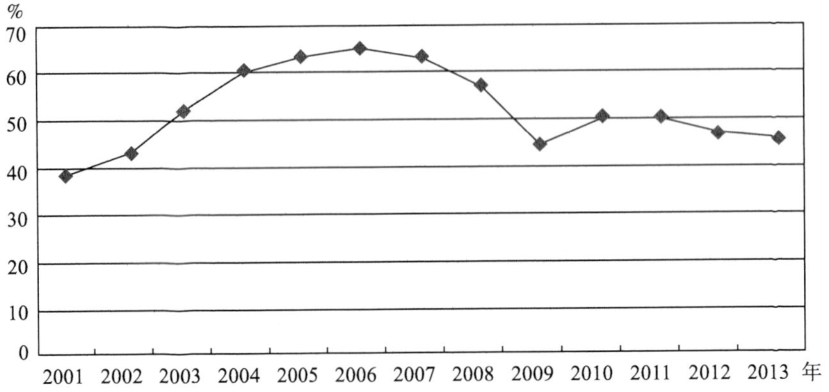

图 12-9　2001—2013 年中国对外贸易依存度

由图 12-10 可知，我国的国民储蓄率偏高。虽然近年来有所下降，但是下降的深层次原因还是在于房地产投资比例过高。2015 年以来，房地产行业“去库存”，各个城市棚户区改造采取货币化投放推行的措施，直接导致近几年全国房价普遍飞涨，居民杠杆率增长过快，挤压了房地产之外的消费支出。居民消费不足说明我国内外部需求不平衡，国内需求疲软意味着我国经济增长对外依存度高。国际上对劳动密集型和资源密集型产品的刚性需求，使我国通过货物贸易出口积累了大量贸易顺差。

根据储蓄—投资“双缺口”模型，我国的过剩储蓄和外汇储备，通过国际金融市场回流至了美国，弥补了美国的投资缺口，维持了中国对美国的贸易顺差状态，加深了我国贸易失衡的程度。

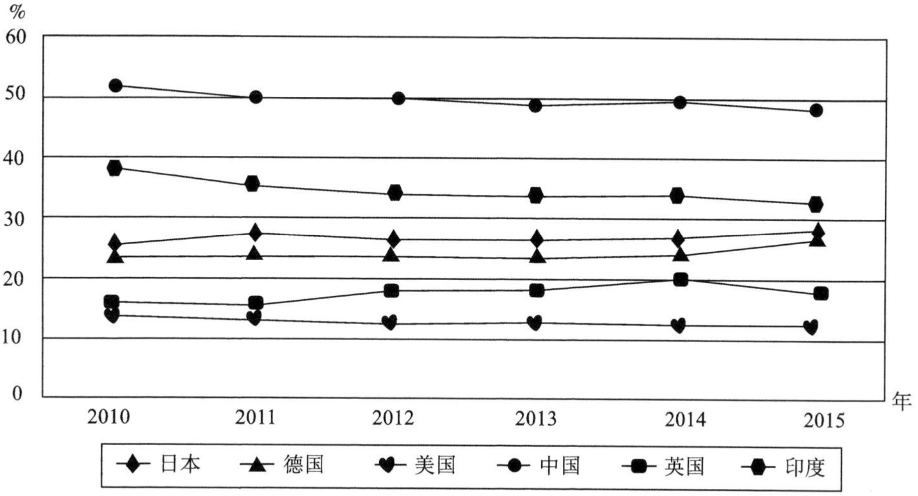

图 12-10　全球主要国家国民总储蓄率

资料来源：智研咨询整理。

12.3.6　我国鼓励出口的外贸政策惯性影响

符合国家经济发展规律的合理的外贸政策，能促进对外贸易稳步持续发展，促进就业，推动经济健康持续稳定增长，对产业结构的分布与优化都有促进作用。

国家的外贸政策是有长期性的，可以影响外贸出口商品结构，提升或者降低出口产品的贸易利得，对进口商品的数量和产品结构都有重要影响。

在改革开放初期，我国工业基础薄弱，产业结构扭曲，外汇紧缺。为了增加我国在国际市场上的购买能力，出口创汇成为当时的主要任务，在贸易政策上限制进口，鼓励扶持出口。在一系列相关政策的推动下，我国对外贸易有了初步发展，但是贸易总额很低，并以贸易逆差为主。

1992 年以后，我国的市场经济体制日益完善，贸易政策上实行出口退税的贸易保护政策，以“奖出限入”为主要特征，采取公开招标配额等措施限制进口、鼓励出口。此阶段，我国对外贸易总量飞速增长，贸易顺差持续增加，外汇储备规模日益扩大，我国逐渐取代日本，成为美国最大债权国。当时我国为了解决资金匮乏、技术落后、管理水平较低的问题，积极吸引外商直接投资来我国建厂，持续提升我国制造业的规模和水平，使具有比较优势的劳动密集型产品成为我国的主要出口产品。

2001 年，中国正式加入 WTO。根据协议规定，我国开始全方位多领域的对外开放，并且扩展到金融等服务领域，市场经济体制更加完善。此时，我国采取出口导向政策和进口替代政策，贸易顺差继续扩大。

2008 年，美国次贷危机引发了全球性的金融危机。深陷危机困局的美欧等发达经济体，大量银行倒闭，企业破产，居民失业无力消费，导致我国出口贸易额在 2009 年大幅下降。我国政府和专家学者深刻意识到我国对外贸易失衡和对外贸易依存度过高的问题。长期以来，我国不合理的进出口结构导致我国长期巨额的贸易顺差，现阶段应该逐步放弃“奖出限入”的外贸政策，积极调整对外贸易战略，以实现国际收支平衡为目标，促进产业结构的升级，推动科技创新，提高出口产品的层次和在国际市场上的竞争力，使我国对外贸易发展更加平衡，并逐步降低对国际市场的依赖。

12.4 小结

中国的贸易失衡是当前产品内分工国际条件下，我国参与国际经贸合作的必然结果，这与全球经济中存在的资本和商品逆向流动“双循环”机制密切相关。中国贸易失衡是全球经济失衡的一部分，因而，必须把对中国贸易失衡的发展趋势的探索置于全球经济失衡的框架之下。本章在理清中国贸易发展脉络的基础上，系统分析了中国对外贸易失衡发展现状。

1978 年改革开放以来，我国对外贸易总额持续攀升，贸易收支状况经历了从贸易逆差，到贸易顺差、逆差交替出现，再到贸易顺差持续并逐渐扩大的演变过程，大致可以分为四个阶段。我国的进出口规模不断扩大，虽然贸易顺差的增长率有所波动，但是货物贸易顺差规模的持续扩大，已经成为中国对外贸易发展的显著特征。

自改革开放以来，随着经济的高速增长，中国的进出口贸易额增长更为迅猛，目前中国已成为世界第一大贸易国。在贸易结构上，工业制成品是中国贸易顺差的主要商品，具体来说可分为三类：一是加工贸易产品，主要是高新技术电子类产品和机电类产品；二是生活类产品，有服装等纺织品、家具类和鞋袜，从贸易方式上看这类商品出口以一般贸易占多数；三是资源类产品，其主体是贵金属和钢铁类，这一类产品中中国主要出口冶炼后的金属制成品，进口铁矿、石油等原材料。在贸易方式上，中国参与产品内分工，推动了中国加工贸易的迅猛发展，加工贸易在中国的贸易方式中占据了重要地位，2000—2015 年，加工贸易份额在贸易中一直超过 50%，从 2002 年开始，我国的进料加工贸易发展速度远超来料加工贸易。在贸易地理方向上，中国的贸易顺差对象呈现出不同的特点：香港始终是内地贸易顺差最大的去向，美国是中国贸易顺差最为稳定的方向，欧盟是中国贸易顺差增长最快的地区。

通过本章的分析，我们概括出中国贸易失衡的主要原因如下：①国际产业转移和外商直接投资；②美国高新技术产品对华出口管制；③生产要素禀赋差异和服务贸易的弱出口属性；④我国软盯住美元的汇率制度选择；⑤消费需求不足与某些行业生产能力过剩并存；⑥我国鼓励出口的外贸政策惯性影响。

第 13 章　中国对外贸易失衡的发展趋势

全球金融危机之后，保持全球经济的平衡增长已经成为国际社会的普遍共识，全球经济“再平衡”成为国际经贸研究领域的热点问题。而国际贸易失衡作为全球经济失衡的主要动因和表现形式，也吸引了国内外诸多学者的广泛关注。中国作为新兴经济体中最大的发展中国家，在全球主要贸易国家特别是发达国家普遍寻求对外贸易平衡发展的大环境下，必须研判中国对外贸易失衡的发展趋势，并充分利用自身内部与外部环境机遇，以实现对外贸易的均衡、协调和可持续发展。

13.1　商品与资本流动逆循环与中国贸易失衡

从中国商品出口的结构和地理方向中可以看到，中国巨大的贸易顺差使得中国成为世界贸易保护主义针对的重灾区。如何化解贸易保护主义对中国经济的冲击、协调中国贸易失衡已成为亟待解决的重大课题。

传统贸易理论认为，在贸易失衡严重的情形下，通过对贸易逆差国的直接投资可以减少贸易差额，缓解贸易失衡。贸易顺差国直接对逆差国相关产业进行投资，将商品的生产和销售就地进行，可以有效减少逆差国的进口，调节贸易失衡，化解贸易摩擦，同时，对外直接投资还有利于顺差国扩大其海外市场从而占领国际市场。分析投资化解贸易失衡的国际贸易理论主要是边际产业替代、产品生产周期和国际生产折中理论。

13.2　中国贸易失衡发展趋势

中国贸易顺差快速增长的趋势已有了一定的缓解，然而，中国与发达经济体的贸易失衡程度依然很大：中美之间和中欧之间贸易顺差的绝对额依然在不断增长；中国对非洲、中东和亚洲的贸易逆差也在不断攀升。中国与亚洲国家和地区之间的贸易逆差的根源在于加工贸易，即亚洲国家和地区对中国出口各种零部件等中间产品，中国完成加工和组装后再出口到其他地区，特别是近些年来随着中国制造能力的增长，亚洲国家对中国经济的依赖越来越大。而中国对非洲和中东地区国家的逆差则来源于石油等能源产品的进口。对许多国家来说，对中国的出口已成为其经济中的重要组成部分。

与此相对的是，美国和欧盟对中国市场的依赖非常有限。由于美国对出口进行了严格的管制，其高科技产品始终不能顺畅地到达中国市场。美国对华出口所占份额极小，而欧盟则采取了相对开放的态度，在生活消费品方面加大了对中国的出口，对华出口额迅速超越美国，成为近些年来中国进口中增长最快的部分。因此，随着中国私人消费的快速发展，高级消费品的进口将快速增长，将会起到调节中国贸易失衡的重要作用。

13.2.1　贸易顺差增速下降

国际金融危机爆发之前，中国贸易经历了数年的黄金发展时期，贸易额飞速增长，顺差额急速扩大。国际金融危机爆发后，欧美国家经济增长的放缓严重影响了中国产品的国际需求，加工贸易受到了较大的冲击，一般贸易由顺差转变为逆差。图 13-1 反映了国际金融危机对中国加工贸易与一般贸易出口的冲击。

在 2008 年和 2009 年，加工贸易出口受金融危机影响较小，依然保持一定的增长，但 2011 年之后，加工贸易受发达国家需求不振的影响增长缓慢，一般贸易的表现远好于加工贸易，原因在于一般贸易主要出口对象为新兴市场经济国家。从进口角度来说，受中国国内经济快速增长的刺激，中国国内市场强劲的需求使一般贸易进口增长迅猛。2011 年，中国进口额占国内生产总值比重达到 14%，成为中国经济进口占比的纪录，超过日本的 12%和美国的 13%。然而，中国的贸易条件并没有改善，反而进一步恶化，2007—2014

年，中国进出口增速分别为40%和34%，进口快于出口。

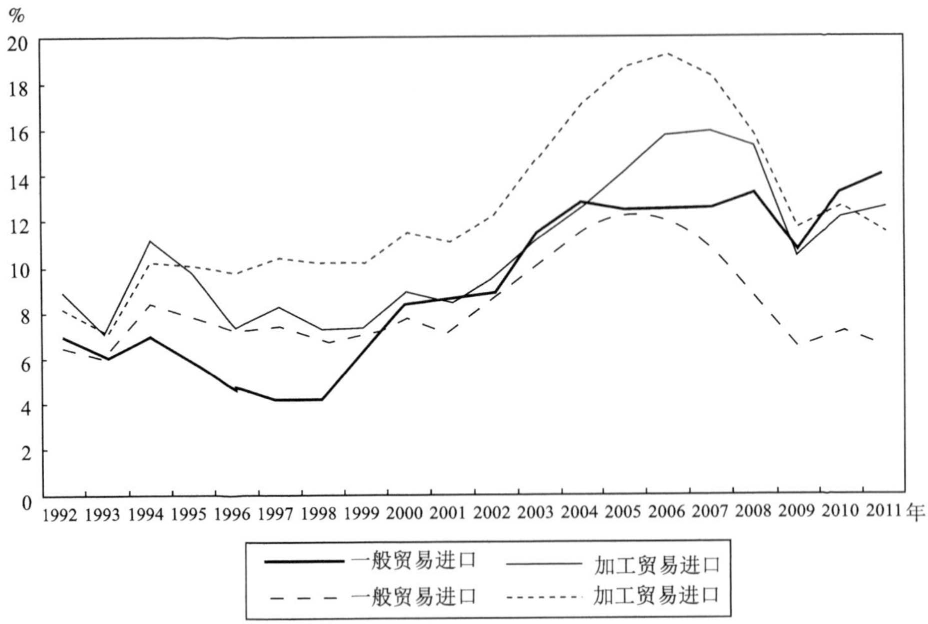

图 13-1　1992—2011 年中国一般贸易和加工贸易占 GDP 的比重

13.2.2　双边贸易失衡依然严重

中国对外贸易顺差增幅减少，但中国与全球主要经济体之间的双边贸易失衡依然严重。国际金融危机爆发后的一段时间里，中国对美国贸易顺差大幅减少，但2011年开始又恢复了快速增长趋势，2015年顺差额超过国际金融危机前的一倍。对欧盟的顺差也在快速增长，如前文所述，中欧贸易顺差增长速度超过了中美贸易顺差的增长速度，同时，中国对非洲、中东和亚洲国家的逆差也在快速增长。我们认为，中国这一贸易格局形成的主要原因，在于全球产品内分工生产网络，即中国从非洲、中东和亚洲国家进口大量的石油等原材料和中间产品，加工后出口到欧美市场。

13.2.3　中国对外出口需求依赖增加

中国的出口贸易地理方向主要依赖于发达经济体（日本、欧盟和美国）。根据《中国统计年鉴 2016》，2015 年，中国出口额的 46%是面向日本、欧盟和美国市场的，对上述三个地区的出口占到中国国内生产总值的 15%。而近年来，发达经济体经济增长的放缓显著抑制了中国出口的增加，对中国国内经济发展也造成了较大的冲击。不仅如此，发达经济体国家对中国出口需求的下降可能被另一个负效应放大，即国际市场大宗商品价格波动导致的石油等大宗商品出口国的需求不稳定。

我们认为，近年来，中国经济在国际经济中的表现非常优秀，但若想继续提高市场份额则难度很大。近 30 年来，中国的贸易增长速度远高于全球贸易的发展速度，特别是国际金融危机后，中国产品在世界市场份额的不断增加，加剧了贸易摩擦。2007—2015 年的世界出口总值中，中国的份额由 8.8%提高到 12.4%，而在全世界所有制成品出口贸易中，中国的份额则达到了 18%，超过了美国、日本等发达经济体。因此，很多学者认为中国的出口仍有很大潜力，但这些潜力的发挥有赖于国际经济环境的改善。世界银行预测，在 2030 年的世界出口市场中，中国份额将达到 20%，这是其他国家未曾达到过的高度。

13.2.4　贸易联系越来越紧密

（1）中国市场对贸易伙伴的重要性

据统计，2000—2015 年，中国对世界经济增长的贡献达到 20%～30%。然而，有部分学者越来越质疑中国经济的增长是否有利于推动世界经济的增长，也就是说中国是否能通过自身的经济增长带动其他国家的经济发展。例如，Autor 等（2011）认为中国经济出口不仅不能带动相关国家经济增长，反而对西方国家和部分发展中国家的经济造成了巨大的冲击，中国经济增长的影响是负向的。但是，更多的学者认为，中国经济的快速增长为世界经济提供了强大的需求，越来越多的国家甚至是发达国家，都寄希望于中国市场能帮助它们走出经济萧条。中国学者普遍认为，中国的经济增长特别是需求，主要带动了亚洲国家和大宗商品生产国的经济发展，而对发达经济体作用有限。

我们认为，进出口贸易是中国经济影响世界经济的主要途径。2011 年后，中国成为世界上需求增长最快的国家，2015 年在世界总进口额中，中国进口额占到 12%，而 2005 年中国进口额仅占世界总进口额的 3.5%。显然，对中国出口量大的国家和地区将从中国经济增长中获益，尤其是亚洲国家和地区。例如，2015 年中国台湾对大陆出口占其总出口额的 36%（2000 年这一比例为 9%），马来西亚为 19%（2000 年这一比例为 4%），菲律宾达到 22%（2000 年这一比例为 3%），日本也达到 22%（2000 年这一比例为 7%），韩国则达到 28%（2000 年这一比例为 13%）。这些亚洲国家和地区对中国出口最多的就是电子产品。可以说中国经济已成为亚洲经济的“发动机”。

一些拉美国家、非洲国家、中东国家和中亚国家，2015 年对中国的出口占到国内生产总值的 5%以上，其经济发展也越来越依赖于中国经济的发展。不仅如此，中国经济的强劲增长也带动了对大宗商品的需求。据统计，中国目前已成为世界第一大石油进口国，中国对金属的进口占全世界的 41%，中国对世界大宗商品的价格具有举足轻重的影响。从国别角度来说，2015 年，秘鲁出口到中国产品占其总出口额的 18%，哈萨克斯坦为 22%，而智利和澳大利亚则为 25%左右。显然，中国对电子产品和大宗商品的进口，为拉美和亚洲经济体走出金融危机作出了重大贡献。然而，发达经济体则与此形成了鲜明对比，2015 年，欧美对中国出口额仅占其国内生产总值的 0.8%，而它们相互之间的贸易占比则达到 50%以上。显然，美国和欧盟对中国经济的依赖性非常低。从贸易角度来说，欧美从中国经济增长中获益微薄，也是欧美热衷于制裁中国的原因之一。

（2）中国国内市场的进口组成

从 2015 年开始，中国正式超过欧盟成为世界第二大进口地，占到全世界进口额的 12%，美国在 2015 年的占比为 16%。我们认为，如果要真实客观地评价中国国内需求对世界经济的带动作用，应只考虑一般贸易。2015 年，中国一般贸易进口额占全球进口额的 9%，虽然低于美国的 16%，但这一比重一直在不断提升，二者差距也在逐步缩小。客观地说，中国对世界经济的需求贡献要小于对世界经济的生产贡献，值得欣喜的是，近年来这一差距正在快速缩小。

中国经济总量扩大带动的内需快速增长，和中国加入世界贸易组织后各种关税及非关税壁垒的撤除，使中国国内市场的进口量增速实际上超过了世界贸易的发展速度，中国进口对世界经济越来越重要。因此，分析中国进口商品的结构特征及贸易地理方向就显得尤为必要了。

中国进口商品结构的一个最突出的特点是原材料等初级商品所占比重快速提升。2015 年，这一比重占中国总进口额的 40%，显然出口石油和矿石的国家从中国的进口中获得了巨大的收益。而中国进口的另一个重要商品是制成品，根据生产方式分为半成品、零部件、投资品、消费品四类。最近 10 年，这四类产品中增长最快的是消费品进口，2015 年占中国总进口额的比重达到 9%，而且仍在快速增加，说明中国国内的购买力越来越强；占比最大的是半成品进口，最具活力的是零部件进口，而资本品进口是最少的。

从贸易地理方向上来看，中国制成品的进口主要来源地是亚洲国家和地区。2007—2015 年，亚洲国家和地区在中国制成品进口中所占比例从 38%增长到 52%。进一步从制成品分类上看，在几乎所有的制成品进口中，亚洲国家和地区的占比均居于首位，如来自亚洲国家和地区的初级制成品进口占 58%、消费品和资本品进口占 47%，故亚洲国家和地区成为中国内需增加的最大受益者。

过去 10 年美国对中国市场的出口受制于其对中国出口的管制，仅消费品出口取得了快速增长，资本品和其他制成品出口则发展缓慢，出口量甚至不断萎缩。欧洲国家则抓住时机，扩大了对中国制成品的出口，占中国进口制成品的 26. 7%，从中国经济增长中获得了可观的收益。以德国为例，其在高端消费品和资本品出口上均增长迅速，特别是国际金融危机后，中国消费品进口增长迅猛，欧盟则抓住了发展机遇，持续扩大对中国的出口。就新兴经济体来说，巴西和俄罗斯虽然对中国出口量很大，但制成品出口占比很小，二者主要是从初期产品出口中获益。

世界银行研究认为，随着中国经济进入新常态，居民消费在中国经济中的比重会不断提高，中国经济发展模式的转变将会对亚洲国家与中国贸易再平衡产生重要影响，即亚洲国家对中国的出口将会减少，而欧洲国家和美国将因其在消费品生产中的优势，从中国巨大的市场中获得收益。

13.3 失衡背景下的中国贸易利益策略

13.3.1 促进中国贸易利得提升的方法

（1）提高国内的经济增加值和就业

要想提高中国在对外贸易中的贸易利得，就要提高中国出口产品在中国国内的经济增加值。①

在出口总值恒定的情况下，要想提升经济增加值，就必须降低进口投入品的数量。因此，中国必须从出口产品价值增值的角度，考察进入中国生产领域的进口投入品的来源情况。

贸易格局变化受国际货币政策、资本流动方式、汇率和贸易制度等因素的影响，全球贸易失衡由全球产业格局决定，产业格局决定全球分工格局，全球分工格局是由发达国家的输出资本主导的。资本收益率由各国的比较优势决定，发达国家根据资本收益率向发展中国家输出资本。在国际分工体系中，中国处于产业链的末端，从周边国家进口用于对外贸易出口的零部件和半成品，在中国加工组装后出口到世界各地。按照世贸组织的原产地规则（Agreement on Rules of Origin），产品的最后工序在中国完成，因此出口的最终产品全部统计为中国的出口贸易额。所以，中国的对外贸易顺差是一种结

---

① 经济增加值=出口总值-进口投入品。

构性和转移性顺差。中国对美欧存在巨额贸易顺差，但对周边国家以及拉丁美洲等欠发达地区都是贸易逆差。在这个过程中，有利方面是外贸加工企业吸收了大量剩余劳动力，不利方面是我国出口产品的附加值太低，工人工资的增长是靠延长劳动时间和增加劳动强度得来的。

所以，促使出口相关产业优化升级，提高相关企业的劳动生产率，限制高污染、高耗能、低技术含量的外资企业流入，促进本土优质企业建设品牌并掌握核心技术，培育自主科研、创新和研发能力，形成自主知识产权及配套产业体系，成为我国提升出口产品经济增加值的可行之策。

（2）形成产业优势，提升产品的科技含量

改革开放以来，我国推行比较优势战略，力图赶超发达国家。比较优势战略来源于比较优势理论，采用比较优势战略的国家更容易形成产业集群，通过技术引进循序渐进地实现产业发展、吸收社会剩余劳动力。通过比较优势战略的推进，能够对社会制度结构进行循序渐进的改良，逐步建立起良好的经济基础，完善科技和法律等相关制度。只有全面提高人民的受教育程度，逐步完善社会制度，才能实现我国经济发展的“后发优势”。

在以出口为导向的经济发展过程中，在利用劳动力资源这个比较优势的同时，要积极学习国外先进的管理制度和经验，提升我国企业的科技创新能力，通过教育、培训提高就业劳动力的职业素质。通过以上方式方法，提高我国经济发展的稳定性和经济增长的可持续性。

所以，出口产业从劳动密集型产业和中低技术制造业，转移到拥有一定自主知识产权和高端技术创新能力的产业，是增加我国出口产品贸易利得的关键。

（3）输出资本，分享经济发展红利

在改革开放初期，我国资本、技术缺乏，引进外资有利于我国产业复兴、经济腾飞。但是随着我国经济实力的逐步增强和外汇储备的逐步提高，我国购买美国国债的数量也在逐年累积，我国已经从资本短缺状态发展到资本充裕状态。此时，对于外资的流入，我国应该采取一定的控制措施，避免逐利资本长期分享我国经济高速发展的红利；取消对外资的优惠措施，健全我国金融市场，避免金融抑制，使国内过剩储蓄能顺利、流畅地转化为投资，进而促进国内优势企业的扩大再生产，推动技术革新和科技创新。同时，也要学习西方发达国家的资本输出方式，积极鼓励优质企业对外直接投资，分享资金短缺国家经济高速发展时期的红利。

13.3.2 探寻贸易平衡演进规律和动态贸易利益发展趋势

改革开放以来，贸易顺差在一定的经济发展阶段，是应该被鼓励和肯定的。

（1）充分利用贸易失衡对我国的有利影响

首先，增加外汇储备，稳定本币汇率。一般认为，贸易顺差说明该国在当年的对外贸易中处于有利地位。从国际上看，很多发展中国家因为国际收支不平衡引发巨额贸易赤字，进而影响本国经济稳定，并带来本币汇率的大幅波动。所以，各国都希望本国对外贸易基本平衡或者适度顺差。顺差为本国带来的外汇储备，可以增强本国抵御国际金融风险的能力，巩固金融体系的安全，提高本国的对外支付能力和偿债能力，增强对稀缺战略物资和储备资源的国际购买力。大量外汇储备增加了中国参与国际竞争的底气，提升了中国的国际地位和在国际事务中的参与度，为人民币国际化奠定了坚实基础。

如图 13-2 所示，我国的外汇储备总量逐年递增，于 2014 年年底 2015 年年初达到顶点之后，有所回落。根据中国外汇管理局的统计，从 2006 年 2 月起，我国外汇储备规模超过日本，位居世界第一。大量外汇储备的确给外汇管理部门带来了管理使用上的新的挑战，但是我们必须肯定其在现阶段的积极正面作用。

其次，贸易顺差可以缓解产能过剩和就业压力。拉动中国经济发展的“三驾马车”分别为出口、消费、投资，出口贸易多年以来都是推动我国 GDP 增长的主力军。出口可以扩大企业生产规模，缓解企业生产过剩的压力，劳动密集型产业的发展可以吸收大量就业人口。外商直接投资有利于我国学习先进的技术和管理经验，进而提升我国企业的国际竞争力。所以，适度的贸易顺差可以促进中国经济良性循环，推动中国经济稳定增长。

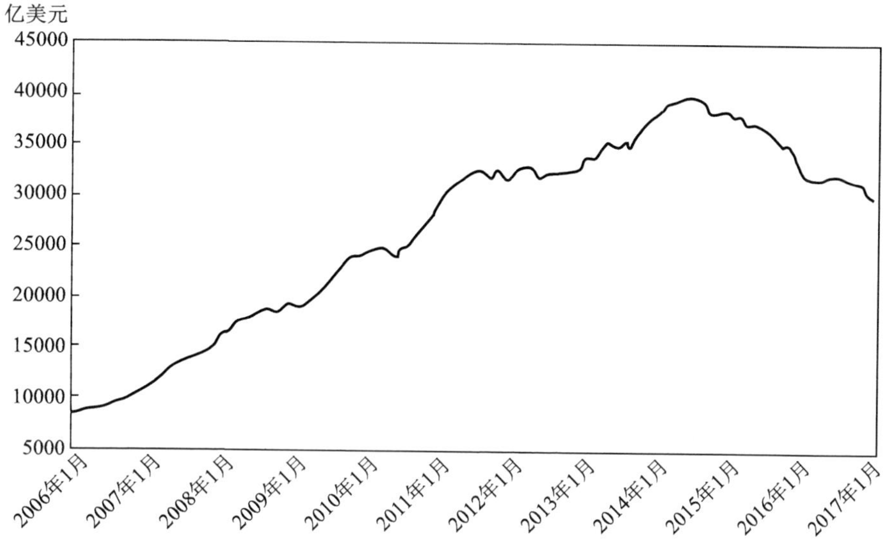

图 13-2　我国外汇储备走势

资料来源：Wind 咨询。

最后，贸易顺差有利于推动人民币国际化。综观近年来世界各地的经济危机，共同点都是国际收支经常项目连续多年的巨额赤字。如果一个国家的经常项目持续逆差，本币贬值压力大，国际收支就必须靠资本项目下的资金净流入来维持平衡。资本是逐利的，这些流入的“热钱”的拥有者是世界各地的资本拥有者，一旦本国金融受到国际投机资本的冲击，动荡的经济局势动摇了“热钱”拥有者的信心，国际资本就会加速流出，形成资本项目下的资金净流出。再叠加经常项目赤字，本国外汇储备匮乏无法有效干预汇率市场，将会导致本币大幅贬值、股市崩溃、楼市下跌、资产价格严重缩水、银行等金融机构破产，对本国经济形成致命打击。因此，保持适度必要的顺差，是维护国家经济安全的客观需要。

（2）努力提高产业结构和自主创新能力

在我国与发达国家的双边贸易中，我方的巨额贸易顺差并没有使我国获得巨大的贸易利益，以美国为代表的发达经济体依靠比较优势和垄断优势掌控着产品的设计、创新等高附加值环节。中国承担着低附加值的中间环节。

中美贸易失衡背后的利益流向并没有与贸易差额一致，中国在中美货物贸易中的获利被严重高估。

因此，我国应努力提高产业结构，提升自主创新能力，把产品生产程序放置在产品附加值较高的环节，获得更多的国际贸易利益。

（3）提升我国在全球价值链中的地位

在以美国等发达国家主导的贸易格局中，中国获得的贸易利得极其有限，因此，必须提高我国在全球生产价值链中的地位。目前，我国的加工贸易主要是订单式生产模式，我国对外出口企业以外商直接投资企业为主，海外投资者海外接单、国内生产。在此种模式下，产品的设计、生产、销售等渠道都牢牢掌控在外方手中，国内生产商和中间商严重依赖外方投资者，大部分利润被海外投资人拿走。

因此，我国要努力掌控销售渠道，积极融入产品内分工全球生产网络体系，发展高科技产业，努力提高出口产品的附加值，把生产程序延伸到价值链的高端部分。这样，我国才能从全球生产组织格局中获得更多的贸易利得。

13.4 小结

国际金融危机之后，保持全球经济的平衡增长已经成为国际社会的普遍共识，全球经济“再平衡”已成为国际经贸研究领域的热点问题。而国际贸易失衡作为全球经济失衡的主要动因和表现形式，也吸引了国内外诸多学者的广泛关注。本章致力于研判中国对外贸易失衡的发展趋势，为后续章节提出实现对外贸易均衡、协调和可持续发展的对策措施奠定基础。

本章得出以下研究结论。①商品与资本流动逆循环与中国贸易失衡，本节运用实证研究方法来验证中国的对外直接投资是否有缓解贸易失衡、减少贸易摩擦的可能性。实证研究结果表明：中国对外直接投资在一定程度上可以缓解贸易差额，起到减少贸易摩擦的作用，但是效果非常有限。中国 GDP 对中美贸易顺差具有负面影响，而美国 GDP 对中美贸易顺差具有正面影响，这与国际经济学模型的基本结论相符。人民币名义汇率对中美贸易顺差的影响显著，不能为了化解中美贸易摩擦而单方面地使人民币升值，应因地制宜地根据国际经济的变化进行有效的调节。②中国贸易失衡发展趋势，中国贸易顺差快速增长的趋势有一定的缓解。然而，中国与发达经济体的贸易失衡程度依然很大：中美之间和中欧之间贸易顺差的绝对额依然在不断增长；中国对非洲、中东和亚洲的贸易逆差也在不断攀升。与此相对的是，美国和欧盟对中国市场的依赖非常有限。我们认为，随着中国私人消费的快速发展，高级消费品的进口将快速增长，这将对调节中国贸易失衡起到重要作用。随着中国经济进入新常态，居民消费在中国经济中的比重会不断提高，中国经济发展模式的转变将会对亚洲国家和地区与中国贸易的再平衡产生重要影响，即亚洲国家和地区对中国的出口将会减少，而欧洲国家和美国将由于其在消费品生产中的优势，从中国巨大的市场中获得收益。③失衡背景下的中国贸易利益策略，促进中国贸易利得提升的方法主要包括：提高国内的经济增加值和就业；形成产业优势，提升产品的科技含量；输出资本，分享经济发展红利。改革开放以来，我国长期持续的贸易顺差，在我国相应的经济发展阶段，是应该被鼓励和肯定的。因此，我国应当充分利用贸易失衡对我国的有利影响，努力提高产业结构和自主创新能力，提升我国在全球价值链中的地位。

第 14 章　解决我国贸易失衡的对策措施

改革开放以来，我国实行的产业发展战略是根据比较优势理论建立起来的比较优势战略。比较优势战略通过市场机制发挥调节作用，由价格传导机制向国内经济主体显示商品和要素的供给、需求状态，引导具有比较优势的经济部门的发展。市场在资源配置中起主导作用，政府的主要作用是为经济发展创造公平、规范、法制健全的市场环境。在国际分工中，我国充分发挥劳动力资源丰富的比较优势，从而形成我国现阶段对外贸易的比较优势结构：出口劳动密集型和资源密集型产品，进口资本密集型和技术密集型产品。

采取比较优势战略的好处在于，我国形成了以东南沿海为聚集地的产业集群，通过外商直接投资的方式引进资金，在外商分享我国经济飞速发展红利的同时，我国积极学习国外先进技术和管理经验，促进劳动人口就业，循序渐进地实现产业发展。随着改革开放的深入，我国的社会结构逐步优化，民主、法制建设进程加快，人民受教育水平逐步提高，金融中介发展基础日趋完善。能否尽快地从传统的劳动密集型和技术含量低、产品附加值低的制造业向拥有自主研发能力及自主知识产权的高端技术产业转移，是决定我国能否提高出口贸易利得、在产品内分工中分享更高利得的关键。

14.1　转变经济增长模式，推动国内消费

14.1.1　转变经济增长模式

根据赫克歇尔—俄林的要素禀赋理论，一国参与国际贸易的比较优势根源于自身的要素禀赋特点，但要素禀赋的特点会随着该国经济的发展和产业

结构的变化而变化。改革开放以来，中国经过 40 年的飞速发展，已经改变了资本短缺状态，国内资本存量充裕，但是我国出口产品中具有比较优势的仍然是劳动密集型产品。国际上，针对我国出口产品的“反倾销”事件和贸易摩擦越来越多，说明国际市场上劳动密集型产品的竞争越发激烈，供给数量不断增加，而我国的成本优势在逐步丧失，中国劳动密集型产品的出口需求弹性越来越小。中美经贸摩擦也说明，随着我国劳动密集型产品出口优势逐渐减弱，以及产业向东南亚国家的转移，美国生活必需品进口来源地增加，给美国增加了底气。所以，我国必须优化出口产品结构，提高出口产品竞争力，将出口贸易集中在资本、技术和知识密集型产品上，加强知识产权保护，形成以科研院所、高校和企业为主体的技术研发体系，调动微观主体科技创新的积极性。

根据内外部均衡理论，外部失衡是由内部失衡引起的，要改变中国现阶段货物贸易顺差过大的状况，首先要解决我国的内部失衡问题。长期以来，我国拉动经济增长的“三驾马车”分别是投资、出口、内需。目前我国内部失衡的主要表现是国内有效需求不足，房价过高、房地产过热，对其他消费领域产生挤出效应。自 2008 年全球金融危机以来，我国基建投资比率过高，地方政府债务负担严重，金融部门贷款不良率攀升，“降杠杆”“防止系统性金融风险的发生”已经上升到国家战略层面，说明大规模投资基建拉动经济增长的方式已难以为继。出口方面，贸易摩擦加剧，外贸依存度过高，贸易顺差过大，贸易伙伴结构单一，增加了我国经济发展的不稳定因素。

14.1.2　拉动国内消费

只有增加国内需求，才能从根本上减少我国对货物贸易出口的依赖。根据经济学原理，需求消费可以带动生产供给，增加劳动力需求，促进就业，使居民获得工资性收入。提高居民消费能力，能从根本上增加国内需求。长期以来，制约我国居民消费水平的决定性因素在于居民的收入水平。我国现阶段经济发展不平衡，贫富分化加剧，房地产行业泡沫严重，有产者每年获得的资产溢价远高于无房者的劳动所得，基础货币投放量过大造成的通货膨胀无形中削弱了人民币的实际购买能力，使老百姓的生活成本剧增，中低收入群体收入的增长速度低于国民经济的增长速度。这些因素都制约了国内的消费能力。根据边际效用递减原理，收入越高，消费型支出越少，储蓄率越高；收入越低，消费型支出越高，储蓄率越低。所以，增加我国消费能力的关键在于加大收入分配体系改革，调整既得利益群体不合理的过高收入，增加政府转移支付的能力，促进国民收入的二次分配，提高中低收入群体的收入水平，帮扶特困家庭，精准扶贫；特别应该提高农民收入水平，尤其是提高已经达到退休年龄的农民收入水平，使其也能分享中国经济几十年飞速发展的成果。还要进一步完善社会保障体系，加快养老、住房、医疗、教育等领域的保障性制度建设。促进中国金融体制改革，理顺金融体系，扩展投资领域，完善股市交易制度，增加居民的投资性收入和财产性收入。

我国作为世界上最大的发展中国家，经济增长在很大程度上要依靠内需拉动，只有这样才能纠正我国对外贸易依存度过高的问题，才能促进中国经济长期稳定发展。长期依靠劳动力收入低和环境污染成本低的发展模式已经不可持续。我国在全球产业分工中的位置必须逐步上移到高附加值的生产环节，逐步取消对高污染、高能耗产业的出口退税，提升我国金融资源的配置效率，停止向落后国有“僵尸企业”发放贷款。

通过减税，完善社保、精准扶贫等方式，调节居民收入分配，同时建立房地产的长效供应调节机制，保证房子的居住属性，剥离房子的金融属性，建设政府主导的保障性住房和廉租房，真正把租售同权落到实处，保障租房者落户和子女入学的权利不受侵犯。根据经济发展情况，提高个税起征点，完善社会保障制度，建立完善的高等教育助学体系，多举措共努力，提高居民的消费意愿和消费能力。

14.2 优化出口产品结构，大力发展服务贸易

全球产品内分工的结果是“出口在中国，利得在欧美；顺差在中国，利

益在欧美”，反映了我国以劳动密集型产品输出为主的出口商品结构的缺陷。我国现阶段巨额的贸易顺差是以牺牲国内从业者的员工福利、大量消耗国内资源、对我国环境造成严重污染为代价的。我国对外贸易长期处于国际分工产业链的底端，产品附加值低，服务贸易发展相对滞后，所以解决我国贸易失衡的关键在于优化我国出口商品结构，跳出对劳动密集型产品出口的依赖，促进服务贸易的发展。

14.2.1　提高出口产品技术含量

提升加工程序的产品附加值，加大知识密集型产品的出口比重。利用税收等经济杠杆，严格限制高耗能、高污染产品的生产，同时鼓励自主创新，加大对知识产权的保护，推动我国外贸增长方式由粗放型向集约型转变，优化出口产品结构，推动高品质出口贸易的增长。

14.2.2　适当扩大进口规模

充分重视进口对国民经济的促进作用。合理增加进口可以提升居民的生活品质。优质产品的引进，可以促进我国相应优质产品的开发，有助于我国产业结构的调整、制度的改良和技术的进步。

鼓励我国对短缺能源、农产品、优质水果和高品质产品的进口。现阶段，制约我国发展的“瓶颈”问题是人均能源相对短缺，石油等能源物资消耗量大而产出少，因此在我国贸易失衡加剧的情况下，有效利用国外资源，在不影响国家经济安全的前提下适度扩大对能源、原材料和中间投入品的进口，不仅可以保护我国环境、避免国内资源的过度开采、提高供给产品的质量，还可以发挥进口对我国经济的拉动作用、促进我国资源型产业的整合、减少贸易顺差、缓解贸易摩擦。

14.2.3　大力发展服务贸易

由图 14-1 可以看出，美国对华商品贸易差额和服务贸易差额均逐年扩大，但是商品贸易顺差大于服务贸易逆差，总体上我国在对美贸易中还是呈现贸易顺差状态。

我国服务贸易发展相对滞后，起步晚，并且一直处于逆差状态，内部贸易结构不合理，传统的资源消耗型服务贸易发达，而金融、保险等服务行业所占份额非常小，留学、电信、旅游等行业贸易逆差逐年增多。我国要大力推进新一轮对外开放，特别是在服务贸易领域的养老、医疗、金融、教育等领域，鼓励服务行业的竞争与合作，推动现代服务业的发展，加快新型服务人才的培养，推动我国经济的高质量发展。

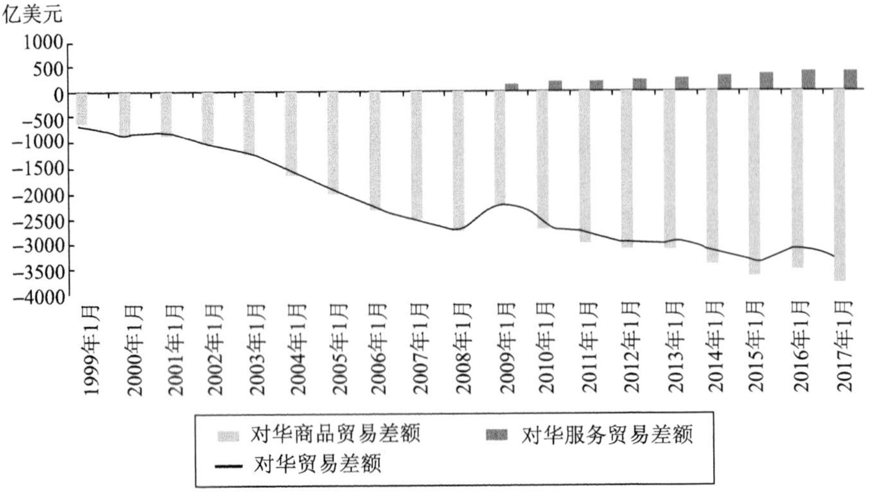

图 14-1　美对华商品贸易及服务贸易差额

资料来源：Wind 资讯、恒大研究院。

14.3　控制外商投资规模，完善汇率形成机制

14.3.1　控制外商投资规模

外商直接投资的大量流入，一方面促进了中国经济和贸易的发展，另一方面又加剧了中国的贸易失衡。外商投资规模过大、比例过高，给中国经济

发展带来了不可估量的风险。因此，要适当控制外商的投资规模，只允许质量较高的外商投资企业进入，并且提高外商直接投资的利用效益。第一，鼓励高科技外资企业进入，支持国内短缺的产业或项目的引进；第二，鼓励跨国公司在中国设立地区总部和研发中心，提高中国企业研发和科技创新的能力；第三，引进资本运作效率高、管理水平好、无环境污染的企业在华直接投资，促使中国从全球加工基地向创新型制造基地的转变；第四，充分利用市场机制，鼓励优胜劣汰，积极引导劳动、资源密集型的外资企业向资本、技术密集型转变。

14.3.2　完善汇率形成机制

按照经济学一般原理，本币贬值能促进出口抑制进口，本币升值能抑制出口促进进口。但从我国现状来看，人民币小幅升值之后，我国贸易顺差不仅没有减少，反而增大了，说明汇率变动对贸易收支的作用还取决于出口商品的需求弹性。有节律地、适度地扩大人民币汇率的调整幅度，采用更有弹性的汇率制度，可以对我国外贸收支产生更经常性的影响，避免长期贸易失衡的积累。根据市场规律，如果一国经济长期发展良好，货币币值就趋于坚挺，反之，则币值疲软。我国经济连续多年快速发展，人民币小幅有序升值可以更好地调节产业结构和出口规模，避免贸易顺差持续扩大。但是，在当前我国人均 GDP 8000 美元的发展阶段，实现金融市场的完全开放、实行自由浮动的汇率制度还不现实。因为资本是逐利的，“热钱”的大量流入和流出会增加我国宏观调控的难度，影响我国经济持续健康、平稳的发展。尤其是在人民币汇率升值预期的背景下，如果放开资本管制，会导致逐利资本的大量流入，短期内会推动股市和楼市等资产聚集大量泡沫。吸取 20 世纪 90 年代日本经济泡沫破裂的教训，我国现阶段应该增大人民币汇率的波动弹性，防止国际资本形成一致性的人民币汇率波动预期，继续实行有管理的浮动汇率制度。

14.4 共建“一带一路”，助推人民币国际化

14.4.1 推动“一带一路”倡议实施

2013年9月和10月，习近平主席分别提出建设“丝绸之路经济带”和“21世纪海上丝绸之路”的合作倡议。2015年3月28日，国家发展改革委、外交部、商务部联合发布了《推动共建丝绸之路经济带和21世纪海上丝绸之路的愿景与行动》。参与“一带一路”建设的相关国家要素禀赋各异，比较优势差异明显，互补性很强。有的国家能源资源富集但开发能力欠缺，有的国家劳动力供给充裕但就业不充分，有的国家市场空间广阔但国内生产能力不足，有的国家急需基础设施建设但资金匮乏。我国经济总量全球第二，外汇储备全球第一，产业基础雄厚，拥有丰富的基础设施建设经验。与“一带一路”沿线国家相比，我国机械装备制造能力强、质量好、性价比高，具备资金、技术、人才、管理等综合优势。这就为中国与其他“一带一路”参与方实现产业对接与优势互补，提供了现实需要与重大机遇。推动“一带一路”倡议实施，能够实现进出口贸易伙伴的多元化，减少对欧美发达经济体的出口贸易依赖。

14.4.2 助推人民币国际化

“二战”后，由于英国的衰退和美国强大的经济和军事实力，美元击败英镑，确立了国际储备货币地位，1971年“布雷顿森林体系”解体之后，美元发行不再和黄金挂钩，外围国家向美国提供商品与资源，美国通过贸易逆差向世界输出美元，外围国家又通过购买美国国债、企业债和股票投资的方式使美元回流美国。美元作为国际储备货币，美国必须保持贸易逆差，因为只有通过逆差才能持续输出美元，为国际结算提供清偿支付能力，然而长期的国际收支逆差会导致美元贬值，国际清偿能力过剩。美元要维持国际储备货

币的职能，币值必须坚挺，同时，美元为了保持良好的国际信誉，不能持续贬值。但是币值稳定又不利于出口，导致美国贸易逆差持续扩大。而要维持美元币值稳定，美国必须保持国际收支顺差，这又导致美元供给不足，出现“美元荒”，使美元陷入“特里芬两难”的困境。

美国拥有国际货币发行权，根据本国经济发展的需要印制美元、发行美债，依靠美元的国际地位向世界各国收取“铸币税”，用成本极低的美元纸币换取其他国家真真实实的商品和资源，必然导致货物贸易项下巨额的贸易逆差和资本金融项下的巨额贸易顺差。在美国之外，有大约 5000 亿美元在流通，与此对应，外围国家必须为美国提供同等数量的商品和服务。但是，美元霸权与贸易顺差不可兼得。美元作为国际储备货币，美元必然存在贸易逆差，但是随着全球经济发展总规模的日趋扩大和美国经济实力的下降，美元国际储备货币的地位也在逐步降低，需要新的货币补充美元的主导地位，如人民币、欧元或者 SDR，提供国际清偿能力。SDR 篮子的最新权重为美元占比 41.73%、欧元占比 30.93%、人民币占比 10.92%、日元占比 8.33%、英镑占比 8.09%。[①] 很明显，人民币的地位被严重低估。为了实现中国贸易均衡和全球贸易再平衡，我国必须努力推动人民币国际化。2018 年 3 月 26 日，全球首批以人民币计价的原油期货合约在上海正式挂牌交易，石油是全球重要战略能源，期货合约以人民币计价，迈出了石油“去美元化”的重要的实质性的一步。

14.5　小结

随着我国对外贸易的快速发展，贸易失衡问题变得更加严重，我国对外贸易经历了逆差小幅度波动到顺差扩大的过程。贸易失衡对我国的金融市场的安全性、经济发展模式以及全球贸易平衡产生了很大的影响。本章致力于提出解决我国贸易失衡的对策措施。

---

① 资料来源：恒大研究院。

第一，转变经济增长模式，推动国内消费。外部失衡是由内部失衡引起的，要改变中国现阶段货物贸易顺差过大的状况，首先要解决我国的内部失衡——国内有效需求不足的问题。经济增长在很大程度上要依靠内需拉动，这样才能纠正我国对外贸易依存度过高的问题，我国要多举措共努力，提高居民的消费意愿和消费能力。

第二，优化出口产品结构，大力发展服务贸易。我国对外贸易长期处于国际分工产业链的底端，产品附加值低，服务贸易发展相对滞后。解决我国贸易失衡的关键在于适当扩大进口规模，提高出口产品技术含量，优化我国出口商品结构，跳出对劳动密集型产品出口的依赖，促进服务贸易的发展。

第三，控制外商投资规模，完善汇率形成机制。外商投资规模过大、比例过高，给中国经济的发展带来了不可估量的风险。因此，要适当控制外商的投资规模，只允许质量较高的外商投资企业进入，并且提高外商直接投资的利用效益。适度扩大人民币汇率的调整幅度，采用更有弹性的汇率制度，对我国外贸收支产生更经常性的影响，避免长期贸易失衡的积累。

第四，共建“一带一路”，助推人民币国际化。中国与其他“一带一路”参与方实现产业对接与优势互补，可以实现进出口贸易伙伴的多元化，减少对欧美发达经济体的出口贸易依赖。人民币的地位被严重低估，是中国外部经贸环境动荡的重要原因。为了实现中国贸易均衡和全球贸易再平衡，我国必须努力推动人民币国际化。

本章对我们的启示是，我国的贸易失衡涉及经济、政治、外交等各个方面，是我国内部因素和外部力量共同作用的结果。因此，实现贸易平衡是一个极其复杂的长期过程，不可能一蹴而就。在这个过程中，我们要积极转变发展思路，完善应对措施，在内部调整经济发展结构、完善制度建设，同时从外部协调方面加以改进。在与主要贸易伙伴的交流合作中，以互动的方式推动贸易平衡，从而推动世界经济的全面、协调、可持续发展。

第 15 章　推动中国对外贸易健康发展的对策

关税一般通过调整贸易品相对价格引导企业行为，调整贸易流向。产品内分工的发展使得国际商业活动变得越来越“无国界”，尤其是跨国公司内部贸易，已经成为一种更直接、有效的市场进入方式。由于跨国公司内部贸易可通过转移定价等方法调整和规避贸易品相对价格影响，因此，传统贸易政策手段效果将会大打折扣，在实践中也难以取得理想效果。我国必须从企业、产业、国民经济视角，解析我国当前贸易发展的影响因素，构建以动态比较优势为基础的涉及财政、产业、贸易的多维度政策体系，提出化解贸易风险、提升贸易利益的对策思路。在产品内分工背景下，中国发展对外贸易应形成多层次、系统化的对策框架，本章拟从宏观、中观、微观层面，形成以宏观政策环境为基础的中观产业战略提升和微观企业发展的对策体系，重点给出在全球产品内分工下产业结构优化、企业能力提升等的对策（见图 15-1）。

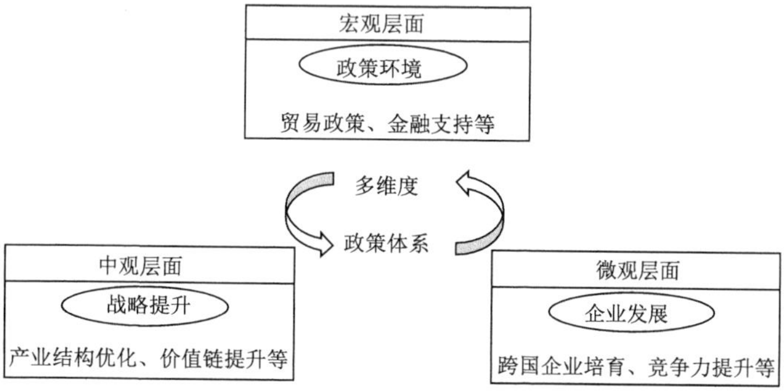

图 15-1　中国发展对外贸易对策框架

15.1 宏观政策指导

一国的对外贸易离不开政策的支持与导向，政策层面集中体现了对外贸易发展的关键因素，并为对外贸易发展提供了重要的制度保障。同时，科学合理的政策也有利于调整与优化国内经济结构、提升经济增长效率和贸易竞争力。随着中国不断深度融入经济全球化，中国对外贸易在面临机遇的同时也面对越来越多的挑战与竞争。中国企业要想在国际竞争中占据优势，除了提高企业自身竞争力，政府在经济全球化中的宏观把控也至关重要。宏观政策对对外贸易有着指导和支撑作用，不仅要符合一国对外贸易的发展目标，还要符合国内、国际经济变化的动态趋势。根据我国未来对外贸易的发展目标，我国需要从“贸易大国”向“贸易强国”转变，那么宏观贸易政策就需要以此为目标进行调整和优化。同时，随着国际环境的变化和中国国内经济转型的需求，宏观贸易政策的制定也应符合产品内分工的背景及趋势，以形成竞争优势。因此，必须重视宏观层面对政策战略的规划和应用，从顶层设计上为中国对外贸易的转型以及竞争力的增强提供有力保障和指导。

15.1.1 贸易政策

改革开放以来，我国对外贸易飞速发展，到 2013 年超越美国对外贸易额，跃居世界第一位，成为名副其实的贸易大国。中国的出口以加工贸易产品为主，这与发达国家以占优势的资本密集型或技术密集型产品出口为主不同，也和传统发展中国家以农产品和资源出口为主不同。加工贸易顺应了产品内分工的国际经贸环境，也充分利用了我国的比较优势，这是中国能够成为贸易大国的关键所在。但是，中国对外贸易呈现出的数量、规模、速度扩张的发展方式，仍属于粗放型的增长。伴随着世界经济持续处于低迷状态，中国经济进入新常态，中国对外贸易增速在 2013 年后开始放缓。一方面，随着生产要素成本的提升，中国低廉劳动力的优势逐渐消失，市场份额逐渐被东南亚等国挤占甚至取代；同时，在全球产品内分工背景下，依靠低端加工贸易出口的中国，面临着对外贸易量和收益严重不匹配的窘境，长期处于低端锁定困境。另一方面，欧美等发达国家通过一些合作协定主动提高贸易标准，试图将中国“边缘化”。但与此同时，世界经济格局正在发生巨大变化和深刻调整，这是中国掌握更多话语权、以新的姿态融入世界经济和提高全球价值链地位的重要机遇。相应地，在对外贸易政策上，我国更应该以主动的战略姿态，实现从被动规则参与到主动甚至主导规则制定的战略调整，以更好地支持对外贸易以及中国经济的发展。中国对外贸易政策的核心应是如何提高对外开放的水平、如何提高开放发展的内外联动性、如何更好地参与全球经济治理。

（1）进一步提高开放水平，形成主动型贸易政策

党的十九大报告提出“主动参与和推动经济全球化进程，发展更高层次的开放型经济”的号召，要求“推动形成全面开放新格局”，“实行高水平的贸易和投资自由化便利化政策”。可见，进一步提升开放水平，对贸易发展极为重要。这就要进一步鼓励中国企业“走出去”，尤其是鼓励大型企业、实力较强的企业在海外直接投资，积极引入民间资本通过组团投资等方式在海外设厂，并对海外投资企业进行资源信息的沟通和指导；同时，高效引入先进管理方法、高端科技，或在海外直接设立研发部分，以提高国内企业核心竞争力以及总体水平。通过对外开放体制的创新和发展，形成高水平、高层次的开放型经济，从而进一步促进经济发展、带动企业改革及创新。

开放程度和水平的提升必然可以使中国进一步全面融入全球经济，一方面我国要积极参与国际经济活动，另一方面我国更要积极参与国际规则和标准的制定，掌握更多话语权。加入 WTO 对中国对外贸易的发展有着重要作用，应继续把其作为促进对外贸易良性发展的有效途径：对外坚持自由贸易，形成以良好贸易关系为基础的良性区域贸易；对内不断提高开放程度和市场化水平，坚持市场在配置资源中的决定性作用，进一步与世界经济融合接轨。目前，我国自由贸易试验区格局不断完善，“一带一路”倡议更是为中国对外

贸易的发展提供了机遇、平台、路径等方面的重大指引。党的十九大报告还指出“中国秉持共商共建共享的全球治理观”，要“不断发挥负责任大国作用，积极参与全球治理体系改革和建设，不断贡献中国智慧和力量”。对外贸易政策的制定应以此为核心，进行积极调整，形成贸易渠道、合作方式等的拓宽和创新，使贸易实践从被动应对转变为主动出击，形成有一定影响力的国际话语权。

（2）全面推进区域贸易合作，实现合作共赢

党的十九大指出要以“‘一带一路’建设为重点”，“遵循共商共建共享原则，加强创新能力开放合作”，实现“合作共赢的新型国际关系”。可见，广泛的国际合作是中国发展对外贸易的不二法门。中国对外贸易政策的优化调整要以围绕“一带一路”为重点，以全球范围内的区域合作为基础和落脚点。要全面融入全球经济，就要不断加强与“一带一路”沿线国家的合作与磋商，同时，在全球范围内形成多层次、广泛、深入的贸易合作网络。一是形成密切往来、深入合作的大中华自由贸易区，形成贸易合力，共同发展；二是建立维护与周边国家的友好贸易往来，进一步巩固和签订贸易双边协定，形成贸易投资的稳定发展环境；三是继续稳步推进以中国为主导的亚太地区区域经贸合作；四是要加强与全球贸易集团、国际组织的多边合作，构建贸易合作的新路径、新模式以及新机制。

在国际合作方面，应坚持合作共赢的理念，加强沟通与互信，加强对外政策层面的合作，而宏观层面的贸易政策上需进行相关制度安排。一是形成国内区域合作制度的安排。虽然近年国内区域合作发展趋势良好，形成了广泛、多样的合作状态，但仍存在许多问题、面临许多挑战，尤其是在动态变化的复杂的国内外经济环境背景下，为了保证经济平稳较快发展以及提高对外贸易竞争力，对外贸易政策的制度安排需要协同国内区域协调发展，继续深化区域合作。国内区域合作的制度安排要点在于区域协调发展以及要素的流动和使用效率。二是推进双边贸易合作制度安排。以“一带一路”建设为基础，充分利用自身市场、要素和部分技术优势，形成国外先进技术与中国

市场的结合、中国技术与“一带一路”沿线国家发展空间的结合，在对外贸易及投资的合作中实现互利共赢。对外贸易双边合作的制度安排重点在于构建双边自由贸易区，并形成较为深入的双边自由贸易协定制度安排。三是加强多边国际合作的制度安排。深度参与国际多边组织，打破多边合作的壁垒和掣肘，充分发挥各类多边合作组织、自由贸易区等的载体及平台作用，充分利用现代化技术及手段推进公共服务和信息共享等区域互联平台和机制，形成符合国际标准、促进多边合作、互惠互利的方式、模式及制度安排。

（3）协同国内区域产业政策，推动外贸地理方向分散化

由于国内生产要素成本的上升，我国初级加工制造产品的成本优势已被大大削弱，加工制造业在对外贸易中的市场份额也有相当一部分被东南亚等国家挤占。中国的对外贸易发展必须以国内产业为根基，对外贸易政策的优化同样必须协同国内区域产业政策。增强对外贸易竞争力和发挥对外贸易政策效果，以促进国内产业的优化布局和加快国内产业升级为基础和出路，就必须有产业政策的支撑。根据中国区域经济发展程度以及产业结构的差异，地区产业政策应在不同区域实行差异化动态调整，东部地区政策应倾向于推进东部沿海地区产业升级，并向内陆地区梯度转移，而中西部地区政策应倾向于完善强化承接能力，形成良好投资平台及投资环境；同时，不同区域间要形成协同发展良性互动，实现区域间产业升级与发展的有效协同。

在对外贸易地理方向上，一直以来，中国对部分地理方向尤其是美国的出口依存度高，这也与贸易政策的导向有很大关系。对外贸易地理方向的过度集中，使中国对外贸易地理方向的贸易失衡度也高，带来了更为严峻的贸易保护主义和更多的贸易风险。随着中国出口商品技术含量与质量的不断提高，我国有能力也有竞争力选择更加广阔的出口市场。一方面，利用自身优势不断加强对新兴市场的拓展力度，进一步提高在非洲、拉丁美洲及亚洲等进入门槛和成本低的区域市场上的占有率；另一方面，发挥“一带一路”倡议在对外贸易中的指导作用，在加强双边和多边贸易关系的基础上，指导企业与沿线国家进行全方位经济贸易合作，建立更加和谐的战略关系，从而建

立合理的对外贸易格局，有效分散风险，增加应对“新贸易保护主义”的筹码。

（4）税收等其他优惠政策引导

战略性的出口政策对我国形成贸易竞争力、由贸易大国向贸易强国转变有着重要的作用，尤其是在西方发达国家普遍加强贸易保护的情况下。中国对外贸易政策在补贴、政策倾斜等方面，应对战略性产业有所倾斜。出口政策应从完善健全战略性产业的出口退税、出口补贴等优惠政策入手；进口政策则应从完善进口关税政策及非关税政策等入手。另外，随着我国对外开放程度不断深入和拓展，在对外贸易发展中，首先，应充分发挥保税区的特性和功能，适当调整离境退税政策，保证出口保税区仓储功能的有效发挥；其次，调整加工贸易相关政策向上游倾斜，使税收、融资、价格等政策具有鼓励加工贸易企业在国内采购料件的导向性，从根本上扭转加工贸易中间投入品政策；最后，适当调整引资政策，减少加工装配类外资的引进，加大对先进制造业、高新技术产业的自主创新扶持力度和优惠政策实施，以增加贸易附加值，提升中国在全球价值链上的地位。

15.1.2 金融支持

随着经济发展程度的提高，金融在社会经济发展中的作用越来越重要。伴随着经济全球化和金融全球化的不断推进，金融对对外贸易的推动作用也越发明显。中国对外贸易的良性发展离不开金融的支持，相关政策需引导金融机构有效发挥促外贸的积极作用。

（1）加强完善对外贸易融资服务

第一，应大力发挥政策性金融机构对国际贸易的支持作用，加强政策性贷款对外贸的支持力度，鼓励政策性银行进一步扩大优惠放款规模和范围，简化审批和放款程序。同时，加强对外贸易重点项目建设，尤其是对服务贸易等项目的支持。

第二，要进一步拓宽企业融资渠道，加强对中小企业的信贷支持。除了政策性金融机构的支持，应该进一步鼓励一般金融机构进行服务及产品创新，加大对企业对外贸易的支持，推进形成多元化融资渠道，通过不断的金融创新，降低企业融资成本。尤其是对中小型外贸企业来说，其融资更加困难，应积极利用政策工具，鼓励和引导金融机构通过金融服务创新支持非金融企业债务融资等工具的使用，促进中小企业集合票据、信用增进等创新工具的配合使用，鼓励融资租赁业务在对外贸易中的使用等，以此增强对中小外贸企业的信贷支持，使其融资渠道进一步拓宽，推动对外贸易的发展。

第三，为对外贸易提供全方位的金融服务。不仅要鼓励金融机构升级对外贸企业的融资服务，还应该鼓励有实力、有能力的金融机构加快海外布局。应采取政策措施支持有能力的金融机构拓展境外业务，形成全球性的管理、授信及金融服务体系。通过境内外更广泛和全面的金融服务，支持有实力的企业进行海外业务的拓展，以此带动整个产业链的延伸。

（2）进一步稳步推进人民币国际化

要巩固国际信用保障根基，不断稳固本币在全球金融系统中的地位，进而有步骤、有计划地实现人民币国际化。这需要从人民币区域化开始，在亚洲尤其是东南亚地区增强人民币的流通性。同时，借助“一带一路”倡议，充分发挥人民币在国际商贸中的纽带与桥梁作用，为深化人民币国际化进程提供有利的基础条件，进一步提高人民币在亚洲及欧洲的接受度和认可度，突破既有路径，加速人民币国际化进程。

要进一步推进人民币国际化进程就必须推进人民币跨境结算服务。第一，对于结算审核程序，要完善系统、加强金融基础设施建设，简化人民币跨境结算的流程和环节，缩短业务办理时间，为企业及个人提供高效、全面的贸易及服务跨境结算。第二，加强对互联网金融的支持力度和有效利用，允许跨境人民币结算服务在银行与有业务许可的支付机构间开展金融合作，为进行跨境货物及服务贸易的企业或个人提供人民币跨境结算业务的服务。第三，进一步加速债券市场的建设，尤其是在基础设施建设方面。促进债券市场的丰富和多元化发展，在产品上进行适当的丰富和创新，建立健全市场定价机制。不断推进资产证券化，并且扩大开放的广度与深度，提高与境外市场合作程度，形成有效机制，推动人民币债券的国际竞争力和公信力。第四，进一步加强人民币离岸市场建设，形成人民币在岸与离岸的良性互动机制，尤其是要抓住“一带一路”合作机遇，特别是与发达国家的合作，推动人民币离岸市场的进一步发展，不断增强人民币跨境服务的广度和深度，提高业务能力和服务质量。

(3) 加强外汇管理及服务

第一，对外汇储备结构进行优化。中国的外汇储备主要由美元组成，币种较为单一，虽增加了应变能力上的保险性，但无法有效分散风险。抗风险能力弱是我国外汇储备成本与收益不匹配的重要原因之一。当美国国内发生通货膨胀或者出现美元贬值等情况时，由于我国大量持有美元，中国外汇储备遭受的损失会很大；另外，大量持有美元还存在政治风险，两国关系一旦恶化，可能面临美元资产被冻结的局面。因此，对于外汇储备币种的选择，应进一步协调保险性和盈利性，合理调整外汇储备比重，形成多元化的外汇储备币种结构，减少外汇储备对美国货币体系的依赖程度，减少双方外贸不平衡带来的不利影响。

第二，大力提升外汇服务的水平和质量。一是在外汇收支方面，进一步完善和便利对外贸易的收支体系和服务，使服务普及化，为绝大多数有需求的企业提供便利的外汇收支服务。这需要进一步简化和精练工作流程，取消冗繁、不必要的环节，在保证业务规范的前提下尽量提供便利化服务，包括提前购汇、异地付汇等。二是通过外汇服务的拓展和简化，大力支持跨境服务贸易的发展，逐步建立境外支持办理服务贸易的外汇服务节点和体系，并引导和鼓励跨境电商的发展，带动合格第三方支付机构跨境业务的发展。三是全面提高服务质量，进一步推进对外汇服务及主体的监督管理，同时整合规范相关服务流程，提供方便、快捷、全面的服务，提高服务效率。

第三，强化外汇运营管理机制。一是在资金运营管理上，开展对跨国公司资金的集中化管理，开展外汇集中和双向资金池业务，通过该业务集中办理收付汇、结算等业务，提高工作和资金使用效率并降低成本。二是完善优化汇率机制和汇率避险工具。不断进行汇率政策的改进和优化，建立广泛、深入、透明的本币外汇市场机制及体系，提升汇率对对外贸易的调节和平衡作用；同时，应不断丰富和完善汇率避险工具的类别和创新，通过不同的避险工具、产品，帮助和指导企业有效降低汇率风险及避免可能产生的损失。

15.2　中观战略提升

15.2.1　促进产业战略提升，实现价值链的升级

（1）优化产业结构，提高竞争优势

随着资本、土地等要素供给减少，资源环境约束强化，产业结构必须不断优化。政府更应通过多层次的产业、税收等激励政策，深化推动和引导产业结构调整与优化。

第一，淘汰高污染、高耗能产业，压减高污染、高耗能的加工贸易产业，走绿色、协调、可持续发展道路。

第二，大力发展要素投入少、能耗污染小的第三产业。为满足第三产业的人力资源需求，应逐步减小甚至取消人口流动区域制约；根据我国自身优势，寻求国际服务贸易市场和需求，将我国第三产业与服务贸易高度结合，通过外贸项目促进第三产业发展，通过第三产业推进服务贸易繁荣。

第三，转向创新驱动。新常态下，产业发展要求新的驱动力量，尤其是在全球产业重新布局的契机之下，应积极、充分把握机遇，通过技术、产品创新，实现高端产品的输出，将比较优势转化为竞争优势，在世界产品内分工中提高自身地位，获得较高的贸易利得。

（2）加快服务业发展，促进价值链升级

加速产业价值链升级，使生产攀升至全球价值链的更高水平环节。例如，在我国贸易中占比较大的加工贸易，应鼓励有实力企业间的高层次配套合作。

推动加工贸易在价值链环节上不断升级，从目前简单劳动密集型的组装环节升级到零部件加工制造，再进一步升级到知识密集型、技术密集型的高端组装环节，使加工贸易形成高附加值，最终在战略性环节上（包括品牌、设计、销售等）取得话语权和掌控权，掌握全球价值链控制权。同时，产业价值链的升级要充分利用价值链整合作用和网络效应，尤其是在“一带一路”背景下，更应根据不同产业在不同区域的要素分布、比较优势以及产业间的关联合作，形成有掌控权的国际生产网络。

在优化产业结构、促进价值链升级上，需重点关注相关产业的新型竞争优势。随着产品内分工的不断发展，在新型国际分工中，服务业的地位不断提高。在发达国家，服务业已经成为经济发展的创新来源和重要发展动力，取代了制造业的地位。而对制造业来说，生产性服务业贯穿了生产的全过程，成为技术创新、产品差异化以及价值增值等的重要“助推器”，也是推进产业结构升级的重要途径。要实现价值链的升级、提升国际竞争力，需要重点发展生产性服务业，为产业结构优化升级提供支撑，形成持续的创新，以促进生产的精细化分工和产业结构调整过程中的梯度转移，实现资源的优化配置，提高生产效率，降低生产成本，同时促进制造业向价值链两端延伸。

第一，形成生产性服务业的专业化发展道路。我国产业体系健全，服务业通常融会于制造业中，专业化剥离和产业化发展相当滞后，需要系统、全面的政策引导。从基础设施建设到金融支持、从市场准入标准到优惠政策等方面，给予生产性服务业适当的政策倾斜和支持，重视其市场发展需求，促进生产性服务业加强分工、专业化发展。

第二，促进制造业与生产性服务业的良性互动。应重视和不断加强二者之间的良性双向互动机制，协同服务业与制造业的定位与集聚，推进互动发展的路径探索和模式创新，并且从法律、制度等方面予以规范和保障。

第三，促进服务贸易与货物贸易协同发展。服务贸易能够为货物贸易提供支持以及转型升级的条件，服务贸易也离不开货物贸易带来的需求及发展空间，二者相辅相成。而我国服务贸易长期以来处于落后状态，与货物贸易发展水平不相匹配，也制约了我国从“贸易大国”向“贸易强国”转变。这就需要以较强的货物贸易为抓手，推动服务贸易的开展和深化，同时以服务创新为切入点，推进货物贸易的转型，使两者互相促进、协调发展。

15.2.2　改善产业区域结构，促进产业优化升级

（1）改善区域产业构成，完善国内价值链

我国区域经济具有发展水平不平衡、产业发展水平相差大的特征，具体表现为东部地区经济发展水平较高、第三产业相对发达、科技水平较高，而中西部地区则相对落后。这样的特征为产业结构的区域间调整提供了可能性和有利的条件及环境。随着东部地区要素成本上升等新情况的出现，集聚于此的全球价值链上的劳动密集型环节出现了转移的趋势，东部地区产业进一步向技术密集型产业调整，并着力发展生产服务业，攀升至价值链更高端的环节，将原有的劳动密集型环节中的要素资源，如人力要素、管理技术等向中西部地区转移，在国内拉长和延伸价值链环节，加强各环节协同合作，形成一个较为完备的国内价值链体系。同时，东部地区先进的管理经验和科技创新等通过转移过程逐渐渗透，形成技术外溢，中西部地区也可以逐渐由劳动密集型向技术密集型产业升级。在全球产品内分工视角下，在价值链的集聚和攀升过程中，通过从低附加值环节向高附加值环节的攀升，产业结构也将随之得到优化。国内价值链体系的构建要充分发挥区域产业集聚的作用，依据区域现有比较优势，并在不断积累和拓展的基础上，创造新的比较优势，使企业竞争力不断增强，并在产品内分工中逐步向价值链更高环节攀升，从而使产业结构优化升级得以持续进行。

（2）发挥产业集群作用，加快产业整体升级

国内价值链的构建离不开产业集群带动和辐射作用的发挥。我国产业集群的自主创新能力不足，对引进技术的吸收能力也有限，大多数产业集群处于全球价值链的低端。同时，外资的过度引进也增加了风险，使产业集群抗风险能力降低。因此，在构建国内价值链的过程中，需逐步完善产业集群内

各链条内和链条间的相互拉动效应，提升产业集群的抗风险能力。另外，为提高自主创新能力，要加强学习，包括产业集群内以及集群间的学习，使得产业集群能够在长期内保持动态竞争优势，以增强技术创新并加快资本积累。这样也能够降低产业集群的交易成本，促进产业集群内技术创新的扩散，充分发挥产业集群的外部经济性和地理上的专业集聚等效应。产业集群通过协同优化和外部效应产生辐射作用，带动产业结构优化升级和区域经济健康发展。

（3）推动科学技术进步，促进产业结构升级

在产品内分工条件下，掌握核心技术是实现产业结构优化升级的关键所在，对我国来说其主要途径有两个：一是形成原发性的自主创新；二是在模仿学习的基础上提炼升华形成集成创新或二次创新。我国通过引入先进技术已经使产业技术水平有了较大提升，但仍长期处于一般技术水平上，并且缺乏对技术的吸收和创新，更欠缺有自主知识产权的技术，大大制约了产业的优化升级和健康发展。这是我国部分产业在全球价值链体系中长期处于低端锁定困境的一个重要原因。因此，我国需要一个开放型的科技创新体系。该体系必须以市场为导向，以企业为主体，并需要研究型高校和科研单位协同合作。在国内价值链构建过程中，产业转移的承接方更应强化引进吸收后的再创新能力。发挥技术进步效应还要有一系列配套措施的支撑，如不断完善知识产权制度、建立营造自主创新的体制和氛围、创造研发自有品牌等，向价值链中更高层次的环节不断升级。

15.2.3 完善市场经济体系，优化配置生产要素

产业的优化升级必须以要素的流动和优化升级为基础，不能满足于现有的优势要素，应不断提高优势要素的质量和水平。将劳动密集型产业的生产环节作为出发点，在大力发展知识技术密集型产业的同时，全面改造传统优势产业，使劳动密集型生产环节逐步转变升级至技术密集型环节，以提升我国在国际分工中的地位和参与层次。在要素的优化利用方面，要注意以下几点：

第一，在资本方面，要提高资本利用效率和质量。资本是其他生产要素发挥作用的先导，要进一步完善资本市场建设，促进资本市场的发展和资本的自由流动，并建立健全资本为产业发展提供服务的体系，健全投融资制度，形成规范灵活的资本市场机制；同时，要优化资本投入的结构，根据产业结构优化配置资本，形成资本的优化配置和高效利用。

第二，在土地资源方面，应提升市场在土地资源利用中的地位及作用，优化土地利用途径及结构，提供系统化保障措施，形成有效利用规划，并进一步创新土地的利用方式，使其在高水平对外开放格局中发挥作用。

第三，在能源方面，要不断提升能源利用效率和质量，这是我国经济发展和对外贸易竞争力提升的重要保障。在宏观方面，需要制定相关政策引导能源市场改革，形成以市场为主导的价格形成机制；在产业层面，能源利用应与产业结构优化升级相辅相成，通过能源使用技术的升级促进产业升级，形成高效率、低耗能的格局，从根本上优化能源消费及消耗结构。

第四，在人力资源方面，要加大对人才的培养，不仅要增加人才数量，更要下大力气培养高质量、高水平人才。同时，加大对人力资源知识、技术等的投入，优化生产要素结构，如通过教育和技能培训提升劳动力素质，借鉴双元制教育模式，通过合作办学、联合培训等方式，提高技能人才、专业人才的水平，通过高层次教育和人才引进，加大高水平人才、科技创新人才储备。这就要求进一步加大对教育的投资和扶持力度，继续推进教育体制改革，大力支持国际化人才的培养，形成全面、系统、多层次的人才培养体系，为促进产业结构的优化升级奠定基础，并为不断提高产业在国际价值链中的地位提供条件。

15.3　微观企业发展

15.3.1　培育大型跨国公司，提升国际分工地位

随着全球经济发展，跨国公司特别是大型跨国公司已经成为国际经济活

动的主导者，并对产品内分工起着引导和控制的作用。世界经济的竞争已经不再单纯是国与国的竞争，而转变为各大跨国公司之间的竞争。一国的经济实力和在全球产品内分工中的地位，也多由一国大型跨国公司的质与量来决定。若想在产品内分工中取得更多的分工利益、提高在国际分工中的地位，就必须培育实力强、规模大的跨国公司。在中国对外开放的过程中，来自发达国家跨国公司的投资，为我国产业成长提供了必要的资金和技术，其引致的加工贸易也成为我国参与全球产品内分工的切入点。但发达国家跨国公司对核心和关键技术的严密控制，也造成了我国价值链低端锁定困境。因此，发展本土企业，使之在产业升级中成为最主要的力量，培育我国大型跨国公司，是一条必经之路。这需要充分发挥我国资源禀赋优势和市场规模优势，突破发达国家跨国公司的价值链控制，构建国内价值链并对接全球价值链。

培育有竞争优势的中国跨国公司，势必要以我国优势产业的竞争优势为基础。在全球竞争中，虽然我国仍处于相对劣势地位，整体上在技术、管理等方面与发达国家还有一定的差距，但我国在基础设施建设、高端装备制造以及具备生产要素优势的产业上具有特殊优势，在培育大型跨国公司时，应以重点产业、优势产业为基础重点培养，逐步扩展到其他产业。在培育跨国公司的过程中，要注意以下几点：

第一，创造良好的体制机制环境。一要制定切实可行、有长远眼光的发展规划，从重点产业、企业、项目着手，以专项计划为核心，制定促进跨国公司发展和成长的规划，并借助“一带一路”建设契机，对跨国公司发展的方向、定位、领域等予以指导、扶持和管理；二要强化协调机制，加强相关部门对跨国公司的管理与协调，加强部门间的协调与沟通合作，形成高效管理机制，并简化工作流程与审批手续等，形成高效运行的工作机制，为跨国公司的发展提供良好的制度环境；同时，推进边境贸易管理的优化服务，使边境管理更加快捷高效，提高外贸物流效率，降低成本。

第二，增强对跨国公司培育的政策扶持，完善政府和公共服务体系。一要从政府层面加强双边关系，与相关东道国进行沟通和协商，最大限度地促成双边贸易保护协定的签订与实施；以亚投行等为依托，加强我国在国际经济组织中的参与度和多边合作的广度及深度，为跨国公司发展提供良好的国际政治、经济环境。二要强化对跨国公司培育的政策及优惠措施支持，特别是在财税方面。对跨国公司的海外投资应予以相应的税收减免政策，避免重复征税，并对重点扶持产业、企业给予适当补贴。三要加强公共服务平台建设。利用国际组织、我国驻东道国领事馆、各类华侨组织等，为跨国企业建立资讯丰富、更新及时的投资信息平台及网络，为跨国公司海外发展助力；同时，发挥科研、咨询、金融等相关机构的作用，建立较为系统的风险评估服务体系及风险预警发布平台，为跨国公司提供风险预警信息以及专业的风险评估服务。

第三，完善和提升金融及中介服务。完善和加强跨国企业融资服务体系，除了政策性银行，应鼓励商业银行及其海外分支机构加大对跨国公司融资力度，为其提供融资便利。同时，鼓励、吸引和争取外国银行及国际金融组织的贷款，为跨国公司海外发展提供支持。另外，在融资方式上，进一步鼓励金融机构和跨国公司进行创新，拓宽融资渠道和融资范围。在提升金融服务水平的同时，关注和重视中介服务的发展，完善跨国公司海外投资中介服务体系，提高各类中介服务的规模、水平和质量，并鼓励中介机构进行海外布局，为跨国公司海外发展提供全方位、动态化、高效、高质的综合性服务。

第四，引导跨国公司进行海外投资策略的调整。在传统对外投资方式的基础上，不断创新与调整投资方式路径，支持海外园区、产业基地等的建设。对于民营企业，鼓励引导其进行集团式抱团投资，降低投资成本及风险，增强投资竞争力。通过政策倾斜，信息、咨询平台服务等引导跨国公司海外投资的区域布局，避免扎堆投资和内部竞争，避免投资于存在较大政治风险的区域。同时，借助“一带一路”的推进，深入与沿线国家的合作，尤其是对发展中国家进行投资，充分发挥竞争优势。

15.3.2 促进企业能力升级，形成国际竞争优势

在产品内分工的产业转移模式下，发展中国家承接的不再是传统产业转移模式下的成熟技术而是低附加值的环节，很难通过参与全球产品内分工来缩小与发达国家的差距。因此，我国企业只能将先进技术本土化，更多地采用先进生产技术与管理方式，一方面充分利用我国的异质性大国特征，另一方面发展协同创新能力，获得自身竞争优势。企业必须在竞争中占得优势才能发展壮大，这就必须进行多方面的创新，通过产品的品质取胜。首先，要从政策层面提供良好的外部环境，强化对研发、创新等的支持力度。其次，企业应在经营战略导向中将科技创新放在重要位置，使企业成为科技创新收益与风险共担的主体，充分释放企业的创新潜能。最后，企业要有强大的研发团队或者研发合作组织、先进的管理模式和市场营销渠道，形成对核心技术和稀缺要素的掌控权，以形成对产品内分工价值量的掌控权。

具体来讲，要提高企业国际竞争力，就必须在产品竞争力上有相应的提升甚至是飞跃。产品竞争力可以从技术、品质、品牌等方面来提升，促使跨国企业塑造核心竞争优势。

第一，必须要有技术创新优势。这是提高企业产品含金量、质量和市场竞争力的核心，也是企业创新的核心。我国企业通过引进吸收路径，已经在技术水平上有了较大提升，但是多数企业仍处在一般技术层面，更缺乏技术的自主创新，无法在国际竞争中形成真正的竞争优势。而企业竞争力和能力的提升，根本还在于其自身的技术自主创新能力，需要建立健全国家自主创新体系，并为其提供包括知识产权保护、法律规范等在内的法律制度保障体系。在企业方面，一方面，仍可通过对设备和工艺的引进学习提升技术水平，另一方面，更要通过自主创新，在设计、研发环节提高自主创新含量。因此，必须加大技术研发环节的资金、人员等投入力度。同时，企业要从管理层面提高经营效率，引进、学习先进管理制度及组织体系，提升企业运营效率，促进和助推核心技术的形成。

第二，产品的质量是体现产品竞争力的核心要素。除了要提升产品自身技术含量，质量也是在国际竞争中制胜的关键。中国企业应该有合理科学的质量竞争发展战略，以质取胜，代替以量取胜的格局，才能形成较为持久的竞争力，从根本上摆脱在对外贸易中贸易量与收益度不匹配的困局。对于产品质量的提升，在宏观层面，要建立完善、规范、系统化的法律制度体系，从监管、质量把控等方面强化对产品质量的行政监管和产品质量检测把控制度；在企业层面，要建立严格的内部质量控制体系，在从生产流程到质检流程的各个环节严格把控产品质量。

第三，要形成产品的品牌。在全球经济竞争中，品牌的地位和作用越来越突出，国际的竞争甚至就是品牌的竞争，而技术进步和产品质量提升最终也体现在形成具有国际竞争力的品牌上。当前品牌战略已经上升到国家战略层面，因此，企业在制定发展战略时，应将打造有竞争力的品牌作为关键问题考量。在国家层面，党中央、国务院高度重视品牌工作，发布了《国务院办公厅关于发挥品牌引领作用推动供需结构升级的意见》《国务院关于新形势下加快知识产权强国建设的若干意见》《国家创新驱动发展战略纲要》《中国制造 2025》《中共中央 国务院关于完善产权保护制度依法保护产权的意见》等一系列重要文件，对品牌建设作出了重大部署。而在企业层面，企业应紧跟政策和竞争实践的变化，制定详尽可行的品牌战略发展路径，加强品牌创新意识，强化品牌形象的维护工作。

15.3.3　培育企业市场势力，掌握价值链主导权

发达国家跨国公司将我国囊括在其产品内分工环节中是为了获取我国占比较优势的资源要素，通过行使其价值链控制权，控制我国低端环节的产业。而对发达国家跨国公司的依附，使我国企业被长期锁定在全球价值链的低端环节，无论是企业发展还是产业升级都必须突破价值链低端困境。我国应结合市场规模优势和差异性市场空间优势，在参与全球产品内分工中充分整合和利用自身优势。处于不同行业的企业需结合自身特征，选择适当的参与全

球产品内分工的切入点，选择有效的产业升级途径。传统产业如加工贸易产业，可以走“贴牌生产—研发生产—品牌营销”逐步升级的道路；高新技术产业，可以通过有实力或有技术优势的企业直接进行技术升级与创新，进入全球价值链战略环节以取得价值链控制权。企业应系统制定全球价值链攀升策略，特别关注主价值链的拓展和附属价值链的延伸。企业应加强模块控制，重视对原材料、零部件等的控制，形成本土化供应链条，降低成本、提高附加值，避免不必要的国际竞争，避免发达国家跨国公司的压制。

在产品内分工背景下，对发展中国家来说，本土企业在价值链中被发达国家跨国公司分割，且许多价值链之间相互嵌套，形成多个跨国公司共同分割本土企业的局面，从而在发展中国家形成价值链环节对链条的竞争。发达国家是价值链的控制者，能够对价值链各环节进行系统集成，而发展中国家是价值链中的孤立环节，且通常面对的不是单条价值链而是价值网。环节对价值链或价值网的竞争，实质上是单一资源对全球资源的竞争，发展中国家始终处于弱势位置，在国际产业转移中也只能被动承接并被长期锁定在低端环节，很难突破，更难以通过产业转移实现产业升级。全球价值链在国内的片段式布局，使得国内产业链难以在区域间延伸，产业关联度的下降不利于价值增值和产业集群的形成，更不利于各产业、各区域间的协调发展和高附加值产业发挥辐射带动功能。中国在全球价值链的嵌入中必须打破环节对链条的竞争，而仅在既有价值链中攀升是不够的，难度也是很大的，必须立足国内市场，发掘潜力与自身特征优势，形成国内产业链，掌握产业链主导权，并对接全球价值链，形成与发达国家间链条与链条、网络与网络的竞争。

15.4 小结

贸易状况是国民经济的综合体现。中国对外贸易顺差既是当前世界贸易体制滞后于国际分工发展的表现，又是我国以现有禀赋优势参与国际分工的结果，体现了我国的国际分工地位，也与当前我国经济发展方式密不可分。

产品内分工条件下传统贸易政策工具实施效果被弱化，因此，为了促进我国贸易健康发展、提升贸易利益，必须加快转变经济发展方式，促进以企业价值链延展、攀升为根基的贸易质量和效益全面提升。本章从国民经济、产业、企业视角，解析我国当前贸易发展的影响因素，提出以动态比较优势为基础的涉及财政政策、产业政策、贸易政策的多维度政策体系。

就政府层面而言，宏观经济政策的制定必须重视对政策战略的规划和应用，引领中国对外贸易的转型以及竞争力的增强。宏观经济政策应该不断鼓励大型、实力较强的企业在海外直接投资，吸收先进的技术和管理经验，积极参与国际规则和标准的制定，持续推动“一带一路”建设，不断加大对外开放力度和深度。同时，完善对外贸易融资服务，不断推进人民币国际化，努力改善外汇储备管理方式，并提高服务质量，给外贸企业提供良好的金融环境。

就产业层面而言，要优化产业结构，加快产业升级，促进产业战略提升。首先，产业要由要素驱动向创新驱动转变，大力发展要素投入少、能耗污染小的第三产业。其次，鼓励有实力企业进行高层次的配套合作，重点发展生产性服务业。再次，改善提升区域产业构成，加快东西部产业转移速度，完善国内价值链。最后，优化要素质量，引导市场配置要素，发挥产业集群的带动作用和技术进步效应，促进产业结构升级。

就企业层面而言，企业是产业升级和价值链升级的实际主体，是一切经济政策的源头。企业可从技术、品质、品牌三个方面来提高企业国际竞争力和能力，形成国际竞争优势，突破价值链低端锁定，掌握产业链主导权，并对接全球价值链，为培育大型跨国公司、提升国际分工地位提供硬件准备。

参考文献

[1] Lemoine F, Ünal D. 中国对外贸易失衡的演变 [J]. 经济资料译丛, 2013 (3): 21-36.

[2] 曹伟. 中国经济增长、汇率变动与对外经贸关系的实证研究 [J]. 海南金融, 2013 (9): 19-22.

[3] 曾铮, 张路路. 全球生产网络体系下中美贸易利益分配的界定——基于中国制造业贸易附加值的研究 [J]. 世界经济研究, 2008 (1): 36-43.

[4] 陈飞翔, 吴琅. 由贸易大国到贸易强国的转换路径与对策 [J]. 世界经济研究, 2006 (11): 4-10.

[5] 陈继勇, 刘威. 2015 年我国贸易情况分析及对宏观经济的影响[J]. 武汉金融, 2014 (3): 20-22.

[6] 陈继勇, 刘威. 产品内分工视角下美中贸易失衡中的利益分配[J]. 财经问题研究, 2008 (11): 111-116.

[7] 陈继勇, 余罡, 葛明. 基于增加值贸易视角的中国对外贸易统计研究——兼与海关统计方式比较分析 [J]. 世界经济研究, 2016 (5): 42-51.

[8] 陈文玲, 王检贵. 当前我国外贸顺差的主要特点 [J]. 经济研究参考, 2014 (7): 38.

[9] 陈文玲, 王检贵. 关于我国进出口不平衡问题的认识及政策建议 [J]. 财贸经济, 2014 (7): 23-25.

[10] 陈雯, 李强. 全球价值链分工下我国出口规模的透视分析——基于增加值贸易核算方法 [J]. 财贸经济, 2014 (7): 107-115.

[11] 陈雯, 赵萍, 房晶晶, 郑莹. 中国在全球价值链的地位、贸易收益与竞争力分析——基于增加值贸易核算方法 [J]. 国际商务研究, 2017, 38

（4）：5–18.

［12］陈晓华，刘慧．国际分散化生产工序上游度的测度与影响因素分析——来自35个经济体1997~2011年投入产出表的经验证据［J］．中南财经政法大学学报，2016（4）：122–131.

［13］程宝栋，赵静萱，秦光远．中国对欧盟林产品出口增加值测算及影响因素研究［J］．农林经济管理学报，2017，16（1）：96–104.

［14］崔日明，张志明．中国对外贸易新型竞争力发展战略研究［J］．经济学家，2014（2）：36–46.

［15］戴魁早．垂直专业化的工资增长效应——理论与中国高技术产业的经验分析［J］．中国工业经济，2011（3）．

［16］高运胜，甄程成，郑乐凯．中国制成品出口欧盟增加值分解研究——基于垂直专业化分工的视角［J］．数量经济技术经济研究，2015，32（9）：73–88.

［17］葛明，赵素萍，林玲．中美双边贸易利益分配格局解构——基于GVC分解的视角［J］．世界经济研究，2016（2）：46–57.

［18］郭炳南．中国参与国际垂直专业化分工的经济效应研究［D］．上海：华东师范大学，2011.

［19］韩军，刘润娟，张俊森．对外开放对中国收入差距的影响——“南方谈话”和“入世”后的实证检验［J］．中国社会科学，2015（2）．

［20］韩艳红，宋波．产品内分工、产业转移与我国产业结构升级——基于构建国内价值链视角［J］．工业技术经济，2012，31（11）：42–46.

［21］侯方淼，姚茂元，鲁晨曦．增加值贸易视角下国际贸易利益研究综述［J］．北京林业大学学报（社会科学版），2016，15（1）：71–78.

［22］黄瑞玲，黄忠平．中国国际收支失衡理论解析与政策调整［J］．世界经济与政策调整，2014（4）：1–6.

［23］黄志刚．货币政策与贸易不平衡的调整［J］．经济研究，2015（5）：27–29.

［24］江希，刘似臣．中国制造业出口增加值及影响因素的实证研究——以中美贸易为例［J］．国际贸易问题，2014（11）：89-98.

［25］鞠建东，余心玎．全球价值链上的中国角色——基于中国行业上游度和海关数据的研究［J］．南开经济研究，2014（3）：39-52.

［26］亢美玲．中美贸易不平衡的原因分析［J］．世界经济研究，2014（4）：9-11.

［27］克拉潘．现代英国经济史［M］．姚曾广，译．上海：商务印书馆，1986.

［28］赖伟娟，钟姿华．中国与欧、美、日制造业全球价值链分工地位的比较研究［J］．世界经济研究，2017（1）：125-134.

［29］雷达．中美经济失衡的性质及调整：基于金融发展的视角［J］．世界经济，2014（6）：10-11.

［30］黎峰．全球价值链分工下的双边贸易收益及影响因素——以中日贸易为例［J］．上海财经大学学报，2016，18（1）：85-96.

［31］李春，周升起．基于增值贸易的中国制造业国际竞争力影响因素实证分析［J］．江苏商论，2015（10）：66-70.

［32］李宏兵，赵春明．出口开放、市场邻近与异质性企业工资差距——基于中国工业企业数据的实证研究［J］．国际贸易问题，2015（1）．

［33］李平，宫旭红．未来国际货币体系谁主沉浮［J］．国际经济评论，2014（5）：35-37.

［34］李向阳．全球经济失衡考研中国经济［J］．资本市场，2014，19（2）：25-26.

［35］李昕，徐滇庆．中国外贸依存度和失衡度的重新估算——全球生产链中的增加值贸易［J］．中国社会科学，2013（1）：29-55.

［36］李昕．贸易总额与贸易差额的增加值统计研究［J］．统计研究，2012，29（10）：15-22.

［37］廖泽芳，毛伟．中国的全球价值链地位与外部失衡：附加值贸易关

系网络的视角［J］．国际贸易问题，2015（12）：27-38.

［38］廖泽芳，宁凌．中国的全球价值链地位考察——基于附加值贸易视角［J］．国际商务（对外经济贸易大学学报），2013（6）：21-30.

［39］廖泽芳，彭刚．全球经济失衡的调整趋势——基于美国中心的视角［J］．经济理论与经济管理，2015（1）．

［40］廖泽芳．全球附加值贸易之图［J］．世界经济研究，2014（5）：46-52.

［41］林博．人口结构、资本流动与全球经济失衡［J］．世界经济研究，2013（7）：8-14.

［42］林玲，容金霞．参与全球价值链会拉大收入差距吗——基于各国后向参与度分析的视角［J］．国际贸易问题，2016（11）．

［43］林毅夫．关于人民币汇率问题的思考与政策建议［J］．世界经济研究，2012（3）：5-7.

［44］刘洪仲．全球经济失衡的调整及中国对策：一种政治经济解释［J］．经济学家，2015（3）：12-14.

［45］刘琳．中国参与全球价值链的测度与分析——基于附加值贸易的考察［J］．世界经济研究，2015（6）：71-83.

［46］刘培青．全球价值链中出口增加值的影响因素——以中、印、日为例［J］．湖南财政经济学院学报，2016，32（4）：143-151.

［47］刘似臣，汪娅兰．贸易增加值视角下的中国服务出口国际竞争力——基于 2016 版 WIOD 世界投入产出表［J］．调研世界，2017（4）：54-60.

［48］刘威，李同稳．G20 治理对全球经济失衡演变的影响研究［J］．武汉大学学报（哲学社会科学版），2013（6）：7-9.

［49］刘威，王方舟，陈继勇．中国贸易失衡调整路径实效的比较研究——基于 2008—2013 年月度数据的实证检验［J］．国际贸易问题，2015（2）：13-22.

[50] 刘祥和，曹瑜强．“金砖四国”分工地位的测度研究——基于行业上游度的视角 [J]．国际经贸探索，2014 (6)．

[51] 刘燕．中国对外贸易顺差研究 [D]．长春：吉林大学，2006.

[52] 刘瑶．参与全球价值链拉大了收入差距吗——基于跨国跨行业的面板分析 [J]．国际贸易问题，2016 (4)．

[53] 刘益辉．全球经济再平衡的猜想 [N]．21 世纪经济报道，2013-12-14.

[54] 刘友金，胡黎明．产品内分工、价值链重组与产业转移——兼论产业转移过程中的大国战略 [J]．中国软科学，2011 (3)：149-159.

[55] 刘重力，赵颖．东亚区域在全球价值链分工中的依赖关系——基于 TiVA 数据的实证分析 [J]．南开经济研究，2014 (5)：115-129.

[56] 陆甦颖，王晓磊．我国制造业参与国际产品内分工影响因素的实证分析 [J]．国际贸易问题，2010 (12)：97-101.

[57] 罗长远，张军．附加值贸易：基于中国的实证分析 [J]．经济研究，2014，49 (6)：4-17.

[58] 吕冠珠，张宏．中韩双边贸易利得衡量——基于增加值贸易视角 [J]．山东大学学报 (哲学社会科学版)，2017 (2)：134-140.

[59] 吕铀．经济全球化背景下中美贸易失衡问题研究 [D]．长春：吉林大学，2013.

[60] 马风涛．中国制造业全球价值链长度和上游度的测算及其影响因素分析——基于世界投入产出表的研究 [J]．世界经济研究，2015 (8)．

[61] 南亮进．日本经济 100 年 [M]．景文学，等，译．北京：对外贸易教育出版社，1989.

[62] 倪红福，龚六堂，夏杰长．生产分割的演进路径及其影响因素——基于生产阶段数的考察 [J]．管理世界，2016 (4)．

[63] 潘文卿，李跟强．垂直专业化、贸易增加值与增加值贸易核算——全球价值链背景下基于国家 (地区) 间投入产出模型方法综述 [J]．经济学

报，2014，1（4）：188-207.

［64］潘文卿，王丰国，李根强．全球价值链背景下增加值贸易核算理论综述［J］．统计研究，2015，32（3）：69-75.

［65］任志成，戴翔．产品内分工、贸易自由化与中国产业出口竞争力［J］．国际贸易问题，2014（4）：23-32.

［66］任志成，巫强，杨帆．国际贸易利益测算问题研究动态［J］．经济学动态，2013（9）：144-152.

［67］容金霞，顾浩．全球价值链分工地位影响因素分析——基于各国贸易附加值比较的视角［J］．国际经济合作，2016（5）：39-46.

［68］尚广东．中国巨额贸易顺差的原因研究［J］．财政界，2013（1）：23-25.

［69］邵敏，包群．外资进入与国内工资差异：基于工业行业面板数据的联立估计［J］．统计研究，2010（4）．

［70］石慧敏．中美制造业双边贸易对美国相对工资差距的影响研究［J］．经济理论与经济管理，2016（6）．

［71］［美］斯坦利·L. 恩格尔曼，罗伯特·E. 高尔曼．剑桥美国经济史（第三卷）：20 世纪［M］．北京：中国人民大学出版社，2008.

［72］宋坚．德国经济与市场［M］．北京：中国商务出版社，2003.

［73］宋玉华．世界经济失衡研究［M］．北京：人民出版社，2012.

［74］苏杭，李化营．行业上游度与中国制造业国际竞争力［J］．财经问题研究，2016（8）．

［75］孙执中．荣衰论——战后日本经济史（1945~2004）［M］．北京：人民出版社，2006.

［76］谭人友，葛顺奇，刘晨．全球价值链分工与世界经济失衡——兼论经济失衡的持续性与世界经济再平衡路径选择［J］．世界经济研究，2015（2）：32-42.

［77］汤碧．基于产品内分工视角的我国贸易转型升级路径研究［J］．

国际贸易问题，2012（9）：16-27.

［78］汪斌，侯茂章．经济全球化条件下的全球价值链理论研究［J］．国际贸易问题，2007（3）：92-97.

［79］王栋贵．全球经济失衡原因论争综述——被忽视的基于美国视角的解释［J］．经济评论，2013（2）：17-20.

［80］王汉儒．后危机时代世界经济失衡根源与再平衡困局［J］．财经问题研究，2015（4）：19-20.

［81］王金亮．基于上游度测算的我国产业全球地位分析［J］．国际贸易问题，2014（3）．

［82］王岚．全球价值链分工背景下的附加值贸易：框架、测度和应用［J］．经济评论，2013（3）：150-160.

［83］王岚．融入全球价值链对中国制造业国际分工地位的影响［J］．统计研究，2014，31（5）：17-23.

［84］王勤，黄光锋．基于产品内国际分工视角下中国与东盟、美国的贸易失衡［J］．经济问题探索，2015（3）：148-154.

［85］王泽，吴希．培育跨国公司竞争优势的价值链研究［J］．中国经贸导刊（理论版），2017（23）：54-55.

［86］王直，魏尚进，祝坤福．总贸易核算法：官方贸易统计与全球价值链的度量［J］．中国社会科学，2015（9）：108-127.

［87］韦倩青．中国—东盟工业制成品贸易的贸易附加值及其影响因素分析［J］．经济问题探索，2013（9）：84-91.

［88］卫昕．国内贸易增加值影响因素实证研究——基于15个产业的面板数据［J］．商业经济研究，2016（3）：27-28.

［89］席艳乐，张相文，曹亮．贸易自由化与中国性别工资差距——基于工具变量和分位数回归方法的实证研究［J］．山西财经大学学报，2013（7）．

［90］熊芳．贸易失衡演进历史的国际比较——基于跨时贸易视角的分析

[J]．经济与管理，2013（1）．

［91］熊珍琴，范雅萌．增加值贸易视角下中美贸易利益再分解［J］．亚太经济，2017（2）：65-70.

［92］许南，李建军．产品内分工、产业转移与中国产业结构升级［J］．管理世界，2012（1）：182-183.

［93］姚阳．国际产品内分工下我国加工贸易升级对策研究［J］．当代经济（下半月），2008（5）：98-99.

［94］张海波，彭新敏．我国民营跨国公司成长的现实基础、制约因素与培育对策［J］．人力资源管理，2017（9）：9-10.

［95］张海燕，宋玉华．当前全球贸易失衡的机制及中国的地位分析［J］．世界经济研究，2009（8）：13-19.

［96］张纪，马凌．产品内分工条件下中国对外贸易利得及失衡机理探析［J］．科技经济市场，2011（1）：32-33.

［97］张纪．产品内分工中的收益分配——基于笔记本电脑商品链的分析［J］．中国工业经济，2006（7）：36-44.

［98］张纪．产品内国际分工：动因、机制与效应研究［D］．上海：上海社会科学院，2007.

［99］张纪．基于面板模型的产品内国际分工收益效应研究［J］．统计与决策，2014（16）：114-117.

［100］张纪．基于要素禀赋理论的产品内分工动因研究［J］．世界经济研究，2013（5）：3-9.

［101］张建清，郑雨楠．基于增加值核算法的中美和中韩贸易还原［J］．经济经纬，2015，32（6）：41-46.

［102］张建中，梁珊．后危机时代中国对外贸易发展趋势及其政策措施［J］．云南财经大学学报，2011，27（6）：43-48.

［103］张明志，马静．产业结构影响中国贸易收支失衡的理论分析与实证检验［J］．国际贸易问题，2012（1）：50-61.

[104] 张蕴岭．东亚合作需要创新 [J]．国际经济评论，2012，19 (2)：31-34.

[105] 赵江林．中国崛起与亚洲地区市场构建 [M]．北京：社会科学出版社，2014.

[106] 郑丹青，于津平．增加值贸易视角下双边贸易利益再分解——以中美贸易为例 [J]．世界经济研究，2016 (5)：52-63.

[107] 中国经济增长与宏观稳定课题组．全球经济失衡，金融危机与中国经济的复苏 [J]．经济研究，2015 (3)．

[108] 仲鑫，马光明．对外直接投资缓解贸易失衡的实证研究——以 20 世纪 80 年代日美贸易失衡为例 [J]．统计研究，2010 (5)：12-17.

[109] 周淩飞．全球经济失衡背景下的中国国际收支双顺差分析 [D]．长春：吉林大学，2015.

[110] 周升起，兰珍先，付华．中国制造业在全球价值链国际分工地位再考察——基于 Koopman 等的"GVC 地位指数" [J]．国际贸易问题，2014 (2)：3-12.

[111] 宗毅君．国际产品内分工与进出口贸易——基于我国工业行业面板数据的经验研究 [J]．国际贸易问题，2008 (2)：7-13.

[112] 邹剑锋．提升我国出口贸易国内增加值的影响因素研究 [J]．价格月刊，2017 (2)：53-56.

[113] Antras P Chor D, Fally T, Hillberry R. Measuring the Upstreamness of Production and Trade Flows [J]. American Economic Review, 2012, 102 (3): 412-416.

[114] Antras P. Firms, Contracts, and Trade Structure [J]. Quarterly Journal of Economics, 2003, 118 (12): 1374-1418.

[115] Arndt S W. Super-Specialization and the Gains from Trade [J]. Contemporary Economic Policy, 1998, 16 (4): 480.

[116] Bernard A B, Redding S J , Schott P K. Comparative Advantage and

Heterogeneous Firms [J] . Rev Econ Stud, 2007, 74 (1): 31-34.

[117] Caves R. Multinational Enterprises and Economic Analyses [M] . Cambridge: Cambridge University Press, 2006.

[118] Clerides S, Lach S, Tybout J. Is Leaning by Exporting Important? [J]. Q J Econ, 1998, 113 (3): 903-907.

[119] Cooper R. America's Current Account Deficit Is Not Only Sustainable, It Is Perfectly Logical Given the World's Hunger for Investment Returns and Dollar Reserves [N] . Financial Times, 2014-09.

[120] Dean J M, Fung K C, Zhi Wang. How Vertically Specialization on Chinese Trade [Z] . Office of International Economics, 2008 (8): 6.

[121] Deardorff A V. Fragmentation in Simple Trade Models [J] . North American Journal of Economics & Finance, 2001, 12 (2): 121.

[122] Demidova S. Productivity Improvements and Falling Trade Costs: Boon or Bane? [J] . Int Econ Rev, 2008, 49 (4): 1440-1442.

[123] Dietzenbacher E, Romero I. Production Chains in an Interregional Framework: Identification by Means of Average Propagation Lengths [J] . International Regional Science Review, 2007, 30 (4): 362-383.

[124] Dixit A K, Grossman G M. Trade and Protection with Multistage Production [J] . The Review of Economic Studies, 1982, 49 (4): 583-594.

[125] Fally T, Hillberry R. Quantifying Upstreamness in East Asia: Insights from a Coasian Model of Production Staging [Z] . UC Berkeley ARE Working Paper, 2013.

[126] Fally T. On the Fragmentation of Production in the US [Z] . University of Colorado Working Paper, 2011.

[127] Falvey R, Greenaway D, Yu Z, Gullstrand G. Exports, Restructuring and Industry Productivity Growth [J] . GEP Research Paper, 2004 (40): 1-2.

[128] Falvey R, Greenaway D, Yu Z. Catching Up or Pulling Away: Intra-

Industry Trade, Productivity Gaps and Heterogeneous Firms [J]. Open Econ Rev, 2011, 22 (1): 17-38.

[129] Falvey R, Greenaway D, Yu Z. Extending the Melitz Model to Asymmetric Countries [J]. GEP Research Paper, 2006 (7): 5-6.

[130] Feenstra R C, Hanson G H. Global Production Sharing and Rising Inequality: A Survey of Trade and Wages [Z]. NBER Working Paper No. 8372, 2001.

[131] Feenstra R C, Hanson G H. Ownership and Control in Outsourcing to China: Estimating the Property-Rights Theory of the Firm [J]. Quarterly Journal of Economics, 2005, 120 (2): 729-761.

[132] Figini P, Grg H. Does Foreign Direct Investment Affect Wage Inequity? An Empirical Investigation [Z]. IZA Working Paper No. 2336, 2006.

[133] Findlay R, Jones R W. Input Trade and the Location of Production [J]. American Economic Review, 2001, 91 (2): 29-33.

[134] Freund C. Current Account Adjustment in Industrial Countries [J]. Journal of International Money and Finance, 2015, 24 (8): 1278-1298.

[135] Geithner T. U. S. Monetary Policy in the Global Financial Environment [EB/OL]. https: //www. newyorkfed. org/newsevents/speeches/2006/gei060309. html.

[136] Gereffi G, Humphrey J, Kaplinsky R, et al. Introduction: Globalisation, Value Chains and Development [J]. IDS Bulletin, 2001, 32 (3): 1-8.

[137] Gereffi G, Korzcnicwicz M. Commodity, Chains and Global Capitalism [M]. Greenwood Pub Group, 1994.

[138] Gonzalez L, Kowalski J P, Achard P. Trade, Global Value Chains and Wage Income Inequity [Z]. OECD Trade Policy Papers No. 182, 2015.

[139] Greenspan A. Global Imbalances-Through the Looking Glass [Z]. Congressional Testimony, 2015: 22-26.

[140] Grossman G M, Rossi-Hansberg E. Trading Tasks: A Simple Theory of Offshoring [Z], NBER Working Paper No. 12721, 2006.

[141] Grossman G, Helpman E. Outsourcing in the Global Economy [Z] . NBER Working Paper No. 8728, 2002.

[142] Guillaume D, Christine R, Danielle S. Who Produces for Whom in the World Economy? [J] . Canadian Journal of Economics, 2011, 44 (4): 1403-1437.

[143] Haskel J, Slaughter M J. Trade, Technology and UK Wage Inequity [J] . Economic Journal, 2001, 111 (468): 163-187.

[144] Helpman E, Melitz M, Yeaple S. Export versus FDI with Heterogeneous Firms [J] . Am Econ Rev, 2004, 94 (1): 300-306.

[145] Helpman E. Trade, FDI, and the Organization of Firms [Z] . National Bureau of Economic Research Working Paper Series No. 12091, 2006.

[146] Hummels D, Ishii J, Yi K. The Nature and Growth of Vertical Specialization in World Trade [J] . Journal of International Economics, 2011 (54): 75-96.

[147] Inomata S. A New Measurement for International Fragmentation of the Production Process: An International Input-Output Approach [Z] . IDE Discussion Paper No. 175, 2008.

[148] Ishii J, Yi K M. The Growth of World Trade [Z] . Federal Reserve Bank of New York Research Paper No. 9718, 1997.

[149] Johnson R C, Noguera G. Accounting for Intermediates: Production Sharing and Trade in Value Added [J] . Journal of International Economics, 2012, 86 (2): 224-236.

[150] Jones R W, Kierzkowski H. A Framework for Fragmentation [M] // Fragmentation: New Production Patterns in the World Economy, 2001: 17-34.

[151] Jones R W, Kierzkowski H. The Role of Services in Production and Inter-

national Trade: A Theoretical Framework [M] . Cambridge: Blackwe, 1990: 31–48.

[152] Ju J, Yu X. Productivity, Profitability, Production and Export Structures along the Value Chain in China [Z] . CIER, Tsinghua University Working Paper, 2014.

[153] Kohler W. A Specific–Factors View on Outsourcing [J] . The North American Journal of Economics and Finance, 2001, 12 (1): 31–53.

[154] Koopman R, Powers W, Wang Z, Wei S J. Give Credit to Where Credit is Due: Tracing Value Added in Global Production Chains [Z] . NBER Working Paper No. 16426, 2010.

[155] Koopman R, Wang Z, Wei S J. Tracing Value–Added and Double Counting Gross Exports [J] . American Economic Review, 2014, 104 (2): 45 9–494.

[156] Koopman R, Wang Z, Wei S J. How Much of Chinese Exports Is Really Made in China? Assessing Domestic Value–Added When Processing Trade Is Pervasive [Z] . NBER Working Paper Series, 2008.

[157] Lall S, Albaladejo M, Zhang J. Mapping Fragmentation: Electronics and Automobiles in East Asia and Latin America [J] . Oxford Development Studies, 2004, 32 (3): 407–432.

[158] Lane P R, Milesi–Ferretti G M. The External Wealth of Nations: Measures of Foreign Assets and Liabilities for Industrial and Developing Countries [J] . Journal of International Economics, 2011 (12) .

[159] Mann C L, Pluck K. When the Dollar Bill Comes Due [Z] . Institute for Internation Economics, 2005.

[160] Mckinnon R, Schnable G. Synchronize Business Cycles in East Asia and Fluctuations in the Yen [J] . The World Dconomy, 2015, 26 (8): 1067–1088.

[161] Mei X. Good Reasons for China's Trade Surplus [N] . China Daily, 2016–04–16.

[162] Melitz M J, Ottaviano G I P. Market Size, Trade and Productivity [J]. Rev Econ Stud, 2008, 75 (1): 295-298.

[163] Melitz M J. The Impact of Trade on Intra-Industry Reallocations and Aggregate Industry Productivity [J]. Econometrica, 2003, 71: 1698-1701.

[164] Miller R E, Blair P D. Input-Output Analysis: Foundations and Extensions [M]. Cambridge University Press, 2009.

[165] Montagna C. Efficiency Gaps, Love of Variety and International Trade [J]. Economica, 2001, 68: 27-34.

[166] Mudell R. Prospects for an Asian Currency Area [J]. Journal of Asian Economics, 2013 (14).

[167] Obstfeld M, Ronoff K. Exchange Rate Dynamics Redux [Z]. NBER Working Paper No. 4699, 2014 (4).

[168] Obstfeld M, Ronoff K. The Unsustainable US Current Account Position Revisited [Z]. NBER Working Paper No. 10869, 2015.

[169] Pally T. External Contradictions of the Chinese Development Model: Export-Led Growth and the Dangers of Global Economics Contraction [J]. Journal of Contemporary China, 2016, 15 (6).

[170] Porter M. Competitive Advantage: Creating and Sustaining Superior Performance [M]. New York: Free Press, 1985: 33-53.

[171] Roberts M J, Tybout J R. The Decision to Export in Colombia: An Empirical Model of Entry with Sunk Costs [J]. Am Econ Rev, 1997, 87 (4): 545-550.

[172] Romero I, Dietzenbacher E, Hewings G J D. Fragmentation and Complexity: Analyzing Structural Change in the Chicago Regional Economy [J]. Economy Revista De Economia Mundial, 2009 (23): 15-23.

[173] Sachs J. The Current Account in the Process [J]. Journal of Economics, 2013 (2): 147-159.

[174] Sanyal K K, Jones R W. The Theory of Trade in Middle Products [J]. American Economic Review, 1982, 72 (1): 16.

[175] Stehrer R. Trade in value Added and the Value Added in Trade [J]. WIOD WPN, 2012 (8).

[176] UNCTAD. Global Value Chains and Development: Investment and Value Added Trade in the Global Economy [C]. United Nations Conference on Trade and Development, 2013.

[177] Wang Z, Powers W, Wei S J. Value Chains in East Asian Production Networks: An International Input-Output Model Based Analysis [Z]. United States International Trade Commission Working Paper No. 2009-10, 2009.

[178] Wang Z, Wei S J, Zhu K. Quantifying International Production Sharing at the Bilateral and Sector Level [Z]. NBER Working Paper No. w19677, 2013.

[179] Wang Z, Wei S, Yu X, Zhu K. Characterizing Global Value Chains: Production Length and Upstreamness [Z]. NBER Working Paper No. 23261, 2017b.

[180] Wang Z, Wei S, Yu X, Zhu K. Measures of Participation in Global Value Chain and Global Business Cycles [Z]. NBER Working Paper No. 23222, 2017a.

[181] Wong J. A China-Centric Economic Order in East Asia [J]. Asia Pacific Business Review, 2013, 19 (2).

后 记

经世济民，是每一位经济研究者的使命，只有将自身的学术追求与社会需求相衔接，才能不负国家和社会的期望。作为一名成长于改革开放时期的经济学人，我时常为我国实行社会主义市场经济所迸发出的无限动力所震撼和折服，而这一崭新的经济模式也为我们提供了广阔的研究空间。

产品内分工是当代经济全球化的一个突出特征，给全球经济格局带来了巨大的影响。作为全球经济的新引擎，中国已经深度融入产品内分工所形成的全球价值链网络之中。实践需求推动理论发展，21 世纪以来，对产品内分工的研究逐渐成为我国诸多学者竞相深入探寻的学术热点。笔者从 2004 年攻读博士学位研究生开始，就跟随导师专注于产品内分工的研究。十余年来，笔者尝试以产品内分工视角来观察我国经贸领域中的一些重要问题；近年来，笔者以“产品内分工”为主题的研究项目顺利在国家社会科学基金、教育部人文社会科学研究基金和中国博士后基金立项。本书稿是 2013 年立项的国家社会科学基金项目“产品内分工背景下我国贸易差额真实利益分析与评估研究”的最终研究成果，在此我要感谢课题组所有成员的通力合作和支持。

特别感谢我的博士生导师、上海社科院世界经济研究所金芳研究员。金老师是国内最早研究产品内分工的学者之一，是她将我引上了“产品内分工”这条研究道路，使我有幸伴随中国融入全球价值链的步伐，做一些跟踪学术前沿的研究工作。金老师还不辞辛苦地为本书作序，字里行间透露着对学生的期待和爱护。深深感谢我的博士后合作导师、中原发展研究院耿明斋教授。耿老师身体力行、追求用经济学理论服务社会的执着精神永远是我学习的榜样。由衷感谢我的硕士生导师，河南大学许兴亚教授、于金富教授。他们是带我进入经济学殿堂的领路人，二位先生严谨的治学态度、勇于坚持信念的学术品格时时鞭策着我。感谢师恩！他们的殷殷教诲是我学术研究的动力源泉，也时时提醒着我不能懈怠。

感谢我的父母、岳父母、妻子和家人，感谢他们多年来的陪伴和支持。他们陪伴我走过生活的风风雨雨，给我鼓励，给我关爱，给我的学术研究提供了强大的精神动力。也要谢谢我的儿子张以轩。一天天长大的他，给我带来了许多生活的乐趣和工作的动力，而他也为本书的写作奉献了许多我本应陪伴于他的宝贵时间。

感谢我的历届研究生们。他们或者是我课题组的主要成员，或者为我的研究工作作出了一些贡献。也感谢他们能够让我分享他们人生中成长的快乐！

值此书出版之际，我还要感谢中国经济出版社的责任编辑余静宜、耿园女士和其他同志，他们细致、高效的工作保证了本书的顺利出版。

在人生前行的道路上，给予我支持、激励、批评和鞭策的诸位师长、朋友、同行……在此一并致谢！

张　纪

2019 年 10 月 26 日于洛阳